遊豆紀勝　東省続録

安積艮斎

村山吉廣　監修
安藤智重　訳注

序に代えて──文人安積艮斎論

早稲田大学名誉教授　村山吉廣

安積艮斎は徳川幕府昌平坂学問所儒官といういかめしい名称を持つ。当時の学界の最高権威の一人で学統も堅苦しい朱子学である。学問所で経書を講義し他に幕府の学政、外交関係文書作成などにも加わる重要な官僚でもあった。一般的に言うといかにも強面《こわもて》で近づきがたい感じを与えるが、人間としては奥州郡山出身で、東北人らしい素樸さを備え、神官の家に生まれ国学にも親和性があり、いわゆる漢学者の固陋さとは隔たりがあった。従って学風もおおらかでよく人情を解し学説も一方に偏することなく、他学派を排撃しない寛容さも持っていた。

日常でも広く常識を弁《わきま》え、身辺では心を砕いて門人を愛育するよき師であった。従って文芸に親しみ、詩にも文にも長じていた。このため、後世では儒官・学人としてばかりでなく、すぐれた教育者、才豊かな文人として評価する声も少なくない。

この艮斎を最初に「文豪」と呼んだのは高瀬代次郎である。彼は大正十一年刊の『佐藤一斎とその門人』という著書に「幕末の文豪安積艮斎」という章を設け、艮斎が一斎門下の傑物であること、学問文章の力も抜群であること、門下に多くの人材を輩出していることを賛美している。

昭和に入って文人としての艮斎を称揚した人に市島春城がいる。春城は名は謙吉。越後の豪農市島家の一族で郷里の大野恥堂《ちどう》の「伴己楼《ばんきろう》」で学び、上京して開成学校に入り高田早苗、坪内逍遥らと同期であった。政界に出て大隈重信を助け改進党の有力者であったが、早稲田大学にかかわり、理事・図書館長をつとめて「早稲田三尊」の一人となった。趣味豊かで読書家・文章家として知られたが、昭和十年に翰墨《かんぼく》同好会から随筆『文人墨客を語る』を刊行している。そのなかで春城は艮斎が明治文化を形成する多くの人材を育成した功績を讃え、門下が新聞記者福地桜痴《おうち》、栗本鋤雲、学者箕作麟祥《みつくりりんしょう》、重野成斎、岡鹿門、菊池三渓、南摩羽峯、三島中洲、中村敬宇ら豪華な顔ぶれとなっていることに驚嘆している。春城はまた艮斎がよく人情に通じその講義に当たっても「えらそうな漢語沢山で堂々たる言い振りをせず、砕けた誰の腑にも落ちる講義振り」であったことに言及し文人墨客としての位置付けをしている。

春城は言うまでもなく名だたる文人であるが、この春城につづいて作家菊池寛も艮斎を文人として高く評価している。その文章は昭和十九年刊『わが愛読文章』(非凡閣刊)に収められている。この書には菊池の愛読文章が四二篇収められている。それは北畠親房の『神皇正統記』、室鳩巣の『駿台雑話』、西鶴の『西鶴諸国ばなし』等であるが、艮斎の作品は天保十二年刊の『艮斎間話』上巻にある四篇からである。原本に題はないが、菊池は任意にそれぞれ「天下の楽」「士の本意」「臆病稽古せよ」「赤沼の鴛鴦」の題を付けている。人に対して親切に人生の心得をさとし、民間の話に即して道義を語るなど、いずれも心にしみる文章である。菊池寛もそのなかに艮斎の人柄と文章力への共感を抱いたのであろう。「その言説は直接に儒学者としての人生観を説き堂々たるものであると思ふ」と記している。

なお、艮斎を朱子学者・経学者としてばかりでなく、時代を代表する文人として評価する風潮はすでに早くから起こっており、そのことはその文章が『日本八大家文読本』（明治一六年刊）に、その詩が『嘉永二十五家絶句』（嘉永元年刊）に収められていることからも知られよう。中国でも清末の兪樾《ゆえつ》撰の日本漢詩集『東瀛詩選《とうえい》』の中にも艮斎の詩が収められており、その評価の高さが知られる。

その文章力には天保二年にはじめてその作品を集めて『艮斎文略』を刊行した時から評判が高く、この年四一歳であったが、早くも文人としても評価が定まることとなったと言ってよい。また、「東の艮斎　西の拙堂」とは重野安繹の言であるが、生前すでに両者は東西に分けてその文名をうたわれていた。言うまでもなく拙堂は伊勢国藤堂藩の藩儒であるが、『拙堂文話』『月瀬記勝』など世に喧伝される作品を残している。

こうした艮斎の文章論を端的に示したものはその「文論」であり、当著作にも収められている。その論は、経典や古人の表現をかすめとり、それらをつづり合わせて名文とするのは大いなる心得ちがいで、気取らず、真直ぐに自分の言いたいことを十分に表出するのが文章道の極意だというさとしであり、古人の言う「辞ハ達スルノミ」の真意であるとの主張である。

門人の重野安繹が文章の添削を乞うた時、「まず筆端渋滞の病《へい》を去り、達意の一点を勉むべし」とさとしたと伝えられるが、表現の巧拙にこだわり達意の十分でないのを斥けたのである。実際に艮斎の文章はどれも読みやすく、まわりくどいところがなく、心やすらかにその文章についてゆくことができる。これはその「原儒」「河図洛書弁《かとらくしょべん》」のような論説、「葛山星野君墓碣銘」のような碑銘についても勿論であるが、「東省日録」や「南遊雑記」のような紀行に至ればますますその主張が如実に現出する。

古く艮斎研究家として知られた石井研堂はその著『安積艮斎先生略伝』(大正五年　郡山協賛会刊)の中で「先生の詩文」の項を立て次のように記している。

先生の文章は、その結構(構文)が清新で人の意表に出で、その用字用句が独創で、流麗多趣味、之を熟読玩味しますと、名家の画を観ると同じ快楽を得ます。先生の霧島山遊記、原儒、文論の如き、富士山を詠じたる詩の如き、先生同時の他の作家の作文を取って之に比べます時は、実に段違ひで、横綱と前頭ほどの相違があります。先生が群作家を圧倒し独り嶄然としてその上に秀出しましたのは、故なきことではありませぬ。ただ、これまでに仕上げますには、腹に古今百家の長所を蔵し、之を経緯し、之を陶冶する天才を要し、その努力その精苦、尋常のことではありませぬ。

今回、著者安藤氏の試みられた訳注は艮斎の紀行文を主とするが、艮斎がみずから「山水の癖あり」と称したように、生来、探究心が強く特に山水にあこがれた艮斎の気分がのびのびと発揮された領域での作品であり、読者を十分に魅了してくれるであろうことは疑いない。読者は研堂先生が「名家の画を観る」ようだと称した名文により往年の紀行文学の醍醐味を十分に味わうことが期待される。その紀行文の成立事情その他については著者の周到な解題に大いに期待している。

平成丁酉秋　八十八翁記

凡例

一、本書は、安積艮斎の『遊豆紀勝 東省続録』（板本）及び紀行の詩文等を訳出したものである。

二、文章の配列は、現代語訳、訓読、語釈、原文（漢文）の順とした。

三、詩の配列は、原文を上に、訓読を下に配し、語釈、現代語訳と続けた。

四、漢字は標準的書体を用いたが、「余」と「餘」、「烟」と「煙」等、原文の用字を尊重した部分もある。

五、仮名はすべて現代仮名遣いとした。

六、会話文は、時代背景や方言等を考慮に入れず、標準的な文体で訳した。

遊豆紀勝　東省続録＊目次

遊豆紀勝　東省続録

序

みな山水である。あるものは海内に名を馳せ、あるものは埋もれてしまい話題にも上らないのはどうしてか。およそ名山や大河は、たとえ怪しく珍しい甚だすぐれた景観を有したとしても、しかしながら超俗の士がその美を明らかにしなければ、むなしく遠い村に埋もれ、僻村で草におおわれてしまうので、天下に知れわたることがないのである。たとえ超俗の士が非常な堂々たる才能があったとしても、しかしながら名山に登り大河をわたらなければ、世俗に抑え塞がれて、その技を試すことができないのである。だから、山水は人を待って顕著となり、人もまた山水によって伝わる。両者がはじめから出会わずに、美事を成しとげることはないのである。

わが師安積艮斎先生は、他の好むものがなく、ただ山水愛好を天から受けた性質とするばかりである。以前、講義の余暇に、関東の諸々の景勝を探訪し、それを書いた「東省日録」「南遊雑記」はすでに出版した。今、さらに「遊豆紀勝」「東省続録」を出版して世に伝えようとし、私に命じてその序文を書かせた。

稿を受けとって読むと、高い峰、広々とした海や川と、奥深い古廟や廃墟、さまざまな形に変化する雲烟魚鳥とを、ことごとく皆小さな冊子の中に収めて漏らさない。開いて読んでざっと目を通すと、まるで大空に昇ったように心が飛び上がり、世俗の垢や不平の気が皆毛孔を向かって散ってゆくのを覚えた。この文章が山がそばだつようにすぐれて麗しいのは、山河の助けもある。また、奥深いところの勝地も、文章の力を借りることによって天下に顕著になってゆくことは、なんと、いわゆる両者が出会って美事を成しとげたことではないか。私は、山水が艮斎先生と出会ったことを大変喜んでいる。それで、自分から僭越を忘れて序文を書いた。

天保十一年（一八四〇）七月

美濃の和田進、慎んで撰す。

和田百拙墓碑

※

均しく之れ山水なり。或いは名を海内に馳せ、或いは湮滅《いんめつ》して聞こゆる無きは何ぞや。蓋し名山大川《たいせん》は、怪詭絶特《かいきぜっとく》の観有りと雖も、然れども高世の士其の美を発《ひら》くこと無ければ、則ち徒らに遐邑《かゆう》に沈薶《ちんばい》し、僻落に蕪没《ぶぼつ》して以て天下に顕わるること能わざるなり。高世《こうせい》の士、雄偉非常の才有りと雖も、而れども名山に登り大川を渉る無ければ、則ち塵俗の抑塞《よくそく》する所と為りて其の技を試みる能わざるなり。故に山水は人を待ちて彰《あらわ》れ、人も亦た山水に因って伝わる。二者、いまだ始めより相い遇わずして美を済《な》さざるなり。

吾師艮斎《ごんさい》安積《あさか》先生は他の嗜好無く、唯だ山水を以て性命と為すのみ。嘗て講経《こうけい》の餘暇を以て、関左《かんさ》の諸勝を探り、著す所の東省日録《とうせいにちろく》・南遊雑記《なんゆうざつき》は、皆已に上梓す。今又た将に遊豆紀勝《ゆうとうきしょう》・東省続録《とうせいぞくろく》を刻して、以て世に伝えんとし、進に命じて之が序を為《つく》らしむ。

受けて之を読めば、峰巒の岝嶺《さくがく》なる、江海の淼瀰《びょうび》なると、夫の古廟残墟の岑邃《しんすい》なる、雲煙魚鳥の変態なると、挙げて皆之を区区たる冊子の中に収めて遺《のこ》すこと無し。展誦《てんしょう》一過すれば、魂爽飛越《こんそうひえつ》すること紫霄《ししょう》に升《のぼ》るが如く、塵垢不平の気の皆毛孔《もうこう》に向かいて散るを覚ゆ。此れ其の文の精麗奇峭《きしょう》なること、殆ど江山の助有り。而して奥区《おうく》の勝壌《しょうじょう》も亦た将に藉《か》りて以て天下に彰れんとするは、豈にいわゆる二者相い遇いて美を済《な》す者にあらずや。進、甚だ山水の遇う有るを慶するなり。故に自《みずか》ら僭越を忘れて之に序す。

天保庚子秋七月　　美濃　和田進拝撰す。

語釈　○**怪詭**—怪しく珍しい。○**絶特**—はなはだすぐれている。○**沈薶**—沈めうずめる。○**蕪没**—雑草が茂っておおいかくす。○**高世**—志が高く世俗を超越しているさま。○**雄偉**—堂々として偉大なさま。　○塵俗―俗世間。　○抑塞―おさえふさぐ。　○美を済す―美事を成しとげる。子孫がよく父祖の業を承け継いで善事を成す。　○艮斎安積先生―江戸後期の儒学者安積艮斎。陸奥国安積郡郡山村、安積国造《あさかくにつこ》神社第五十五代宮司安藤親重の三男。安藤姓は古くは安積姓だったので、艮斎は旧に復して安積を名乗った。名は信また重信、字は思順、通称祐助、号艮斎。幼少より学を好み、二本松藩儒に学び、柴野栗山に憧れて十七歳で江戸へ出奔し、妙源寺日明の世話で佐藤一斎の門人となり、次いで大学頭林述斎の門に入った。二十四歳、江戸神田駿河台・旗本小栗家の小屋を借りて私塾を開く。三十七歳、駿河台に見山楼を建てて教授す。四十一歳で『艮斎文略』を刊行。天保五年（一八三四）、四十四歳、「遊豆紀勝」の旅（伊豆半島一周）をする。天保七年（一八三六）、四十六歳、「東省続録」の旅（帰省の折、探勝）をする。二本松藩儒就任の年である。四十八歳、草津温泉に行く。天保十一年（一八四○）、五十歳、『遊豆紀勝　東省続録』を刊行する。五十八歳、『洋外紀略』を書く。六十歳、昌平坂学問所教授となる。万延元年（一八六○）、七十歳、学問所の官舎（現湯島聖堂地内）で没した。　○性命―天から受けた性質。　○講経―儒家の経書を講義する。　○関左―関東。　○岸嶺―山の高いさま。　○淼瀰―水の広々としたさま。　○岑邃―高く奥深い。　○展誦―開いて読む。　○一過―文章を一度ざっと目を通す。　○魂爽―精神。　○飛越―とびあがる。　○紫霄―大空。　○精麗―すぐれて美麗なこと。　○奇峭―山がけわしくそばだつこと。　○奥区―奥深い所。　○勝壌―勝地。　○和田進―

高須藩士和田忠国の子。名は進、字は子補、通称百蔵、号百拙。はじめ高須藩校日新堂教授川内当当、次いで尾張藩明倫堂教授秦鼎《はたかなえ》に学び、江戸へ出て艮斎に師事、寄宿して三年間学んだ。艮斎門人帳天保八年の条に、「九月二十六日　濃州　松平摂津守様御藩　和田百蔵」とある。また慊堂日暦天保十年二月四日の条に、「安積艮斎はその徒の綾部豹蔵（日州）・和田百蔵（高須）と来る」とある。高須藩小普請役、同藩日新堂教授を務む。弘化五年、三十五歳で没す。墓碑（高須町の昌運寺）は安政二年に艮斎が撰文し、書家古田迪庵が揮毫した。碑文に、「天保乙酉歳、和田子補自高須来江戸、寓余塾而学焉。性温藉笑容、藹然可掬、而志甚確、善文詩。居三年業大進、余驚喜。擢為都講、子補訓導懇到、受業者皆狎而敬之、藩侯賞其篤学賜俸、寔十年己亥七月也。爾時尾張黄門公世子居四谷邸、子補承命、屢進講巻、過甚澡。後還高須、為小普請役、掌日新館教授、賜秩禄。子補在職数年、侯褒其能竭力教導、為白組格、加秩世襲。弘化五年六月七日卒、年僅三十五。配林氏、無子、遺言使河原直治第三子忠温為嗣」また「頃者兄忠良介河原直請隧石之文、乃叙其概使刻焉。銘曰、子之容温乎其如春、子之才滃乎其如雲。独所不足者寿、吾弗能無憾於蒼旻」とある。

※

均之山水也。或馳名于海内、或湮滅而無聞焉何哉。蓋名山大川、雖有怪詭絶特之観、然無高世之士発其美、則徒沈薶於遐邑、蕪没於僻落、而不能以顕于天下矣。高世之士、雖有雄偉非常之才、而無登名山渉大川、則為塵俗所抑塞、而不能試其技矣。故山水待人而彰、人亦因山水而伝。二者未始不相遇而済美也。

吾師艮斎安積先生無他嗜好、唯以山水為性命。嘗以講経餘暇、探関左諸勝、所著東省日録南遊雑記、皆已上梓。今又将刻遊豆紀勝東省続録、以伝于世、命進為之序。受而読之、峰巒之岸嶺、江海之淼瀰、与夫古廟残墟之岑邃、雲煙魚鳥之変態、挙皆収之於区区冊子中而無遺焉。展誦一過、魂爽飛越、如升紫霄、覚塵垢不平之気、皆向毛孔而散。此其文之精麗奇峭、殆有江山之助。而奥区勝壌、亦将藉以彰於天下、豈非所謂二者相遇而済美者歟。進甚慶山水之有遇也。故自忘僭越而序之。

天保庚子秋七月　美濃　和田進拝撰

遊豆紀勝

東奥　安積　信

私は、伊豆の景勝に久しく憧れていた。天保五年（一八三四）八月、林檉宇公が熱海温泉に浴した時、置き手紙をして、あとを追わせた。この時にあたって遊び心がにわかにさわぎ、このことを小玉伯謹に相談すると、よろこんで、お伴をしたいとせがむ。そこで九月一日に出発した。

雨は盛んに降っている。品川に到ると、ますます激しくなった。海の気が身にしみて寒く、雲や靄は薄暗く、房総の山を見ることを願っても、見ることができない。泥の道をつき進み、ぬかるみを踏み歩き、衣装はみな湿り、このために興ざめした。それで川崎に宿をとろうとした。

伯謹が笑って言った、「半月の雲山の遊びがこれから始まるのです。けれども数里も行っていないのに、どうして疲れましょうか」と。私は、やっとの思いで歩き出した。かろうじて神奈川に到ると、海が玦のように美しく、山や丘が横に長くのびて、木々が霞んでちらちらと見え、だんだんと佳境に入ってゆくように感じた。急ぎ宿場の旅籠をさがして泊まった。楼は海を見おろし、ながめが非常に美しい。座輿に七言律詩を賦して、伯謹に礼を言った。

予《われ》、伊豆の勝を慕うこと久し。甲午歳八月、檉宇《ていう》林公※、熱海温泉に浴するや、手書を留めて追躡《ついじょう》せしむ。是に於いて遊意頓《とみ》に動き、之を小玉伯謹に詢《と》えば、欣然として伴わんことを請う。乃ち九月朔を以て啓程《けいてい》す。

雨涔涔《しんしん》として下る。品川に抵《いた》れば益《ますます》甚だし。海気凄冷《せいれい》、雲烟冥茫《めいぼう》として、総房の一螺《いちら》を見んことを求むるも、得べからず。泥《でい》を衝《つ》き淖《どう》を跋《ふ》み、衣裳悉く湿《うるお》い、興味之が為に索然《さくぜん》たり。因って川崎に宿せんと欲す。

伯謹笑いて曰わく、「雲山半月の遊、此れより始まる。而れども行くこと数里に過ぎざるに、何ぞ憊《つか》るるや」と。予、勉強して道に就く。僅かに金川《かながわ》に至れば、則ち海水、玦《けつ》の如く、丘山迤邐《いり》、烟樹《えんじゅ》迷離《めいり》として、漸く蔗境《しょきょう》に入るを覚ゆ。亟《すみ》やかに駅楼を覓《もと》めて宿す。楼は海に臨み、眺観絶佳たり。席間に長律を賦して伯謹に謝す。

語釈　**○伊豆の勝**―川端康成は、「伊豆は海山のあらゆる風景の画廊である」と称する。伊豆半島は、太古には南のかなた太平洋の海底に沈む火山群で、フィリピン海プレートの北上によって本州に接近、六十万年前に衝突して半島の形になった。二十万年前まで噴火が続いて天城山などの大型火山が誕生、その後伊豆東部火山群が生じ大室山に代表される景観を作り出した。こうした地質学的特異性は世界にも例を見ず、その景観はジオサイトとしても評価が高い。艮斎の、造化の神がつくった奇勝を愛する傾向は、今のジオサイト愛好と重なる。○**檉宇林公**—林檉宇。寛政五年（一七九三）、大学頭林述斎の三男として生まる。名は皝《ひかる》、字は用韜、別号培斎《ほうさい》。佐藤一斎に学び、のち大学頭となる。弘化三年（一八四六）没。○**熱海温泉**—近世には湯治場として繁栄し、将軍家に御汲湯が送られた。檉宇は、天保五年八月二十五日、熱海の本陣今井氏に着く。○**手書**—手紙。○**追躡**—足跡をたどって、追いかける。○**小玉伯謹**—『嘉永二十五家絶句』に「玉光宣と偕《とも》に伊豆に遊ぶ」とある。名は光宣、字は伯謹か。艮斎門人帳文政十二年の条に、「正月十九日　小川町　土岐備之助様御藩　小玉重吉」とある者か。○**啓程**—出発する。○**涔涔**—雨が盛んに降るさま。○**凄冷**—身にしみて寒い。○**冥茫**—薄暗く広々としてはてしない。○**螺**—山。○**索然**—心ひかれるものがなくて興ざめするさま。○**玦**—おびだまの一。環に似て、一部分欠けているもの。○**迤邐**—横に長くのびて続くさま。○**迷離**—ちらちらと散乱すること。○**蔗境**—佳境。晋の顧愷之《こがいし》が甘蔗を食べる時、まずい部分から食べはじめ、次第にうまい部分にうつったという故事による。○**長律**—七言律詩。

※

予慕伊豆之勝久矣。甲午歳八月、檉宇林公、浴熱海温泉、留手書使追躡焉。於是遊意頓動、詢之小玉伯謹、欣然請伴。乃以九月朔啓程。

雨涔涔下。抵品川益甚。海気凄冷、雲烟冥茫、求見総房一螺而不可得。衝泥跋淖、衣裳悉湿、興味為之索然。因欲宿川崎。

伯謹笑曰、雲山半月之遊自此始。而行不過数里、何憊也。予勉強就道。僅至金川、則海水如玦、丘山迤邐、烟樹迷離、覚漸入蔗境。亟覓駅楼而宿。楼臨海、眺観絶佳。席間賦長律、謝伯謹。

連岸家家似臥蚕
茫茫天与水相涵
潮頭滚白皆趨北
山色拖青尽向南
人若不労何得楽
境因遇苦便知甘
胸中無復紅塵念
楼上題詩酒半酣
＊下平十三覃

岸に連なる家家は臥蚕《がさん》に似たり
茫茫《ぼうぼう》たる天は水と相い涵《ひた》す
潮頭《ちょうとう》　白を滚《ころ》ばして　皆北に趨《はし》り
山色　青を拖《ひ》きて　尽《ことごと》く南に向かう
人　若し労せずんば　何ぞ楽しみを得んや
境《きょう》　苦に遇うに因りて　便ち甘《かん》を知る
胸中に復た紅塵《こうじん》の念無く
楼上に詩を題せば酒半酣《はんかん》なり

語釈 ○**茫茫**—はるかに遠いさま。 ○**潮頭**—沖の方からさし来る潮のさき。 ○**紅塵**—俗世間。 ○**半酣**—酒興の盛んな時。

❊

岸に連なる家々は、寝ている蚕に似ている。はるかに遠い空は、海とひたし合っている。潮がしらは白波を転がして、みな北に走り、山の色は青を曳いて、すべて南に向かう。人はもしも苦労をしなかったならば、どうして楽しみを得られようか。苦境にあうことによってこそ、楽しみを知るようになるものだ。
心のうちにもはや俗塵の念はなく、楼の上で詩を書きつけると、宴たけなわである。

❊

談笑している頃、夕暮れの空はうす暗く、一幅の潑墨の画のような景色は、もはや谷底に隠されてしまった。

談笑の間、暮色蒼然として、一幀《いっとう》の潑墨画《はつぼくが》は、已に壑舟《がくしゅう》と為れり。

語釈 ○**潑墨**—水墨で巨点を作り、山水を画く法。墨をそそぐような筆勢。 ○**壑舟**—舟を谷間に隠す。『荘子』「大宗師篇」に、「夫れ舟を壑《たに》に蔵《かく》し、山《あみ》（汕）を沢に蔵して、之を固しと謂《おも》う」とある。

※

談笑之間、暮色蒼然、一幀潑墨画、已為罊舟矣。

二日、からりと晴れて、神奈川台に登った。山の色は明媚で、波の光が太陽に映じてきらめき、昨日と景観がまた一変した。晴雨ともに素晴らしく、蘇東坡が賞した西施や西湖にもほぼ劣らない。保土ケ谷宿を過ぎると、坂道がいくらか険しくなった。松並木が欠けたところで西北の諸山を見ると、富士山がとりわけ優れている。正午、戸塚宿で食事をとった。

駕籠かきが来て乞うた、「鎌倉はここから遠くはありません。どうして駕籠に命じて遊ばれないのですか」と。そこで、駕籠に乗って野に入った。半里行くと、丘が、ひめがきがある城壁のようである。かごかきは言った、「鎌倉幕府が盛んな時に、城門を設けたところです」と。さらに二里行くと、足利尊氏公の位牌堂（長寿寺）があった。古刹は荒廃して秋の草が石段を覆い、影像には蜘蛛の巣が張っていた。堂の後の五輪の塔も雑草に埋もれ、香火を供える人が一人もいない。きっと天道は、尊氏の身分を越えた反逆を憎んでいるにちがいない。

円覚、建長の二寺に詣でた。お堂は広大で古めかしい。正安三年に北条貞時が鋳造した鐘がある。鶴岡八幡宮に詣でた。近年火災にあい、構えがまだ新しく、赤や緑に輝いている。お宮の前の銀杏の木は、まっすぐに上って天にも届くほど高く、数頭の牛を覆うことができるほど茂っている。お宮の東の数里には、鎌倉公と諸大臣の舘跡がある。黍がよく実った亡国のすがたで、あたり一面寂しさが身にしみ、その時代の光り輝くさまを求めても、ただ壊れた瓦や取り残された礎石があるだけだ。かくも、富貴というものは、あてにはならないのだ。

お宮から南に行って、袖の浦に着いた。浦と七里ヶ浜とは連なっている。東方、三崎をふり返れば、靄の中にかすむ木がおぼろに見える。西方、箱根を望めば雲や靄が山頂を包みこみ、伊豆の山々は遠くの緑色の帯である。そのとき夕日がさかさまに照らして、山の色はすべて金碧山水の画のようだ。江ノ島が間近にあり、あたかも蓬瀛（仙山）のようである。湾がめぐり砂が深く、一足ごとに進んだり退いたりした。たそがれ時に、ようやく岩本院に着いた。院が客を迎える様子は、宿場の旅籠と異ならない。酒はうまく魚は新鮮で、酔いつぶれた。夜どおし波濤の音が寝床を震わせて、眠られなかった。

※

二日、開霽《かいせい》、金川《かながわ》台に登る。山色明媚、波光瀲灎《れんえん》として、昨《きのう》と観る所又た一変す。雨奇晴好《うきせいこう》、殆んど西子湖《せいしこ》に減《ゆず》らざるなり。程谷《ほどがや》駅を過ぐれば、阪路稍峻《ややけわ》し。行松《こうしょう》の缺《か》く処、西北の諸山を見れば、岳蓮《れん》尤も秀絶為《た》り。卓午《たくご》、戸塚駅に飯《はん》す。

舁夫《よふ》来り請いて曰わく、「鎌倉は此より距つること遠からず。盍《なん》ぞ輿《よ》に命じて一遊せしめざるか」と。乃ち輿に登りて野に入る。行くこと半里、丘隴《きゅうろう》、堞《ひめがき》の如し。舁夫云う、「鎌倉の盛んなりし時、郭門を設けし処なり」と。又た行くこと二里、足利等持《とうじ》公の影堂有り。古刹荒廃して秋草階《きざはし》を擁し、影像は蛛糸《ちゅうし》の網する所と為る。堂後の五輪塔も亦た復た蕪没《ぶぼつ》して、一《いっ》も香火《こうか》を薦むる者無し。天道、其の僭逆を悪《にく》むにあらざるを得んや。

円覚《えんがく》建長二寺に詣ず。堂廡宏くして古《こ》なり。鍾《しょう》有り、正安三年、北条貞時の鋳る所なり。鶴岡八幡廟に詣ず。近歳、火に燬《や》かれ、結構尚お新たにして、丹碧煌耀たり。廟前の銀杏樹《いちょう》、直《ただ》に上りて天を摩し、大いさ数牛を蔽うべし。廟東数里に鎌倉公及び諸大臣の邸址有り。禾黍離離《かしょりり》、満目凄然《まんもくせいぜん》として、当時赫奕《かくえき》の状を求むるも、惟だ敗瓦残礎《はいがざんそ》あるのみ。富貴の恃むべからざること此くの如し。

廟従《よ》り南に行きて袖浦《そでのうら》に至る。浦と七里浜《しちりがはま》と相い属《つづ》く。東のかた三崎を顧みれば、烟樹鶻突《えんじゅこっとつ》たり。西のかた函根を望めば、雲靄、頂を罩《こ》め、豆州《ずしゅう》の諸山は遠翠一帯なり。時に夕陽倒《さかし》まに射て、山色は皆金碧の画の如し。画島《えのしま》、近く目睫《もくしょう》に在り、宛然たる蓬瀛《ほうえい》なり。湾廻《めぐ》り沙《すな》深く、歩歩前却《ほほぜんきゃく》す。昏黄《こんこう》始めて岩本院に達す。院、客を邀《むか》うること駅舘に異ならず。酒美《うま》く、魚鮮《あたら》しく、頽然《たいぜん》として酔いに就く。通夕、波濤の声、牀《しょう》を殷《ふる》い、睫を交うる能わず。

語釈　○**開霽**―雨後、空が晴れわたる。　○**金川台**―神奈川宿は浦に面した高台にあった。絶景地。

○**瀲灩**―波が日に映じてきらめくさま。「山色明眉」以下は、蘇東坡詩「水光瀲灩晴方好、山色空濛雨亦奇、欲把西湖比西子、淡粧濃抹総相宜」を踏まえる。○**雨奇晴好**―山水の景色の晴雨共によいこと。○**西子湖**―西子（西施。越王句践が呉王夫差を惑わすために贈った美女）と西湖（浙江省杭州）。○**秀絶**―とりわけ優れているさま。○**卓午**―正午。○**舁夫**―かごかき。○**丘隴堞の如し**―ひめがきがある城壁のような丘陵。鎌倉街道中道《なかつみち》のみちすじにある。今、舞岡公園。○**郭門**―町を取り囲む城壁に設けられた門。○**足利等持公の影堂**―長寿寺。足利尊氏の位牌を置く。鎌倉公方足利基氏が父尊氏の菩提を弔うために建立した。尊氏の遺髪を埋めた五輪塔がある。○**影像**―神仏や人の姿の彫刻の像。○**蛛糸**―蜘蛛の巣。○**蕪没**―雑草に埋もれる。○**香火**―灯明と香。○**天道**―天地を主宰する神。○**僭逆**―上を犯して逆らう。○**結構**―家屋の組み立て。○**鎌倉公及び諸大臣の邸址有り**―大倉御所跡。一一八〇年から一二一九年まで、鎌倉幕府の将軍の御所だったところ。○**禾黍離離**―黍《きび》がよく実り、次々と並んでいるさま。「黍離之歎」は亡国の嘆き。典拠『詩経』「王風」「黍離」。○**凄然**―寂しさが身にしみるさま。○**赫奕**―光り輝くさま。○**三崎**―三浦半島南端の港。○**鶻突**―ぼんやりして、はっきりわからない。○**金碧の画**―緑青・群青・紺青・雌黄などで彩り、さらに金泥の線で輪郭を描いた山水画。○**目睫**―非常に接近していること。○**蓬瀛**―東海にあり仙人が住むという二つの山。○**歩歩**―一足ごとに。○**前却**―進んだり退いたりする。○**岩本院**―江ノ島弁才天の別当、岩本坊。　○**通夕**―夜どおし。　○**頽然**―酒に酔いつぶれて、姿勢のくずれるさま。　○**牀**―寝台。　○**殷**―大きく震動する音。　○**睫を交う**―眠る。

※

二日、開霽、登金川台。山色明媚、波光瀲灧、与昨所観又一変。雨奇晴好、殆不減西子湖也。過程谷駅、阪路稍峻。行松缺処、見西北諸山、岳蓮尤為秀絶。卓午飯於戸塚駅。舁夫来請曰、鎌倉距此不遠。盍命輿一遊乎。乃登輿入野。行半里、丘隴如堞。舁夫云、鎌倉盛時設郭門処。又行二里、有足利等持公影堂。古刹荒廃、秋草擁階、影像為蛛糸所網。堂後五輪塔亦復蕪没、無一薦香火者。得非天道悪其僭逆歟。

詣円覚建長二寺。堂廡宏而古。有鍾、正安三年、北条貞時所鋳。詣鶴岡八幡廟。近歳燬于火結構尚新、丹碧煌耀。廟前銀杏樹、直上摩天、大可蔽数牛。廟東数里、有鎌倉公及諸大臣邸址。禾黍離離、満目凄然、求当時赫奕之状、惟敗瓦残礎。富貴之不可恃如此。

従廟南行至袖浦。浦与七里浜相属。東顧三崎、烟樹鶻突。西望函根、雲靄罩頂、豆州諸山、遠翠一帯。時夕陽倒射、山色皆如金碧画。画島近在目睫、宛然蓬瀛也。湾廻沙深、歩歩前却。昏黄始達岩本院。院邀客、不異駅舘。酒美魚鮮、頽然就酔。通夕波濤之声殷牀、不能交睫。

三日、早く起きて窓を開けると、群峰が海を隔てて現れた。しかし、鵬の翼のように大きい雲が天に垂れて、蓮峰（富士山）をのぞき見ることができず残念だ。江ノ島を存分に見てまわった。弁天宮は非常にすぐれて美しく、扁額に金亀山と言う。断碑があって、雲龍の模様が凹文で刻されているが、文字は皆剝落している。

数百歩行くと、島が裂けて二つになり、切り立った崖はまるで削ったようであった。崖を下ると、大きな石が多くあり、うしおが石に激しくぶつかって進み、飛沫が衣にそそぐ。突然に大きな洞窟があった。高さと広さが数丈、深さは測ることができない。私は以前思っていた、「この島は、みやこびとが味見するもので、盆栽のような景色に過ぎないのだろう」と。今これを見て、確かに景勝地だと思った。名は本当にむだには得ていないのである。

島を出てから二里行って藤沢に到り、再び街道に出た。大磯を通ると、砂原の道はちょうど動物の足うらのようで、青松は老人の仲間らのように生え、松林の外から聞こえる波の音はまるで雷のようである。酒匂川を渡ると、箱根山がだんだんと近くに見え、群峰がわだかまりそばだって、景色は非常に雄壮である。小田原に宿をとった。昔北条氏が拠った所であり、懐古一篇（詩）ができた。

❊

三日、蚤《つと》に起きて窓を啓《ひら》けば、群峰、海を隔てて出ず。但だ鵬翼《ほうよく》、天に垂れて、嶽蓮《がくれん》を窺うことを得ず、憾むべし。島中を縦観《しょうかん》す。天妃宮《てんぴきゅう》頗る精麗、榜《ぼう》して金亀山《きんきさん》と曰う。断碑《だんぴ》有りて雲龍隠起《いんき》するも、文字は皆剝泐《はくろく》す。

行くこと数百歩、島坼《さ》けて二と為り、峭崖《しょうがい》、削るが如し。崖を下れば、則ち大石磊落《たいせきらいらく》、潮水《ちょうすい》、石に激《げき》して進み、飛沫、衣に濺《そそ》ぐ。忽ち巨窟を得たり。高広《こうこう》数丈、深さ測るべからず。予、嘗て謂《おも》えらく、「茲の島は都人の指を染むる所にして、想うに亦た盆景に過ぎず」と。今、之を観て、信に佳境と為す。名は洵《まこと》に虚しくは得ざるなり。

既に島を出でて行くこと二里、藤沢に至り、復た孔道《こうどう》に就く。大磯を過ぐれば、沙路《さろ》、掌《しょう》の如く、青松、丈人行《じょうじんこう》と成り、松外の波声、雷の如し。酒匂川《さかわ》を渉れば、函嶺《かんれい》漸く近く、群峰盤峙《ばんじ》して、気象甚だ雄壮なり。小田原に宿す。往昔《おうせき》、北条氏の拠る所にして、懐古一篇を得たり。

語釈 ○**鵬翼**―鵬の翼のように大きく盛んな雲。○**縦観**―思う存分に見渡す。○**精麗**―すぐれて美麗なこと。○**断碑**―こわれた石碑。○**隠起**―器物の上に刻した凹入の文。○**剝泐**―浸食されて剝げ落ち、脈理によって解け裂ける。○**峭崖**―険しく切り立った崖。○**磊落**―数が多いさま。○**潮水**―海水。○**指を染む**―味見をする。○**盆景**―盆栽。○**佳境**―景勝地。○**孔道**―大道。○**沙路**―砂原の道。○**掌**―動物の足うら。○**丈人行**―老人の仲間。○**気象**―自然界の景色。○**小田原**―小田原城ははじめ大森氏が築き、後、北条早雲が伊豆から攻め入って奪った。豊臣秀吉の包囲攻略によって北条氏は敗れた。　○往昔—むかし。

※

三日、蚤起啓窓、群峰隔海而出。但鵬翼垂天、不得窺嶽蓮、可憾。縦観島中。天妃宮頗精麗、榜曰金亀山。有断碑雲龍隠起、文字皆剝泐。

行数百歩、島坼為二、峭崖如削。下崖則大石磊落、潮水激石而進、飛沫濺衣。忽得巨窟。高広数丈、深不可測。予嘗謂茲島都人所染指、想亦不過盆景。今観之、信為佳境。名洵弗虚得也。

既出島行二里、至藤沢、復就孔道。過大磯、沙路如掌、青松成丈人行、松外波声如雷。渉酒匂川、函嶺漸近、群峰盤峙、気象甚雄壮。宿小田原。往昔北条氏所拠、得懐古一篇。

海茫茫兮山叢叢　　海は茫茫《ぼうぼう》　山は叢叢《そうそう》
崇墉屹立当其中　　崇墉《すうよう》屹立して其の中に当たる
飛鳥不度白雲遶　　飛鳥度《わた》らず白雲遶《めぐ》り
譙楼挿天気象雄　　譙楼《しょうろう》　天を挿して　気象雄なり
維昔北条拠険隘　　維《こ》れ昔　北条　険隘《けんあい》に拠り
虎視八洲伝五代　　八洲を虎視《こし》して五代に伝う

豊公東征若雷霆
百二山河忽破砕
勿笑児子豚犬愚
勿笑和議廟算疎
先後敗亡皆一轍
浪華城上啼夜烏

豊公東征すること雷霆《らいてい》の若く
百二の山河　忽ち破砕《はさい》す
笑うこと勿かれ　児子豚犬《じしとんけん》の愚かなるを
笑うこと勿かれ　和議廟算の疎《うと》きを
先後敗亡　皆一轍《いってつ》
浪華《なにわ》城上に夜《や》烏《う》啼《な》く

＊叢・中・雄＝上平一東／代・砕＝去声十一隊／疎＝上平六魚／烏＝上平七虞

語釈　○**叢叢**—むらがるさま。○**崇墉**—高い城。○**譙楼**—城門の上の物見やぐら。○**険隘**—険しく狭まっているさま。『淮南子』「兵略」に、「土地の宜しきを知り、険隘の利に習《な》る」とある。○**八洲**—大八洲国。○**雷霆**—雷の響き。勇ましい軍隊のたとえ。○**百二の山河**—二を以て他国の百に対し得る要害の地。○**虎視**—虎が目を鋭くして四方を見渡す。雄志を抱き、他を併合しようとして静かに情勢をうかがうたとえ。○**破砕**—こなごな、ばらばらに、打ちくだく。○**笑うこと勿かれ……**—小山田与清《ともきよ》『松屋筆記』に、「北条氏直愚将にして物に決断なく、群臣をして評議せしむれど、空しく座談のみにて、其実に用る事能わず、遂に廃滅せり。世にこれをとりて不成の評議を小田原評定と云えり」とある。○**豚犬**—不肖の子。○**廟算**—宗廟で決める方策。○**一轍**—わだちを一つにする。同一結果。

海ははるかに遠く、山はむらがり、高い城（小田原城）がそそり立って、海と山の中間に位置している。飛ぶ鳥は越えて来ず、白雲がめぐり、物見櫓が天を挿して、雄大な風格である。

昔、北条は険しく狭まった所（軍事に利のある所）に拠り、大八洲を虎のように見渡して、野望を抱き情勢をうかがい、五代にわたって伝えた。

豊臣秀吉は、雷の響きのように勇ましく東へ征し、他国に五十倍する要害の地をにわかに打ちくだいた。

不肖の子の愚かさを笑ってはいけない。和議の方策の拙劣さを笑ってはいけない。前の北条も後の豊臣も滅亡して、みなわだちを一つにし（同一結末となり）、大坂城の上では夜烏《よがらす》が啼いている。

※

四日、小田原から左に折れ、海に沿い山に入った。細い道は高く険しく、深い茂みが蔽いかくし、その下のうしおは岩に激しくぶつかって跳ぶ。一里ばかり行くと石橋山（古戦場）に到った。源頼朝が人の先に立って正義を唱えたところである。ここから根府川村に到ると、関があって、行き交う人たちは通行手形を取り出して通る。土地によい石が多く、土地の人が切り出して、みやこで売る。道はさらに険しくなり、木はさらに茂り覆う。小雨が急に降ってきて、雲の気が海のようにわき立った。

※

四日、小田原従《よ》り左折し、海に沿い山に入る。細路嶔巇《きんき》として、林莽蔽虧《りんもうへいき》し、其の下の潮水、石に激して跳ぶ。行くこと里餘、石橋山《いしばしやま》を得たり。源二位、義を倡《とな》えし処なり。此《ここ》従り根府川《ねぶかわ》に至れば、関有り、往来の者、路引《ろいん》を出だして以て過ぐ。地に佳石多く、土人伐《き》りて以て都下に鬻《ひさ》ぐ。路益《みちますます》険しく、樹《き》益翳《おお》う。細雨驟《にわ》かに至り、雲気洶湧《きょうよう》すること海の如し。

語釈 ○**嶔巇**—山が高く険しいさま。○**林莽**—草木の深く茂っている地。○**蔽虧**—蔽いかくす。○**源二位**—源頼朝。○**義を倡う**—人の先にたって正義をとなえる。○**根府川**—根府川関（箱根関の脇関所）が置かれた。このあたりで産する根府川石は、輝石安山岩の石材で、板状節理が発達している。○**路引**—通行手形。○**雲気**—天空高くにたちこめる雲の気。○**洶湧**—波がわき立つさま。

※

四日、従小田原左折、沿海入山。細路嶔巇、林莽蔽虧、其下潮水激石而跳。行里餘、得石橋山。源二位倡義処。従此至根府川、有関、往来者出路引以過。地多佳石、土人伐以鬻於都下。路益険、樹益翳。細雨驟至、雲気洶湧如海。

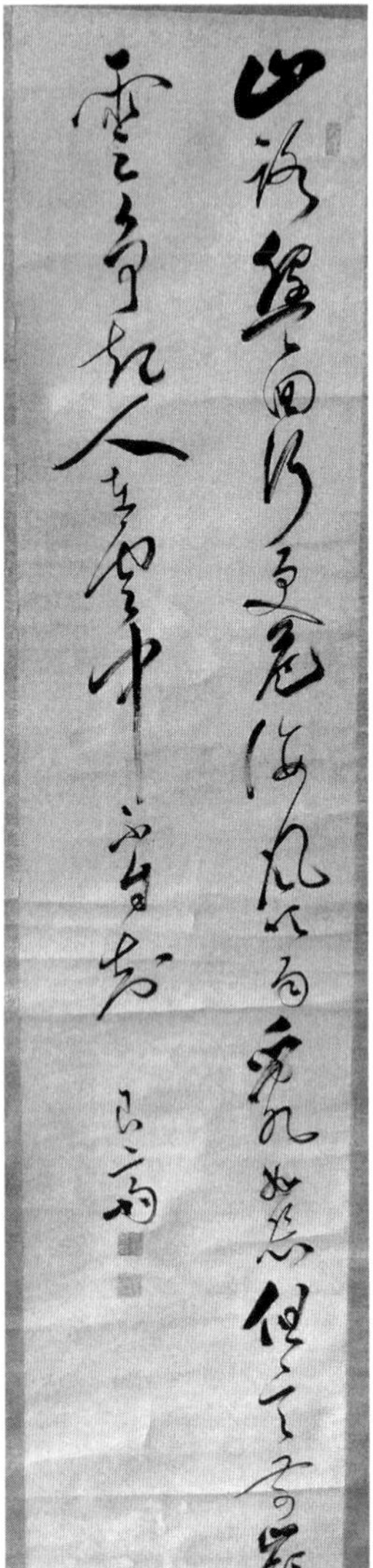

（伊豆道中…『嘉永二十五家絶句』に記された詩題）

山路盤廻行更危
海風吹雨乱如糸
但看前嶺雲争起
身在雲中不自知

＊上平四支

山路《さんろ》盤廻《ばんかい》して　行けば更に危うく
海風《かいふう》雨を吹きて　乱るること糸の如し
但だ看る　前嶺《ぜんれい》に雲争いて起こるを
身は雲中に在るも自《みずか》らは知らず

語釈　○**盤廻**―ぐるぐる巡る。　○**糸の如し**―細雨の形容。

※

山道はまわり巡って、行けば一段と危うく、潮風は雨を吹いて、雨は糸のように乱れている。

ただ前方の峰に雲が争い起こったさまを見るばかり。身は雲の中にあるが、自分ではそれと気づかないのだ。

江之浦村に到り、晴れるのを村家で待った。家の後ろの海の眺めは、大変美しい。太閤秀吉が小田原を征した時、諸々の武将に、ここで酒盛をさせて遊ばせ、労を慰めたと言う。しばらくして雨が止んだ。一里行くと吉浜村（真鶴岬の南の基部）である。砂原が湾を抱え、青松が覆い照らし、風と大波の眺めが非常に勇壮である。小川があって、境川（千歳川）と称する。伊豆と相模の二国は、ここを境としている。二里行き、伊豆山権現の下を過ぎた。神社は山頂にあるが、日が暮れたので登りはしなかった。

さらに一里あまり行き、熱海村に到った。山を背負い海に面し、人家は二百餘戸、農民と漁民が入り交じっている。温泉宿は二十七軒、その中の大きな宿二軒は、今井氏と渡辺氏である。樫宇公は今井氏の宿に滞在していた。そこで宿をたずねた。

公は、私が約束を履行したことを喜び、侍臣に命じて、私を一室に引き入れて休ませた。そこで、旅支度を解いて温泉に浴した。湯の気はやわらかく、味はほんの少し塩辛く、硫黄の気はない。手足がとけやわらぎ、険しい道を来た疲れがとれて、さっぱりした。浴した後、公とその弟の小倉明原氏に遊仙洞で拝謁した。今井氏の表座敷である。公は宴を開き、珍しくおいしいご馳走が前に並んだ。私は不覚にも酒に酔いつぶれ、手を打って山水を談じ、公もくつろぎ、うちとけて語り、久しく宴が続いてから退いた。公は酒を伯謹に与えた。お情けがすみずみまでゆきわたり、感激は言い表すこともできない。

＊

画浦《えのうら》に至り、晴るるを村舎に待つ。舎後の海眺、頗る佳なり。太閤、小田原を征ししとき、諸将をして此に遊讌《ゆうえん》せしめ、以て労を慰むと云う。少頃《しょうけい》にして雨歇《や》む。行くこと一里、吉浜《よしはま》村なり。沙磧《させき》、湾を擁し、翠松蔭映《すいしょういんえい》し、風濤《ふうとう》の観甚だ壮《さか》んなり。小流《しょうりゅう》有り、名づけて境川と曰う。豆相二州、是を以て界《さかい》と為す。二里、権現祠《ごんげんし》の下を過ぐ。祠は山頂に在るも、日暮るるを以て登るに及ばず。又た里餘、熱海村に抵《いた》る。山を負い海に面し、人家二百餘烟、民、農漁《のうりょう》を雑《まじ》う。湯戸《とうこ》二十七、其の中の巨室二は、今井氏為《な》り、渡辺氏為り。樫宇公、今井氏に館《やど》る。因って之に候《うかが》う。

公、其の能く約を践《ふ》むを喜び、侍臣に命じて、予を一室に延《ひ》きて休ましむ。乃ち装いを解きて温泉に浴す。湯気《とうき》和柔《わじゅう》、味微《かす》かに鹹《から》く、硫気《りゅうき》無し。四体融暢《したいゆうちょう》、険途《けんと》の労、洗然《せんぜん》たり。浴後、公及び令弟小《お》倉《ぐら》君に遊仙洞に謁す。今井氏の正庁なり。公、宴を賜い、珍羞《ちんしゅう》、前に満つ。予覚えず沾酔《せんすい》し、掌《たなごころ》を撫して山水を談じ、公も亦た開懐款晤《かいかいかんご》し、之を久しくして退く。公又た酒を伯謹に賜う。恩意周到、感、言うべけんや。

語釈 ○**遊讌**―酒盛などして遊び楽しむ。 ○**沙磧**―砂原。 ○**蔭映**―覆い照らす。 ○**風濤**―風と大波。 ○**権現祠**―伊豆山権現。仁徳天皇の御代、松葉仙人が神鏡を崇めて日金山に祀り、その後現在の本宮に奉遷し、次いで八三六年に現在地へ奉遷した。 ○**和柔**―やわらか。 ○**今井氏・渡辺氏**―両氏は熱海温泉を開いた家系で、代々今井半大夫・渡辺彦左衛門を名乗り、本陣を営んだ。艮斎が泊まった今井氏は熱海村名主を務め、大湯を管理し雁皮《がんぴ》紙《し》製造も担った。今井氏の旅館は、明治八年、真誠社が受け継いだ。 ○**四体**―両手両足。 ○**融暢**―とけやわらぐ。 ○**洗然**―さっぱりしたさま。 ○**令弟小倉君**―小倉明原《めいげん》。林述斎五男。享和二年（一八〇二）生まれ。幕臣。小普請組に入り、腰物番。田安家に転じ、物頭役、長柄奉行等を務める。のち西丸の納戸頭となった。嘉永元年没。名は実纜、号は桜舎。 ○**遊仙洞**―今井氏の表座敷。「遊仙洞」の扁額は、天明年間、熊本藩主細川重賢筆（『澡泉録』に拠る）。 ○**珍羞**―珍しくて、おいしいご馳走。 ○**沾酔**―酒に酔いつぶれる。 ○**開懐**―くつろぐ。 ○**款晤**―うちとけて語る。 ○**恩意**―情け深い思いやり。

※

至画浦、待晴於村舎。舎後海眺頗佳。太閤征小田原、使諸将遊讌於此以慰労云。少頃雨歇。行一里、吉浜村。沙磧擁湾、翠松蔭映、風濤之観甚壮。有小流、名曰境川。豆相二州、以是為界。二里過権現祠下。祠在山頂、以日暮不及登。

又里餘、抵熱海村。負山面海、人家二百餘烟、民雑農漁。湯戸二十七、其中巨室二、為今井氏、為渡辺氏。樫宇公館於今井氏。因候之。

公喜其能践約、命侍臣、延予於一室使休焉。乃解装浴温泉。湯気和柔、味微鹹、無硫気。四体融暢、険途之労洗然。浴後謁公及令弟小倉君於遊仙洞。今井氏正庁也。公賜宴、珍羞満前。予不覚沾酔、撫掌談山水、公亦開懐款晤、久之而退。公又賜酒於伯謹。恩意周到、感可言耶。


五日、これから下田港に赴くので、公に拝謁して別れを告げた。公はねんごろに引き留め、かつまた盛んに日金山の景勝を褒めあげた。公の従者前原義質もともに遊ぶことを願い、一緒に身支度をして旅館を出た。そのとき空に雲の気があって、皆は思った、「他の山は眺められるかもしれないが、ただ富士山ばかりはきっとのぞき見ることもできまい」と。

数百歩行くと、路傍に里程を記す石標があった。糸すじのような細道は大変険しい。一峰が尽きると一峰が現れる。義質は六十歳に近いが、体は非常に健康なので、身軽な装備で速く歩き、勇んで先に登った。私はもとより足腰が弱く、その上、重たい装備なので、汗がしみ通って背中をぬらした。

一里あまり登ると、右に戸沢地蔵堂があった。清水がさらさらと流れている。すくい飲んで、のどの渇きをいやした。さとうきびの汁のように甘い。さらに半里ばかり登ると、突然に、富士山が空のなかばに明るく出るのを見た。新雪が白くつやつやして、まるで雲が山頂を覆っているようだ。皆「めずらしい」と叫び、転げるように急いで走り、地蔵堂（東光寺）に到った。堂のそばの、四、五軒の茅屋（僧の家）のあたりが、実に日金山の頂上である。堂の後ろから山を登る。山全体に白い茅が生い茂っているのが丸山である。松崎慊堂翁が言うように、この山自体は天下の見苦しい景色のきわみで、眺め渡した景色の美しさは、すべて他の山から来るものである。

十国峠から見た富士山

北方は箱根山、二《ふた》子《ご》山《やま》の諸峰を望み、東方は房総を深い靄の外に眺める。南は万里のかなた天際の波に、伊豆の五島が兎が飛び出すように見えて、天城山が数十里にわたってはびこっている。西南は駿河遠江の山々が見え、緑がしげく重なり、海は曲がった沼のようである。（杜審言は、芙蓉は曲がった沼の花だと言うけれども、）その北は芙蓉の峰（富士山）が非常に高くそびえて大空を磨き、雪の花は明るくうるわしく、まことに天下の偉観である。ともに観賞して去りがたく、律詩一篇ができた。

※

五日、将に下田港に赴かんとし、公に謁して別れを告ぐ。公懇《ねんご》ろに留め、且つ盛んに日金山《ひがねさん》の勝を称う。従者前原義質、又た同《とも》に遊ばんことを請い、相い与に束装《そくしょう》して舘《やかた》を出ず。時に、天、雲気有り、咸《みな》謂《おも》えらく、「他山或いは眺むべくも、惟だ岳蓮のみ、決《かなら》ず窺うべからざるなり」と。

行くこと数百歩、傍らに石牌《せきはい》有りて里程を記す。細路、綫《すじ》の如く、頗る険絶《けんぜつ》たり。一峰尽くれば一峰出ず。義質、年六旬に近きも、体甚だ健なれば、軽装疾歩《しっぽ》、勇を鼓して先に登る。予、勝具《しょうぐ》素より乏しく、加うるに重装《ちょうそう》を以てすれば、汗漓漓《りり》として背を浹《うるお》す。

登ること里餘、右に地蔵堂を得たり。清水淙淙《そうそう》として流る。掬飲《きくいん》して渇くを消す。甘きこと柘漿《しゃしょう》の如し。又た登ること半里ばかり、忽ち岳蓮の天半《てんぱん》に朗出するを見る。新雪皓然《こうぜん》たること雲の頂を覆うが如し。衆、奇なりと叫び、蹶竭《けっけつ》して走り、地蔵堂に達す。

堂の側らの茅屋《ぼうおく》四五家は、即ち日金山の絶頂なり。堂後従《よ》り山を登る。満山皆白茅なるは是れ円山《まるやま》為《た》り。慊堂《こうどう》翁の謂う所の、天下の陋観を極めて眺観の美は皆他山より来る者なり。

北のかた函根双児《ふたご》諸峰を望み、東のかた房総を杳靄《ようあい》の外に眺む。南は則ち雲濤《うんとう》万里、五島兎起《とき》して、天城山《あまぎさん》、数十里の間に磅礴《ほうはく》す。西南は駿遠諸山、積翠稠畳《せきすいちゅうじょう》して、海水は曲沼《きょくしょう》の如し。其の北は蓮峰万仞《ばんじん》、霄漢《しょうかん》を摩切し、雪華《せっか》爛然《らんぜん》として、実に天下の偉観なり。相い与に玩賞《がんしょう》して、去る能わず、一律を得たり。

語釈 ○**日金山**―七七四メートル。頂を丸山また十国峠と言う。十国（伊豆・駿河・遠江・甲斐・信濃・相模・武蔵・上総・下総・安房）、五島（初島・大島・利島・三宅島・神津島）を眺めることができる。○**束装**―身支度をする。○**険絶**―きわめて険しい。○**勝具**―勝を済《わた》るの具。健脚。晋の許詢の故事から。○**漓漓**―しみこむ。○**地蔵堂**―二つある。はじめに到ったのは戸沢地蔵堂。果隣大徳の開創に係る。今、堂宇荒廃す。次に到ったのは日金山東光寺。松葉仙人の開創、源頼朝が中興した。○**淙淙**―水の流れる音。○**掬飲**―すくい飲む。○**柘漿**―さとうきびの汁でつくった飲み物。○**岳蓮**―富士山。○**天半**―そらのなかば。○**皓然**―白くてつやつやしたさま。○**蹶蝎**―転げるように急いで行く。○**茅屋**―かやぶきの家。○**慊堂…**―松崎慊堂「日金山記」に、「草茅満目、蓋天下陋観也。然而其名于勝概者、自他山而来甚矣」とある。○**杳靄**―深い靄。○**雲濤**―はるかに天際に見える波。○**兎起**―兎が巣から素早く飛び出す。○**天城山**―伊豆半島の中央部に峰を連ねる連山の総称。○**磅礴**―はびこりふさがる。○**積翠**―生い茂った緑の草木。○**稠畳**―しげく重なる。○**曲沼**―曲がった沼。初唐の杜審言の詩に、「芙蓉は曲沼の花」とある。○**万仞**―非常に高いさま。○**霄漢**―大空。○**摩切**―みがく。○**爛然**―明らかにうるわしいさま。○**玩賞**―観賞する。

※

五日、将赴下田港、謁公告別。公懇留、且盛称日金山之勝。従者前原義質、又請同遊、相与束装出舘。時天有雲気、咸謂他山或可眺、惟岳蓮決不可窺矣。

行数百歩、傍有石牌、記里程。細路如綫、頗険絶。一峰尽、一峰出。義質年近六旬、体甚健、軽装疾歩、鼓勇先登。予勝具素乏、加以重装、汗漓漓浹背。

登里餘、右得地蔵堂。清水淙淙而流。掬飲消渇。甘如柘漿。又登半里許、忽見岳蓮朗出天半。新雪皓然、如雲覆頂。衆叫奇、蹶竭而走、達地蔵堂。

堂側茅屋四五家、即日金山絶頂也。従堂後登山。満山皆白茅、是為円山。慊堂翁所謂極天下之陋観、而眺観之美、皆自他山来者也。

北望函根双児諸峰、東眺房総於杳靄之外。南則雲濤万里、五島兎起、而天城山磅礴於数十里之間。西南駿遠諸山、積翠稠畳、海水如曲沼。其北蓮峰万仞、摩切霄漢、雪華爛然、実天下偉観也。相与玩賞不能去、得一律。

細路盤盤雲遶山　　細路盤盤として　雲は山を遶《めぐ》る
長風一掃破天慳　　長風一掃して　天の慳《お》しむを破れり

横陳螺黛滄波上
孤秀玉蓮霄漢間
帆掛夕陽帰遠浦
雁涵秋影落遥湾
十州悉在双鞋下
疑是仙遊鶴背閑

＊上平十五刪

横ざまに陳《つら》ぬ　螺黛《らたい》　滄波の上
孤り秀《ひい》ず　玉蓮《ぎょくれん》　霄漢《しょうかん》の間
帆は夕陽に掛けて遠浦《えんぽ》に帰り
雁は秋影に涵《ひた》りて遥湾《ようわん》に落つ
十州《じっしゅう》悉《ことごと》く在り　双鞋《そうあい》の下《もと》
疑うらくは是れ仙遊《せんゆう》鶴背《かくはい》の閑《かん》なるかと

語釈　○**盤盤**—曲がりくねるさま。　○**長風**—遠くから吹いてくる、雄大な風。　○**一掃**—一たび払い清める。　○**螺**—山。　○**滄波**—青々とした波。　○**秋影**—秋の日の光。　○**仙遊**—仙人になったかのような自由な遊び。

※

細い路は曲がりくねって、雲が山のまわりをめぐっていた。雄大な風が一たび払い清めて、天が物惜しみしていたのを破った。

青々とした波の上には、まゆずみのように青黒い山々（天城連峰）が横に並び、大空には、美しい蓮のような峰（富士山）がひとり優れてそびえている。

帆は夕日に掛けて、遠い浦に帰り、雁は秋の日の光にひたって、はるかかなたの湾に落ちてゆく。十国がすべてわらじの下にある。これは、鶴の背に乗った仙人ののんびりした遊びであるまいか。

山頂に碑があり、東西南北を彫り込んで遊人に方向を識別させている。文はきわめて簡素である。「松葉仙人がはじめてこの山を開いた」と古くから伝わる。齢数百歳、その墓は今も残るが、まわり道になるので立ち寄らない。申の上刻に熱海に帰り、公に一碧楼で拝謁した。楼は遊仙洞の西にある。靄にかすんで薄暗くなった海面に、二島（大島と初島）が美しく立つさまが、すべて肘掛けや敷物のあたりのものである。

公は最近作った詩をとり出して、あらわし示した。気は勇ましく格調は高く、神の助けがあるように感じた。さらに公は伯謹を呼び寄せて、彼が若くして学問を好むことを褒めた。伯謹は感じ喜んだ。私は退いて詩を賦し、献じた。

＊

山巓《さんてん》に碑有り、八干《はっかん》四方を勒《ろく》して遊者をして方向を弁ぜしむ。文甚だ簡陋《かんろう》なり。旧《もと》伝う、「松葉山人始めて此の山を開く」と。寿《とし》数百歳、其の墓尚お存するも、迂《う》路《ろ》を以て過《よぎ》らず。上申《じょうしん》、熱海に還り、公に一碧楼に謁す。楼は遊仙洞の西に在り。烟濤渺瀰《えんとうびょうび》、双島玉立《そうとうぎょくりつ》、皆几席《きせき》の間の物なり。

公、近詩を出だして見示《けんじ》す。気雄《おお》しく格高く、神助有りと覚ゆ。又た伯謹を召見して、其の妙年にして文を好むを賞す。伯謹感喜す。予退きて詩を賦し、以て献ず。

語釈 ○**八干**—甲乙（東）・丙丁（南）・庚辛（西）・壬癸（北）。十干の内、戊己（中）を除く。○**迂路**—まわり道。○**上申**—申の上刻。午後三時台。○**一碧楼**—本陣今井氏のはなれ。楼から青海原が一望できた。○**烟濤**—靄にかすんで薄暗くなった水面。○**渺瀰**—水の限りなく広いさま。○**双島**—大島と初島。○**玉立**—美しく立つさま。○**几席**—肘掛けと敷物。○**見示**—あらわし示す。○**召見**—臣民を呼び寄せて会う。○**妙年**—若い年まわり。

※

山巓有碑、勅八干四方、使遊者弁方向。文甚簡陋。旧伝松葉山人始開此山。寿数百歳、其墓尚存、以迂路不過。上申還熱海、謁公於一碧楼。楼在遊仙洞西。烟濤渺瀰、双島玉立、皆几席間物。公出近詩見示。気雄格高、覚有神助。又召見伯謹、賞其妙年好文。伯謹感喜。予退而賦詩以献。

晞髪楼頭領景光　　髪を晞《かわ》かして　楼頭《ろうとう》　景光《けいこう》を領し
劇談真与世相忘　　劇談すれば　真《しん》と世と相い忘る
松高絶壁含秋気　　松高き絶壁　秋気を含み

風定澄瀛蘸夕陽
海岳追随難再遇
都城歓会是尋常
茲遊他日為佳話
莫笑臨岐又卸装

風定まる澄瀛《ちょうえい》　夕陽を蘸《ひた》す
海岳《かいがく》の追随　再び遇い難し
都城の歓会は是れ尋常
茲《こ》の遊《ゆう》　他日　佳話《かわ》と為らん
笑う莫かれ　岐《わか》れに臨みて又た装いを卸《ぬ》ぐを

＊下平七陽

語釈　○**楼頭**―楼の上。○**景光**―めでたいひかり。○**劇談**―流暢に話す。○**真**―自分自身。○**秋気**―秋の殺伐とした気配。○**澄瀛**―澄んだ大海。○**歓会**―楽しくうちとけた集い。○**佳話**―世に広くもてはやされる美談。

❊

湯上がりの髪をかわかして、一碧楼の上でめでたいひかりを受け、流暢に話していると、自分や世間のことを忘れてしまう。

高い松が生えた絶壁は、殺伐した秋の気配を含み、風がおさまって澄んだ海は、夕日をひたしている。

山水の遊びの追随は、再び叶うことはなかろう。みやこでのうちとけた集いは、常のことだ。

この遊びは、後日、美談となるだろう。笑ってはいけない、別れに臨んで、また旅の支度を脱いだのを。

【参考①】　林㭽宇『澡泉録』中、艮斎の来訪を記した箇所

艮斎はもとより遠くに遊ぶのが好きである。私はみやこを出た日、手紙を留めて教え、跡を追わせた。それですぐに来たので、すみやかに酒のしたくをさせて彼をねぎらった。山水風物をしなさだめし、大杯を何杯も挙げて、酔いつぶれた。艮斎はさらに伊豆国中をすべて探ろうとしていて、前途を急いで、夜明けに出立することを告げた。私は感情を高ぶらせて言った、「日金山に登らないのは、宝の山に入って璧を獲ないことである」と。そのため、その美しさを色つや豊かに説いた。艮斎はこれを聞いて、もう思いをはせている。この夜、湯からあがって、また艮斎にためしに湯あみさせ、ろうそくの芯を切って話を続け、二更を過ぎて、枕をあてて寝た。

※

信、素より遠遊を好む。余《われ》、都を出ずるの日、書を留めて以て悉《おし》えて追躡《ついじょう》せしむ。因って即来《そくらい》すれば、速かに酒を命じて之を犒《ねぎら》う。山水風物を品騭《ひんしつ》して、数觥《すうこう》を挙げ、頽然として酔う。信又た遍《あまね》く豆中を探らんと欲し、前途に急ぎて、告ぐるに明に発するを以てす。余激昂して云う、「日金に登らざるは、是れ宝山に入りて璧《へき》を獲ざるなり」と。為に其の美を艶説《えんせつ》す。信、之を聞きて形神《けいしん》已に往く。

是の夜、澡《あら》い訖《お》わりて、又た信をして試みに一浴せしめ、燈を剪りて談を続け、二更を過ぎて枕に就く。

語釈 ○**追躡**―足跡をたどって、追いかける。 ○**即来**―すぐに来る。 ○**品騭**―しなさだめ。 ○**觥**―大きいさかづき。 ○**頽然**―酒に酔いつぶれて、くずれ倒れるさま。 ○**璧**―美しい玉。 ○**形神**―身体と精神。 ○**燭を剪る**―ろうそくの芯についた燃えかすを切り取って明るくする。時間が経過したことを表す。 ○**二更**―ほぼ午後九時から十一時まで。 ○**枕に就く**―枕をあてて寝臥する。

＊

信素好遠遊。余出都日留書以甚追躡。因即来、速命酒犒之。品騭山水風物、挙数觥、頽然而酔。信又欲遍探豆中、急於前途、告以明発。余激昂云、不登日金、是入宝山而不獲璧也。為艶説其美。信聞之形神已往。是夜澡訖、又使信試一浴、剪燈続談、過二更就枕。

【参考②】 林㮨宇『澡泉録』中、艮斎への餞詩

熱海客舎贐安積信（熱海の客舎にて安積信に贐《はなむけ》す）　林㮨宇

挙杯将勧爾　杯を挙げて　将に爾《なんじ》に勧めんとす

行矣此游奇　行け　此の游　奇なり

絶境邀幽屐
名山待好詩
簪裾栄豈慕
泉石痼難医
豫待帰来話
西窓剪燭時

絶境　幽屐《ゆうげき》を邀《むか》え
名山　好詩《こうし》を待つ
簪裾《しんきょ》の栄　豈に慕わんや
泉石の痼《こ》　医《いや》し難し
豫《あらかじ》め待たん　帰来して話し
西窓　燭を剪《き》るの時

＊上平四支

語釈　○**絶境**―風景のすばらしい場所。　○**好詩**―立派な詩。
○**簪裾**―官吏の服装。　○**泉石**―山や川など自然の景色。
○**西窓……**―李商隠詩「夜雨　北に寄す」中、「何当《いつ》か共に西窓の燭を剪り、却って話さん巴山《はざん》夜雨の時」を踏まえる。

❊

杯を挙げて、今まさに汝に勧める。行きたまえ、この遊びは珍奇だ。

絶景は俗世を離れた人（汝）を迎え入れ、名山は立派な詩を作ってくれるのを待っている。

官位のほまれなど慕っていられようか。山水を極端に愛する病は治しがたいのだ。

錦ヶ浦

待っていようぞ、汝が帰ってきて山水を語り、西の窓辺で、夜がふけるのも忘れて、ろうそくの芯を切る時を。

日暮れに、温泉寺に立ち寄る。授翁を開山の祖とする。授翁は藤原藤房である。直諫でもって勅旨にさからい、こっそり逃れて僧になり、かつてここに錫杖をとどめた。庭の古松は、そのお手植えにかかわる。住職の潤州和尚が一文を出して示し、私に頼んで、その末尾に書きつけさせた。平沢旭山の「温泉寺記」である。席上、筆を走らせて、そのまま挨拶して去った。

＊

晩、温泉寺に過《よぎ》る。授翁を以て開山の祖と為す。授翁は即ち藤公藤房なり。直諫《ちょっかん》を以て旨に逆らい、窃《ひそ》かに遁《のが》れて僧と為り、嘗て錫を此に駐む。庭中の古松、其の手植に係る。住持の潤州和尚、一文を出だして相い示し、予に属《しょく》して其の後に題せしむ。平沢翁の温泉寺記なり。席間に筆を走らせ、遂に辞去す。

語釈　○**温泉寺**―後醍醐天皇の忠臣藤原藤房が創建した。境内の松はその手植。建武の新政で、藤房は武家の棟梁の出現を危惧し、再三諫言したが、天皇に聞き入れられないまま出家した。　○**直諫**―遠慮せず諫める。　○**平沢翁**―儒者平沢旭山。一七三三～九一。『漫遊文草』を著す。

晩過温泉寺。以授翁為開山祖。授翁即藤公藤房。以直諫逆旨、窃遁為僧、嘗駐錫于此。庭中古松係其手植。住持潤州和尚出一文相示、属予題其後。平沢翁温泉寺記也。席間走筆、遂辞去。

※

熱海温泉の大湯

六日、朝早く起きて大湯を見た。池は今井氏の門のそばにあり、木の欄干をめぐらせ、大石を積み重ねている。そのとき、熱湯がちょうど湧き、はげしい響きは雷を走らせ、蒸発する湯煙は天をつき、向かい近づくことができない。このようなことが、一昼夜に合計六回あり、温泉宿は皆、地中に樋を設けて湯を引いている。その源泉は、他郷と甚だしく異なり、人はその理をはっきりと知ることができない。

私見では、「地底の硫黄が堆積して明るい火がおのずと燃え、その中にほら穴があって海と通じ、海水がひそみかくれて流れ来て、火の気に盛んに蒸され、発して熱湯になる。だから、その味が塩辛く、熱湯が発するのに定期があるのは、潮汐が時間によって進退するのと同じである。けれども、温泉が湧出するのは、必ず丑卯巳未酉亥の刻を決まった時間とし、もともと潮時と対応せず、かつまた湧出しないことが一ヶ月に必ず一両日ある。この理が解けないのは、ことによると、造物者が珍しいことを好み、人に推しはかられないようにしているということか」と思っている。

頼朝の一杯水

食事の後、家臣にことづけて、謝意を述べて去った。網代峠を越えた。絶頂の、ひとたまりの深く清い泉は、大ひでりにも枯れず、すくい飲むと非常に甘く潔い。言い伝えに、「源頼朝が敵の騎馬兵に追われて、ひどくのどが渇き、水を探しても得られなかった。なぎなたで地を刺すと、泉が突然に湧き、これを飲んでのどが渇くのをとどめ、やっと抜け出すことができた」という。土地の人は、一杯水と称する。英雄が行うことは、たとえひとすくいの水であっても、いまなお伝えて風雅な話となる。儒者は精神をつくして書を著し、それでもって名を広めようとしても得がたく、笑うしかない。

四里行って宇佐美に着いた。さらに海に沿って南へ行った。

春日神社が鎮座する。社殿の後方の楠の老木は、根や幹にこぶがあり、数人が楠を抱えても合わさらない。木の腹は朽ちて、くぼんで中があいて、十張のむしろを敷くことができる。藤の蔓が茂り蔽っていて、太陽の光りも届かず、幹の中ほどが斧で断たれている。土地の人が言った、「太閤秀吉が朝鮮を征伐した時、伐採して、その材で巨船安宅丸を建造しました」と。逸史を調べると、「天正十九年、関白はまさに朝鮮を伐とうとし、沿海の諸国に命じて、大々的に船を建造させた」とある。この時のことに関わって、古詩一篇ができた。

＊

六日、暁起《ぎょうき》して湯池《とうち》を観る。池は今井氏の門の側らに在り、繚《めぐ》らすに木欄《もくらん》を以てし、畳《かさ》ぬるに巨石を以てす。時に熱湯方《まさ》に湧き、響激《きょうげき》、雷を奔《はし》らせ、蒸烟《じょうえん》、天を衝《つ》き、響邇《きょうじ》すべからず。是くの如き者、昼夜凡そ六次、湯戸《とうこ》は皆、陰梘《いんけん》を設けて之を引く。其の発源は他境と絶《はなは》だ異なり、人、能く其の理を詳らかにすること莫し。

予、窃《ひそ》かに謂《おも》えらく、「地底の礬硫《はんりゅう》堆積して陽火自《おのずか》ら燃え、其の中に竅穴《きょうけつ》有りて海と相い通じ、潮水潜伏して来り、火気の鬱蒸《うつじょう》する所と為りて、即ち発して熱湯と為る。故に其の味鹹《から》く、其の発するに定期有るは、猶お潮汐の時を以て進退するがごとし。然れども温泉湧出するは、必ず丑卯巳未酉亥を以て期と為し、固《もと》より潮候と相い応じず、且つ湧出せざる者、一月に必ず一両日有り。此の理の解すべからざる者、豈に造物、奇を好み、人をして測度《そくたく》する能わざらしむるか」と。

飯後《はんご》、侍臣に托し、致謝して去る。網代嶺を踰ゆ。絶頂の清泉一泓《いちおう》、大旱《たいかん》にも涸《か》れず、掬飲《きくいん》すれば極めて甘潔なり。伝え言う、「源二位、敵騎《てきき》の追う所と為り、渇くこと甚だしく、水を索《もと》むるも得ず。眉尖刀《びせんとう》を以て地を刺せば、泉忽《たちま》ち湧き、之を飲みて渇くを止《とど》め、遂に脱するを得たり」と。土人称して一杯水と為す。英雄の為す所、勺水《しゃくすい》と雖も猶お伝えて雅談と為る。儒生、精を竭《つ》くして書を著し、以て一名を博めんと欲するも、得易からず、笑うべし。

行くこと四里、宇佐美に至る。又た海に循《よ》りて南す。春日明神祠《みょうじんし》有り。祠後《しご》の古樟《こしょう》、根幹擁腫《ようしょう》として、数人之を抱うるも合わず。腹《ふく》朽ちて虚しく、席十張《せきじっちょう》を敷くべし。藤蔓翳薈《とうまんえいわい》、白日《はくじつ》影無く、中幹《ちゅうかん》は斧斤《ふきん》の断つ所と為る。土人云う、「太閤、朝鮮を征しし時、伐《き》りて以て巨艦を造る」と。逸史《いっし》を案ずるに、「天正十九年、関白、将に朝鮮を伐たんとし、沿海諸国に命じて大いに舟艦を治めしむ」と。是の時の事に係りて古体一篇を得たり。

語釈　○**暁起**—朝早く起きる。　○**湯池**—大湯。間歇泉。噴出は二時・六時・十時・十四時・十八時・二十二時の六回あり、湯と蒸気を交互に激しい勢いで吹き出し、地面が揺れるようであった。一ヶ月に一度、「長湧き」といわれる昼夜続けざまの噴出があり、そうした翌日は終日休止となった。大湯の周囲十間四方に石垣を積み、その上に欄干をめぐらした。大湯はかたわらの湯枡に溜め、湯戸二十七軒に地中を樋で引いた。明治の中頃から次第に湯量が減少し、大正十二年に止まる。今は人工的な噴出。○**響激**—ひびきがはげしい。○**天を衝く**—勢いのすさまじさをいう。○**嚮邇**—向かい近づく。○**陰梘**—竹の樋。○**他境**—他郷。○**礬硫**—明礬石。硫黄を含んだ一種の鉱物。○**鬱蒸**—盛んに蒸す。○**潮候**—潮のさしひきする時刻。○**測度**—推しはかる。○**致謝**—謝意をささげる。○**一泓**—一たまりの深く清い水。○**大旱**—甚だしい旱魃。○**眉尖刀**—なぎなた。○**一杯水**—源頼朝の一杯水。熱海より網代に抜ける頼朝ラインの途中にある。○**勺水**—ひとすくいの水。○**雅談**—風雅な話。○**春日明神祠**—伊東市宇佐美阿武《あぶ》楠《くす》鎮座、春日神社。境内の大楠が伐採されて安宅《あたけ》丸（史上最大の安宅船）の船材となる。文政七年（一八二四）の小笠原長保『甲申旅日記』に、伐採した大楠の幹（周囲、十二人で抱う）が残り、ひこばえ（二、三人で抱う）が四、五本繁茂していたとあり、「げにも珍らかなる物とぞみゆる」と感想を述べている。○**擁腫**—木にこぶが多くあること。○**席**—上むしろ。○**藤蔓翳薈**—藤の蔓が茂って蔽っているさま。○**土人**—土地の人。○**逸史**—正史に書き漏らされている史実を記した書物。

❊

六日、暁起観湯池。池在今井氏門側、繚以木欄、畳以巨石。時熱湯方湧、響激奔雷、蒸烟衝天、不可嚮邇。如是者昼夜凡六次、湯戸皆設陰梘引之。其発源与他境絶異、人莫能詳其理。

予窃謂地底礬硫堆積、陽火自燃、其中有竅穴、与海相通、潮水潜伏而来、為火気所欝蒸、即発為熱湯。故其味鹹、其発有定期、猶潮汐以時進退也。然温泉湧出、必以丑卯巳未酉亥為期、固不与潮候相応、且不湧出者、一月必有一両日。此理之不可解者、豈造物好奇使人不能測度歟。

飯後托侍臣、致謝而去。踰網代嶺。絶頂清泉一泓、大旱不涸、掬飲極甘潔。伝言源二位為敵騎所追、渇甚、索水不得。以眉尖刀刺地、泉忽湧、飲之止渇、遂得脱。土人称為一杯水。英雄所為、雖勺水猶伝為雅談。儒生竭精著書、欲以博一名而不易得、可笑也。

行四里、至宇佐美。又循海而南。有春日明神祠。祠後古樟、根幹擁腫、数人抱之不合。腹朽虚、可敷席十張。藤蔓翳薈、白日無影、中幹為斧斤所断。土人云、太閤征朝鮮時、伐以造巨艦。案逸史、天正十九年、関白将伐朝鮮、命沿海諸国、大治舟艦。係是時事、得古体一篇。

（古樟行《こしょうこう》…『摂東七家詩鈔』に記された詩題）

叢祠荒廃蛛網屋　叢祠《そうし》荒廃して　蛛《くも》　屋《おく》に網《あみ》し

屋辺老樟凝黛色　屋辺《おくへん》の老樟《ろうしょう》　黛色《たいしょく》を凝《こ》らす

堂堂一百三十囲　堂堂たり　一百三十囲《い》

雨淋嵐蝕洞其腹　雨淋嵐蝕《うりんらんしょく》して其の腹《ふく》を洞《ほら》にす

怪藤寿蔓不記年
白日晦冥鼯狌伏
仰看中断吁可矜
問渠縁底受髡禿
豊公胆大呑九州
誓取燕京垂冕旒
艨艟製造星火急
斧声如雷汗万牛
山童谷赭巨材尽
社公木魅血涙流
舳艫蔽波玄海暁
旌旆飜風平壌秋
両国生霊堕塗炭
白骨横野寒草乱
惟欲黷武開辺疆

怪藤寿蔓《かいとうじゅまん》　年を記さず
白日晦冥《はくじつかいめい》　鼯狌《ごせい》伏《ふ》す
仰ぎて中断を看れば　吁《ああ》矜《あわ》れむべし
渠《かれ》に問う　底《なに》に縁《よ》りてか髡禿《こんとく》を受くるや
豊公《ほうこう》胆大にして　九州を呑み
誓《いまし》めて燕京《えんけい》を取り　冕旒《べんりゅう》を垂れんとす
艨艟《もうしょう》の製造　星火《せいか》のごとく急なり
斧声《ふせい》雷の如く　万牛《ばんぎゅう》を汗《あせ》せしむ
山童谷赭《さんどうこくしゃ》　巨材尽き
社公木魅《しゃこうぼくみ》　血涙《けつるい》流る
舳艫《じくろ》波を蔽《おお》う　玄海の暁
旌旆《せいはい》風に飜《ひるが》える　平壌《へいじょう》の秋
両国の生霊《せいれい》　塗炭《とたん》に堕《お》ち
白骨野に横たわりて寒草乱る
惟《た》だ武を黷《けが》して辺疆《へんきょう》を開かんと欲するのみ

春日神社の大楠（子孫）

不知偃戈固根幹　知らず　戈《か》を偃《や》めて根幹を固むるを
大星忽墜社稷亡　大星忽《たちま》ち墜ちて社稷《しゃしょく》亡ぶ
区区残枿何足歎　区区たる残枿《ざんがつ》　何ぞ歎くに足らんや
騒然風起樹声振　騒然として風起こりて樹声振るい
如聞楼船怒濤戦　楼船《ろうせん》に怒濤の戦を聞くが如し

＊色＝入声十三職／腹・伏・禿＝入声一屋／旒・牛・流・秋＝下平十一尤／乱・幹・歎＝去声十五翰／戦＝去声十七霰

語釈 ○**叢祠**―樹の茂った中にある神社。春日神社。○**黛色**―樹木の青黒く見える色。○**囲**―一囲は五寸。○**雨淋嵐蝕**―雨がそそぎ、嵐がむしばむ。○**怪藤寿蔓**―怪しく老いた藤とその蔓。○**晦冥**―まっくら。○**鼯狌**―ムササビとイタチ。○**髠禿**―頭髪を剃りおとす。○**九州**―中国。○**誓**―王が軍隊や群臣を戒める言葉。○**燕京**―北京。○**冕旒**―冠の前後に垂れる珠玉。○**艨艟**―戦船。牛皮で船体をおおって矢石を防ぎ、進んで敵船を突き破る船。○**星火**―流星のひかり。事の急迫したたとえ。○**山童**―山に草木が無いこと。○**谷赭**―谷のあかつち。○**社公**―地の神。○**木魅**―老木の精。○**舳艫**―方形で長い船。○**旌旆**―はた。のぼり。○**平壌**―大同江下流に位置し、高句麗の首都となって以来、中心地。○**生霊**―人民。○**塗炭**―泥にまみれ火に焼かれること。きわめて辛い境遇。○**寒草**―枯れ草。○**武を黷す**―みだりに兵を用いて武徳をけがす。理由無しの戦いをする。○**大星**―傑出した人物。豊臣秀吉。○**社稷**―国家。○**区区**―わずかのさま。○**残枿**―残された切り株。○**樹声**―樹木を吹く風声。

※

樹の茂みの中に鎮まる神社は荒廃して、蜘蛛が社殿に網をはり、社殿のほとりの老いた楠は、青黒い色を凝り固めている。

堂々たるものよ、幹周りが百三十囲（約二十メートル）もある。雨や嵐がしみこみむしばんで、その腹はほらになっている。

怪しく老いた藤蔓は年代を記すこともなく、昼なお暗くムササビやイタチがひそんでいる。

仰いで、なかばで断たれたさまを見れば、ああ、憐れでならない。彼に問う、どのようなわけで頭髪が剃りおとされたのか。

豊臣秀吉公は豪胆で、中国を呑みこみ、軍隊を戒めて北京を取り、帝位に就こうとした。

戦船の製造は、流星のひかりのように速く、斧は雷のような音をたて、たくさんの牛に汗をかかせた。

はげ山と赤土の谷になって、大きな材木は尽き、地の神や老木の精は、血の涙が流れた。

暁の玄界灘では戦船が波を覆い、秋の平壌では旗や幟が風にひるがえった。

両国の人民は塗炭の苦しみに堕ち、白骨は野に横たわって枯れ草が乱れた。ただみだりに兵を用いて武徳をけがして、辺境を開こうとするばかりで、矛を収めて国家の根幹を固めることを知らなかった。

大星（秀吉）は突然に墜ちて、政権は亡んだ。わずかに残った切り株は、歎くに足るものではない。そのとき騒然として風が起こって葉音をふるわせ、まるで楼船で怒濤の戦の音を聞くようだ。

餘説 御座船安宅丸は、将軍徳川家光の命をうけた向井将監《しょうげん》忠勝が寛永九年（一六三二）に伊豆国伊東で着工し、同十一年に完成した。「熱海名主（今井半大夫）代々手控　抜書」に、「此の御船出来し時、人足は伊豆の国中より出ず。引船の節は河津より網代までの浦々より船を出だし、網代湊へ引入る」とある。同十二年品川沖にて家光上覧。水軍の主力艦。長さ三八間、幅一八間、深さ一二尺、排水量一六〇〇トン以上。一〇〇挺立（二人掛かり大櫓）、水主二〇〇人、速力二ノット。船体を銅板（九三〇坪）で覆い、和洋折衷の船体に二層の天守と屋形二棟を設けた。深川沖に浮かべたその姿は江戸名物とされた。春日神社の大楠は、拝棚八枚や化粧棚四枚の材（長さ三〇尺、幅三尺、厚さ〇・九尺）となった。伝説に、船倉から夜な夜な「伊豆いこう」との奇怪な声が聞こえたという。天和二年（一六八二）、無用とされ解体。（伊東の斎藤光男氏のご教示に拠る）

ところで文禄・慶長の役は、明治期までは秀吉の武勇伝の一つとして捉えられていた。たとえば頼山陽は「詠史十二首」其十一に、「乱窮まって草莽英雄起こり、志大にして夷蛮肝胆寒し」と詠んで称揚した。しかし艮斎は、両国の人民の犠牲を嘆き、秀吉に国家の根幹を固める智恵がなかったことを難じた。つまり、経世済民思想にもとづいて、この戦の侵略の本質を突いた。実に詠史詩の白眉である。

神社を出て、海に沿って南に行くと、砂の湾が折れ曲がっていて、青松と白波が相映じている。伊東と言う。伊東祐親の屋敷跡がある。村の東から峰を越えると、曠野に出た。崎原〔先原〕と言う。おおよそ伊豆は山々が集まっていて、平地は百のうち一、二ほどである。わずかにこの原だけがたてよこ三里に広がる。

富士山に酷似した山があって小富士〔大室山〕と称する。土地の人は言う、「山のふもとに洞窟があって、奥深くてはかりしれません」と。昔の史書を調べると、建仁三年、鎌倉殿源頼家公が伊東崎で狩りをしたとき、和田胤長に洞窟に入らせたという。おそらくこの洞窟と思われる。

二つの峰が対峙しているのは矢筈山と言う。その他の峰々もすぐれたさまを競っている。けれども、原の上はただ黄色の茅が人の背丈より高く茂り、さまざまな虫の鳴く声がまじり出るだけである。八幡野に着いた頃、すでに家々では燈明を上げていた。そこで宿屋を探したが見つからない。あまねく村の家々を尋ねて宿を乞うたが許されない。ここにいたって、非常にゆきづまった。

名主の肥田氏を訪れた。医者にして村役人である。塾生が出てきて私を見た。大変偉そうに構えている。にわかに、一人、戸口をうかがい見る者がいた。昌平黌の舎長山田四有である。互いに奇遇を嘆じた。塾生はこれを見て礼儀がようやく恭しくなった。四有は童僕に命じて私を村家に案内して泊まらせた。村家の老婆が表情がさえないのは、要するに無宿人がよくこのあたりを浮浪し、時折物を盗んで逃走するので、客を泊まらせるのを喜ばないのである。

私ははじめこれを知らず、心の中で疑いおそれた。後からこのことを聞くに及んで、このために抱腹絶倒した。四有と塾生が訪ねて来て、酒を置いて交歓を尽くした。四有は伊勢の人、性格は温厚で、山水を好んで諸国を歴遊している。名士である。酒に酔った後、詩を賦して四有に贈った。

⁂

祠《やしろ》を出で海に循《よ》りて南すれば、沙湾《さわん》屈折し、青松白波《はくは》相い映ず。伊東と曰う。伊東祐親の宅址《たくし》有り。村の東従《よ》り嶺を踰《こ》ゆれば、曠野を得たり。崎原《さきばら》と曰う。大抵豆州は峰巒合沓《ほうらんごうとう》し、平土《へいど》は百に一二に居《お》る。惟だ此の原のみ、延袤《えんぼう》三里なり。

山有りて岳蓮《がくれん》に逼肖《ひょくしょう》するは小富士と名づく。土人云う、「山下《さんか》に洞有り、窅《よう》として測るべからず」と。旧史を案ずるに、建仁《けんにん》三年、鎌倉公頼家、伊東崎《いとうざき》に狩るや、和田胤長をして洞に入らしむ。殆ど即ち此れを謂《い》う。

両峰対峙するは矢筈山《やはずさん》と名づく。其の他の峰巒《ほうらん》、秀を競う。而れども原の上は唯だ黄茅《こうぼう》、人を没し、百虫の声雑《まじ》り出ずるのみ。八幡野《やわたの》に至る比《ころお》い、已に燈を上《のぼ》せり。因って旅店を覓《もと》むるも、有ること無し。遍《あまね》く村家に就きて宿を乞うも許されず。是に於いて大いに窘《くる》しむ。

里正《りせい》肥田《ひだ》氏を過《よぎ》る。医にして吏なり。塾子出でて見る。頗る倨《おご》れり。忽《たちま》ち一士《いっし》、戸《こ》を闚《うかが》う者有り。昌平学斎長《さいちょう》山田四有《しゆう》なり。相い共に奇遘《きこう》を嘆ず。塾子之を見て礼始めて恭たり。僮《どう》に命じて予を引きて村家に至り宿らしむ。村家の老媼《ろうおう》色悦ばざるは、蓋し無籍《むせき》の徒、屢《しばしば》此の間に浮遊し、往往にして物を攘《ぬす》みて走り、故に客を舎《やど》らしむるを喜ばざるなり。

予、初め之《これ》を知らず、窃《ひそ》かに疑駭《ぎがい》す。後に是の事を聞くに及びて、之が為に絶倒す。四有及び塾子尋ね至り、酒を置きて歓を尽くす。四有は勢州の人、天資《てんし》温厚、山水を好みて諸州を歴游す。亦た名士なり。酔後、詩を賦して以て贈る。

語釈 ○**崎原**―先原。「伊東より八幡野に至るまで、三里の原野を、俚俗先原と称するは崎原の意ならむ」（日本歴史地理学会編輯『伊豆半島』） ○**合沓**―あつまる。 ○**平土**―平らな土地。 ○**延袤**―土地のひろがり。 ○**岳蓮**―富士山。 ○**逼肖**―酷似する。 ○**小富士**―大室山《おおむろやま》。三千七百年前の噴火でできたスコリア丘。天然記念物。標高五百八十メートル、底面の直径千メートルの火山で、お椀を伏せたような曲線美を持つ。七百年続く山焼きによって樹木が生育していないため、原形をよく保っている。○**洞**—穴の原溶岩洞穴。縦穴の最大直径は二四㍍、最深は一五㍍。横穴の広がりは不明。大室山麓さくらの里内。○**窅**—奥深く遠い。○**伊東崎**—伊東の南方、川奈、小室の辺、半島状をなす。○**里正肥田氏**—八幡野村名主肥田春安。豆州肥田氏の末裔、漢方医、韮山代官江川英龍に仕う。江川の命により廻村して種痘の実施にあたる。五男の浜五郎は、長崎海軍伝習所でオランダの教師に就いて蒸気機関の科を修めた。咸臨丸の太平洋横断においては、艮斎門人木村摂津守が提督、勝海舟が艦長、肥田は蒸気方（機関長）をつとめ病気の勝に代わって操船の指揮をした。文久元年、日本国自製の蒸気船を造る。慶応元年、横須賀造船所（艮斎門人小栗上野介が建設）の工作機械を購入のためオランダに派遣さる。明治四年、岩倉使節団理事官。○**斎長**—読書の室のかしら。○**山田四有**—文化元年生、文久二年没。伊勢の人。昌平黌に入り古賀侗庵・松崎慊堂《こうどう》に師事し、昌平黌舎長となる。後、松前藩儒、安中藩儒。○**奇遘**—奇遇。○**疑駭**—疑いおそれる。

※

出祠循海而南、沙湾屈折、青松白波相映。曰伊東。有伊東祐親宅址。従村東踰嶺、得曠野。曰崎原。大抵豆州峰巒合沓、平土百居一二。惟此原延袤三里。

有山逼肖岳蓮、名小富士。土人云、山下有洞、窅不可測。案旧史、建仁三年、鎌倉公頼家、狩于伊東崎、使和田胤長入洞。殆即謂此。

両峰対峙、名矢筈山。其他峰巒競秀。而原上唯黄茅没人、百虫之声雑出。比至八幡野已上燈矣。因覔旅店、無有。遍就村家乞宿、不許。於是大窘。

過里正肥田氏。医而吏也。塾子出見。頗倨。忽有一士闖戸者。昌平学斎長山田四有也。相共嘆奇遘。塾子見之礼始恭。命僮引予至村家宿焉。村家老媼色不悦、蓋無籍之徒、屢浮遊此間、往往攘物而走、故不喜舎客也。

予初不之知、窃疑駭。及後聞是事、為之絶倒。四有及塾子尋至、置酒尽歓。四有勢州人、天資温厚、好山水、歴游諸州。亦名士也。酔後賦詩以贈。

餘説 和田胤長は、和田義長の子、義盛の甥。源頼家の遺児を擁立して北条義時打倒をめざした泉親衡《ちかひら》の乱に加わった。しかし、発覚して幽閉され、張本人として陸奥国岩瀬郡鏡沼に流され、その屋敷地は義時に給与された。この措置が和田合戦を誘発し、義盛らは敗北、胤長は配所で殺された。
『吾妻鏡』によれば、将軍源頼家は胤長に伊東崎の山の洞穴探査を命じ、胤長は巳の刻に火を片手に洞穴に入り、酉の刻に帰参した。「この穴は、行程は数十里、暗闇で、一匹の大蛇が自分を呑み込もうとしたので、刀を抜いて斬り殺した」と報告したという。穴の原溶岩洞穴。

『艮斎詩略』に、「和田胤長の墓、奥州鏡沼村に在り。村豪菊畦《きっけい》、題詠を索《もと》むるに因りて賦す」と題した詩がある。「欲鋤姦賊報君恩、侠骨空埋僻落雲、断碣千秋有香火、更無人問義時墳」（姦賊を鋤き君恩に報いんと欲す、侠骨《きょうこつ》空しく埋《うず》もる僻落《へきらく》の雲、断碣《だんけつ》千秋香火有り、更に人の義時墳を問うこと無し）。

また、岩瀬郡鏡石町の「鏡沼跡」碑に、艮斎詩「玉骨菱花何処尋、碧苔紅蓼遶池深、凄涼一片漂中月、照見当年烈婦心」（玉骨菱花《ぎょくこつりょうか》何れの処にか尋ねん、碧苔紅蓼《へきたいこうりょう》池を遶《めぐ》りて深し、凄涼一片漂中の月、照らし見る当年烈婦の心）を刻す。伝説に、鎌倉に残された胤長の妻てるは、夫への慕情耐えがたく、跡を追って鏡沼にたどりつき、夫の死を知って沼に身を投げた。その時胸に抱いていた鏡は、今も水底から哀しげな輝きを放ち続けているという。

落日荒原独愴神
海郷聊寄薄遊身
相逢四海皆兄弟
偶坐一庵誰主賓
古墓英雄蔵碧血
乱峰烟靄畳蒼皴

落日荒原　独り神《しん》を愴《いた》ましむ
海郷《かいきょう》聊《いささ》か寄す　薄遊《はくゆう》の身
相い逢えば四海皆兄弟《けいてい》
偶《たま》ま坐す一庵《いちあん》　誰か主賓ならん
古墓の英雄　碧血を蔵し
乱峰の烟靄《えんあい》　蒼皴《そうしゅん》を畳《かさ》ぬ

知君欲継龍門志　　知る 君は龍門《りょうもん》の志を継がんと欲し
不但雲山行脚人　　但だに雲山行脚の人のみならざるを

＊上平十一真

語釈 ○**神**—こころ。 ○**薄遊**—気ままな旅行。 ○**四海皆兄弟**—『論語』「顔淵篇」に「君子は敬して失う無く、人と恭《うやうや》しくして礼有らば、四海の内、皆兄弟なり」とある。 ○**古墓**—河津三郎（伊東祐泰）血塚《ちづか》。河津が落命した所、伊東市の赤沢山のふもと、下田街道東浦路《ひがしうらじ》の下方にある。河津は伊豆国河津荘の領主として栄え、剛力無双、相撲の名手で河津掛けの創始者とされる。 ○**碧血**—周、萇弘《ちょうこう》が忠諫の容れられないのを恨んで自殺したところ、その血が化して碧玉となった。精誠の致すところという。『荘子』「外物篇」。 ○**乱峰**—入り乱れてそばだつ峰。 ○**龍門**—山峡の名。山西省河津《かしん》県と陝西省韓城《かんじょう》県の間で、黄河が龍門山を越え、滝となって落ちる所。漢の司馬遷は龍門に生まれたので、龍門と呼ぶ。司馬遷は、二十歳にして父司馬談の命を受けて天下を広く旅し、のち郎中となって名をあげ、父の跡を継いで太史令となり、『史記』を著した。

河津三郎の血塚

荒原に日は落ちて、私はひとり心を傷め、海沿いの里に、しばらくの間、気ままな旅の身を寄せている。

めぐり逢えば、天下の人はみな兄弟のように親しむもので、たまたま坐した庵では、誰が主人でも客でもよい。

古墓に眠る武勇の人河津三郎は碧玉の血を蔵し、乱峰の靄は蒼い皺を重ねている。

私にはわかる、君（四有）が司馬遷のように天下を広く旅した後に大業を成そうと志していて、単に雲山を行脚する人というばかりではないことが。

※

七日、山田四有と別れて去った。村の入口の老松は地に寝て、わだかまる龍のようにほしいままである。『伊豆志』に言う「おがん松」は、これである。赤沢山は村から一里あまり離れていて、山の麓の五輪塔が実に河津祐泰の墓である。高い杉が空をかざし覆って、日光を漏らさない。山腹に椎の木三本があり、伝えて、「大見成家、八幡行氏がその木陰で待ち伏せして、河津を射殺した」という。また、石に蹄の跡がそのまま残っている。土地の人は、源頼朝の馬蹄石と称する。山中に美しいモクレンがあり、樹身はサルスベリのようで、葉はもちの木のようで、花は白くて細かい。その下の小さい流れは、竹藪の中から来る。土地の人が言う、「これを飲むと毒がありますが、どんな原因なのかわかりません」と。

片瀬、白田二村を通り過ぎ、大川村に到った。村の入口に川がある。乱れた石を踏んで数十歩さかのぼると、少し浅いところを見つけて、衣をからげて渡った。流水は清らかに激し、深く、腰に達した。伯謹は意気消沈した。私がふり返って笑うと、元気をふるい起こし続いて進んだ。

その西の奇峰は天を刺すように高く、物憂げな雲が長くたなびいて、飛ぼうとし留まろうとしている。万城岳と言う。天城山脈はここからそびえ立ち、屈曲しながらうねうねと北に向かって走り、天翔ける龍のような勢いで、西浦に行きついて極まる。豆州の名山である。諸山はすべて、その支峰にかかると言う。

海に沿って南に行くと、大きな岩が、屋根や寝台、怪物や猛獣のように林立して、あるものは白、あるものは赤、あるものは濃い黒で、不思議なかたちが種々様々にあらわれ出て、見分けることもできない。ひとすじの道がその崖に沿っている。見下ろせば百仞の絶壁で、海は瓜の果肉の色に変わり、目はくらみ足はつらく、匍匐して進んだ。危険なところである。日暮れに、稲取村に宿をとった。四有が追いついて、ともに泊まった。月の色は清らかであった。

❊

七日、四有と別れて去る。村口の老松、地に偃《ふ》して、夭矯《ようきょう》たること蟠龍《はんりょう》の如し。伊豆志に謂う所の拝松《おがんまつ》は是れなり。赤沢山は村を距つること里餘、山下の五輪塔は即ち河津祐泰《すけやす》の墓なり。喬杉《きょうさん》、天を翳《おお》いて、曦光《ぎこう》を漏らさず。山腹に柯樹《かじゅ》三章有り、伝え言う、「大見成家《おおみしげいえ》、八幡行氏《やわたゆきうじ》、其の蔭に伏して、河津を射殺す」と。又た一石に蹄迹宛然たり。土人、源二位の馬蹄石と称す。山中に美しき蘭樹有り、身は百日紅《さるすべり》の如く、葉は冬青樹《とうせいじゅ》の如く、花は白くして細かなり。其の下の涓水《けんすい》、箐莽《せいもう》の中より来る。土人言う、「之を飲めば毒有り、何の故なるやを知らず」と。

片瀬、白田二村を過ぎ、大川村に至る。村口に川有り。乱石を踏みて泝《さかのぼ》る者《こと》数十歩、稍《やや》浅き処を得、衣を褰《かか》げて渉る。流水清激《せいげき》し、深くして腰に至る。伯謹色沮《そ》なり。予顧みて笑えば、乃ち気を作《な》して継進す。

其の西の奇峰、岝峉《さくがく》として天を鑱《さ》し、嬾雲《らんうん》曳帯して飛ばんと欲し留まらんと欲す。万城嶽《ばんじょうだけ》と曰う。天城《あまぎ》山脈此より起ち、蜒蜒《えんえん》として北に向いて走り、勢いは游龍《ゆうりょう》の如く、西浦に至りて極まる。本州の名鎮《めいちん》と為す。諸山は皆、其の支峰に係ると云う。

海に沿いて南すれば、大石林立すること屋《おく》の如く、牀《しょう》の如く、奇鬼《きき》猛獣の如く、或いは白、或いは赭《しゃ》、或いは深黒《しんこく》、詭状《きじょう》百出して、方物すべからず。一路、其の崖に縁《よ》る。下視《かし》すれば絶壁百仞、海水は瓜瓤《かじょう》色と作《な》り、目眩《くら》み脚《あし》酸《つら》く、匍匐《ほふく》して進む。危険の境為《た》り。晩、稲取《いなとり》に投ず。四有、追い至りて倶に宿す。月色《げっしょく》冷然たり。

語釈 ○**夭矯**―ほしいままなさま。 ○**蟠龍**―わだかまっている龍。 ○**拝松**―かつて伊東市八幡野の下田街道東浦路沿いにあり、頼朝が松の下で伊雄山《いおやま》の麓の八幡宮来宮神社を遥拝したと伝える。 ○**山下の五輪塔**―河津三郎血塚の宝篋印塔。 ○**曦光**―日の光。 ○**柯樹三章**―椎の木三本。もとは椎の古木があって、一本の木が三本に分かれていた。今は代替わりした。河津三郎血塚から九十《メートル》ほどの距離、四十《メートル》ほど上にある。東浦路から少し登る。 ○**馬蹄石**―頼朝、愛馬生月《いけづき》の蹄の跡が大石に残る。石は東浦路に面した小祠の前に露出する。 ○**冬青樹**―もちの木。 ○**涓水**―小さい流れ。 ○**篝莽**―竹藪。 ○**乱石**―乱れてある石。 ○**清激**―音が清らかに激する。 ○**気を作す**―元気をふるい起こす。 ○**継進**―続いて進む。 ○**岧嵲**―山の高いさま。 ○**蜒蜒**―屈曲しながら、うねうねと長く続くさま。 ○**游龍**―天翔ける龍。 ○**奇鬼**―人業ならぬ怪しい振る舞いをなすもの。 ○**深黒**―濃い黒色。 ○**詭状**―不思議なかたち。 ○**百出**―種々様々にあらわれ出る。 ○**方物**―見分ける。 ○**下視**―高い処から見くだす。 ○**百仞**―一仞は八尺。 ○**瓜瓤**―瓜の肉。 ○**稲取**―稲取岬の漁村。

＊

七日、与四有別去。村口老松偃地、夭矯如蟠龍。伊豆志所謂拝松是也。赤沢山距村里餘、山下五輪塔、即河津祐安墓。喬杉翳天、不漏曦光。山腹有柯樹三章、伝言大見成家、八幡行氏、伏其蔭、射殺河津。又一石蹄迹宛然。土人称源二位馬蹄石。山中有美蘭樹、身如百日紅、葉如冬青樹、花白而細。其下涓水自箐莽中来。土人言飲之有毒、不知何故。

過片瀬白田二村、至大川村。村口有川。踏乱石而泝者数十歩、得稍浅処、褰衣而渉。流水清激、深至腰。伯謹色沮。予顧而笑乃作気継進。

其西奇峰岸崿鑱天、嬾雲曳帯、欲飛欲留。曰万城嶽。天城山脈従此起、蜒蜒向北而走、勢如游龍、至西浦而極。為本州名鎮。諸山皆係其支峰云。

沿海而南、大石林立、如屋如牀如奇鬼猛獣、或白或赭或深黒、詭状百出、不可方物。一路縁其崖。下視絶壁百仞、海水作瓜瓤色、目眩脚酸、匍匐而進。為危険之境。晩投稲取。四有追至倶宿。月色冷然。

餘説 伊東祐親と工藤祐経は所領（伊豆国伊東荘）の相続を争い、祐経は従者の大見小藤太と八幡三郎に命じて、祐親の殺害をはかった。伊豆奥野での巻狩の帰途、従者二人は椎の木三本と称する木の陰にかくれて、祐親を遠矢にかけようとしたが、誤って祐泰を射殺した。祐泰の子が曽我十郎と五郎の兄弟で、頼朝の富士の巻狩の夜に、親の仇祐経を討った。世に知られる「曽我兄弟の仇討ち」である。
祐経の次男祐長は、泉親衡の乱の勲功によって奥州安積郡（艮斎の出身地）を賜る。祐長を祖とする安積伊東氏は中世安積領主で、戦国時代から伊達侯の家臣となる。よって安積地方には伊豆の地名が多い。安積伊東氏の古城（今の駅前の陣屋）の稲荷大神は、天和三年、安積国造神社に合祀された。その宮司家（艮斎の生家）は古代阿尺《あさか》国造の後裔で、第四十八代安藤重時は、領主安積祐重（安積伊東氏第十三代）から重の字を賜り、代々用いて今に至る。艮斎の名も重信という。

八日、山田四有とともに旅館を出立した。山水の中にこの風流な友を得て、遊覧の気分はさらに奮い立った。しかし、峰をめぐる幾重にも折れまがった険しい道は、すべて歩くのは容易でない。それで見高港から船に乗った。東風がちょうどはげしく吹いて、帆がはちきれそうにふくれ、飛ぶような船足で、非常にのびのびとして心地よい。

❊

八日、四有と偕《とも》に館を発す。山水の間、此の雅友を得、遊興益《ますます》奮う。但だ廻嶺百折《かいれいひゃくせつ》の険、皆行くに憚《はばか》る。因って見高《みたか》より舟に登る。東風正に急にして、帆腹《はんぷく》怒張し、舟行《しゅうこう》飛ぶが如く、甚だ適《かな》う。

語釈 ○**遊興**―遊覧したいという興味。○**百折**―幾重にも折れまがる。○**帆腹**―帆。○**怒張**―はちきれるようにふくれる。

❊

八日、偕四有発舘。山水間得此雅友、遊興益奮。但廻嶺百折之険、皆憚於行。因従見高登舟。東風正急、帆腹怒張、舟行如飛、甚適也。

一舸如飄葉　　一舸《いっか》　飄葉《ひょうよう》の如く
長風吹益奇　　長風　吹けば益《ますます》奇なり
波迎飛鱅立　　波は飛鱅《ひろ》を迎えて立ち
山趁快帆馳　　山は快帆《かいはん》を趁《お》いて馳す
礁怒奔雷闘　　礁怒りて奔雷闘い
崖懸老樹危　　崖懸かりて老樹危うし
平生無此興　　平生《へいぜい》　此の興無し
抱膝唱新詩　　膝を抱きて新詩を唱す

＊上平四支

語釈　○**舸**―船首の切り立った船。　○**飄葉**―ひらひらひるがえる葉。　○**長風**―遠くから吹いてくる、雄大な風。　○**飛鱅**―はやぶね。　○**礁**―海面に見え隠れする岩石。　○**奔雷**―激しく鳴る雷。　○**膝を抱く**―対手がなくひとりぼっちのさま。

船はひらひらとひるがえる葉のようで、遠くから雄大な風が吹くと、さらに珍しいながめとなる。

波は早舟を迎えて立ち、山は早舟を追って馳せる。

岩礁は怒って激しい雷鳴を響かせて闘い、崖は宙にかかって老木が危うい。

日頃このおもむきはない。ひとりで、新たに作った詩を誦す。


海辺の数十戸の草屋の、河津と言う村は、祐安が生まれたところである。その上の、奥深く秀でた峰は、天嶺山と言う。二里行くと、岩山に木がなく、足は海に挿し、大きな洞穴が羅列し、大波が激しく噴き上げている。縄地山と言う。さらに一里行き、舟から降りて白浜村に到った。険しくそびえた崖が、門のように向かい合って立ち、かろうじて人が通られる。村を通り過ぎると、岸壁は波に侵蝕され、まるで城郭や物見やぐらや五重塔のようである。ここは街道筋ではないけれども、四有は地理をよく知っており、私を引いて勝地へと入ってゆく。本当だ、山水の遊びに指導者がいないわけにはいかないのだな。

申の上刻に、下田港に到る。伊豆国の第一の波止場で、人家は千餘戸、かなり栄えていて賑わしい。江戸に入る商船がすべてここに碇を下ろすからである。港ぐちには、六曲の屏風のように、青々と茂った山が囲んでいる。その中の高くて丸い二峰は、乳峰山と言う。先年、清国の旅人が名付けた。調べると、『元遺山集』「嵩山」に「五乳峰」がある。多分これになぞらえたのであろう。

深く澄んだ海に島が並び立っているのは、毘沙子《みさご》島と白鷺島である。西の崖の丘陵の、雲のように豊かな木々が、天にも届くさまなのは、清水上野介康英の城址（下田城）である。清水は伊豆の生まれで、北条氏に仕えた勇猛な大将である。その子の太郎左衛門政勝も武勇で知られた。太閤秀吉は、脇坂安治ら諸将に下田城を攻めさせたが、結局攻め取られなかった。小田原城が落ちるに及んで、ようやく城を明け渡して去った。

寝姿山から見た下田

そのとき、すでに日が没する頃で、夕日に照らされた帆影が、峰や海の風景の中に見え隠れし、きわまって、秀麗で味わい深い。対岸は柿崎である。遠眼鏡をとり出してこれをうかがうと、すぐれた岩がごつごつと突き出ていて、人家がはっきりと見え、数えられた。

四有は私をひき連れて、添川廉斎を訪ねた。廉斎は会津の人で、頼山陽に教えを受け、あっさりとした、ほしいままな性格で、詩文に長じている。着いたが家にいなかったので、泰平寺を訪ねた。住職の壺龍和尚は、物事に束縛されない奔放な人で、容姿はたくましく、詩賦を得意とする。急いで酒の支度をさせて、もてなしてくれた。廉斎が偶然に来て、昔のことを語り合った。夜半、廉斎の家に行って泊まった。ろうそくの芯を切り、こしかけを連ね、談笑してしばらく時を過ごしてから寝た。

❊

海澨《かいぜい》の草舎数十烟、河津と曰うは、即ち祐安の産まるる所なり。其の上の峰巒の深秀なるは、天嶺《てんれい》山《ざん》と曰う。行くこと二里、砠山《しょざん》に樹無く、趾《あし》は海に挿し、巨穴羅列し、洪瀾噴薄《こうらんふんぱく》す。縄地《なわじ》山と曰う。又た行くこと一里、舟を捨てて白浜村に至る。峭壁《しょうへき》対峙すること門の如く、劣《わず》かに人を通ず。村を過ぐれば、則ち岸壁は波濤の蝕齧《しょくげつ》する所と為り、城郭の如く、楼櫓《ろうろ》の如く、五層の塔の如し。此の間、正路にあらざるも、四有、地理を諳《そら》んじ、我を引きて勝地に入る。信《しん》なるかな、山水の游に指南無かるべからざることや。

上申、下田港に至る。豆州第一の馬頭と為し、人家千餘烟、頗ぶる殷賑《いんしん》たり。商船の都に入る者、皆此に錨《いかり》を下す、故に然り。港口《こうこう》に碧山環匝《へきざんかんそう》すること六摺《りくしょう》の屏風の如し。中の両峰の高くして円《まる》きは、乳峰《にゅうほう》と曰う。往年、呉客の名づくる所なり。案ずるに、元遺山《げんいざん》集、崧少《しょうしょう》に五乳峰有り。蓋し之に擬するなり。

海水弘澄《おうちょう》、島嶼《とうしょ》離立《りりつ》するは、雎鳩《みさご》と曰い、白鷺《しらさぎ》と曰う。西崖の丘陵、雲木《うんぼく》、天に参《まじ》うるは、清水上野介の城墟《じょうきょ》なり。清水は本州の産にして北条氏の驍将《ぎょうしょう》為《た》り。其の子、太郎左衛門も亦た武健を以て聞こゆ。太閤、脇坂諸将をして之を攻めしむるも、遂に抜かず。小田原陥るに及びて、始めて城を開きて去る。

時に日已に下春《かしょう》、夕陽の帆影、巒光《らんこう》水色の間に明滅し、極まりて、秀麗にして玩すべしと為す。対岸は即ち柿崎《かきさき》なり。千里鏡《せんりきょう》を出だして之を覘《うかが》えば、秀巌突怒《しゅうがんとつど》、人家歴歴として数うべし。四有、予を挾《さしはさ》みて添川廉斎《そえかわれんさい》を訪《と》う。廉斎は会津の人にして、業を頼山陽に受け、性澹宕《たんとう》にして文辞に長ず。至れば則ち家に在らず、因って泰平寺に過《よぎ》る。住持の壺龍和尚は、倜儻不羈《てきとうふき》、容姿魁岸《かいがん》にして韻語を工みにす。急ぎ酒を命じて相い款《かん》す。廉斎適《たまたま》至り、相い共に旧を叙べ往を談ず。夜半、其の宅に至りて宿す。燭を剪り榻《とう》を連ね、談笑し刻《とき》を移して寝ぬ。

語釈 ○**海澨**—海のほとり。 ○**草舎**—草葺きの家。 ○**河津**—赤沢の南、大川から南縄地、白浜までは古の河津郷。河津氏の本拠。曽我兄弟はここで生育した。 ○**深秀**—奥深い感じで高く秀でていること。 ○**天嶺山**—河津の町並みの南にある。三五〇メートル。 ○**噴薄**—激しく噴き上げる。 ○**縄地山**—金山。江戸時代、大久保長安が開発した。 ○**砠山**—石が重なった岩山。 ○**洪瀾**—大波。 ○**峭壁**—険しくそびえた崖。 ○**対峙**—高くそびえる二つがむかい合って立つ。 ○**蝕嚙**—侵蝕する。 ○**楼櫓**—物見やぐら。　○**正路**―主要な道路。　○**下田港**―下田は天領で下田奉行が置かれた。風待ちの良港で、船《ふな》改《あらため》番所があるため東西のすべての廻船が寄港して賑わった。番所では、船の大小、積載の荷物の品目と量を調べ、通船證を与えた。嘉永二年のイギリス船来航から安政六年の横浜開港まで、英露仏米の軍艦が十六回来航した。　○**馬頭**―波止場。　○**殷賑**―繁盛していて賑わしいこと。　○**港口**―港ぐち。○**碧山**―青々と茂った山。寝姿山、下田富士、乳峰山、相の山、春日山。　○**環匝**―まといめぐる。○**乳峰**―艮斎が撰した忍藩儒芳川波山の墓表に、「途《みち》に伊豆に寓し、贄を執る者戸に塡《み》ち、因りて亭を乳峰の下に構えて生徒に授く」とある。　○**元遺山**―元好問。金末元初の文学者。　○**崧少**―嵩山《すうざん》。○**泓澄**―水の深く澄むさま。　○**離立**―並んで立つ。　○**清水上野介**―清水康英。後北条氏の家臣。伊豆水軍を率いた。　○**驍将**―勇猛な大将。　○**太郎左衛門**―清水政勝。後北条氏の家臣で、晩年は福井藩士となった。　○**武健**―武力があって壮健なこと。　○**脇坂**―脇坂安治《わきざかやすはる》。賤ヶ岳の七本槍の一人。○**下春**―夕日の没せんとする頃。　○**水色**―水の景色。　○**明滅**―見え隠れする。　○**千里鏡**―遠眼鏡。○**突怒**―岩石がごつごつと突き出ているさま。　○**歴歴**―はっきりしたさま。　○**添川廉斎**―享和三年生、安政五年没。耶麻郡小荒井村（喜多方）の人。名は栗、字は仲穎、通称完平、号廉斎また有所不為斎。古賀穀堂次いで頼山陽に学び、長崎等を歴遊す。天保四年より同六年まで、海路の要所たる下田に滞在し、漢学を教授す。安中藩主板倉勝明に賓師として招かれ江戸の屋敷で教授す。晩年に編纂した『有所不為斎雑録』は対外問題の資料を集めたもので、艮斎が弘化元年頃に著した『禦戎策』も収められている。門下に新島襄。昭和六年荘田三平撰文の廉斎顕彰碑が喜多方市字諏訪の愛宕神社に立つ。○**泰平寺**—長松山泰平寺。臨済宗。天正十八年、下田領主戸田忠次を開基大檀那として再建した。戸田氏は下田を十年餘統治し、この間町並が整えられた。忠次の墓がある。○**倜儻**—他物に拘束されないさま。○**不羈**—礼儀に束縛されず、奔放なさま。○**魁岸**—体が大きくたくましいさま。○**韻語**—詩賦。○**夜半**—三更（午後十一時から午前一時）。○**燭を剪る**—ろうそくの芯についた燃えかすを切り取って明るくする。時間が経過したことを表す。○**榻**—こしかけ。

※

海湓草舎数十烟、曰河津、即祐安所産。其上峰巒深秀、曰天嶺山。行二里、砠山無樹、趾挿海、巨穴羅列、洪瀾噴薄。曰縄地山。又行一里、捨舟至白浜村。峭壁対峙如門、劣通人。過村則岸壁為波濤所蝕嚙、如城郭如楼櫓如五層塔。此間非正路、四有諳地理、引我入勝地。信乎山水游不可無指南也。上申至下田港。為豆州第一馬頭、人家千餘烟、頗殷賑。商舶入都者、皆於此下錨、故然。港口碧山環匝、如六摺屏風。中両峰高而円、曰乳峰。往年呉客所名。案元遺山集、崧少有五乳峰。蓋擬之也。海水泓澄、島嶼離立、曰雎鳩、曰白鷺。西崖丘陵、雲木参天、清水上野介城墟也。清水本州産、為北条氏驍将。其子太郎左衛門、亦以武健聞。太閤使脇坂諸将攻之、遂不抜。及小田原陥、始開城去。

時日已下舂、夕陽帆影、明滅巒光水色之間、極為秀麗可玩。対岸即柿崎。出千里鏡覘之、秀巌突怒、人家歴歴可数。

四有挟予訪添川廉斎。廉斎会津人、受業於頼山陽、性澹宕、長於文辞。至則不在家、因過泰平寺。住持壺龍和尚、倜儻不羈、容姿魁岸、工韻語。急命酒相款。廉斎適至、相共叙旧談往。夜半至其宅宿。剪燭連榻、談笑移刻而寝。

【参考】 伊豆の浜辺の風景を詠じた詩、『摂東七家詩鈔』所収。

豆州海浜所見（豆州海浜に見る所）　安積艮斎

秋風海気寒　　秋風　海気寒し
紅樹両三戸　　紅樹　両三戸
波浪高於山　　波浪　山よりも高く
漁舟呑復吐　　漁舟　呑み復た吐く

＊上声七麌

語釈 ○**海気**―海の気。　○**紅樹**―秋の紅葉した樹。

秋風が吹いて海の気は寒い。浜辺には、紅葉した木々と二、三の人家が見える。
波浪は山よりも高く、漁舟を呑んだり吐いたりしている。

❊

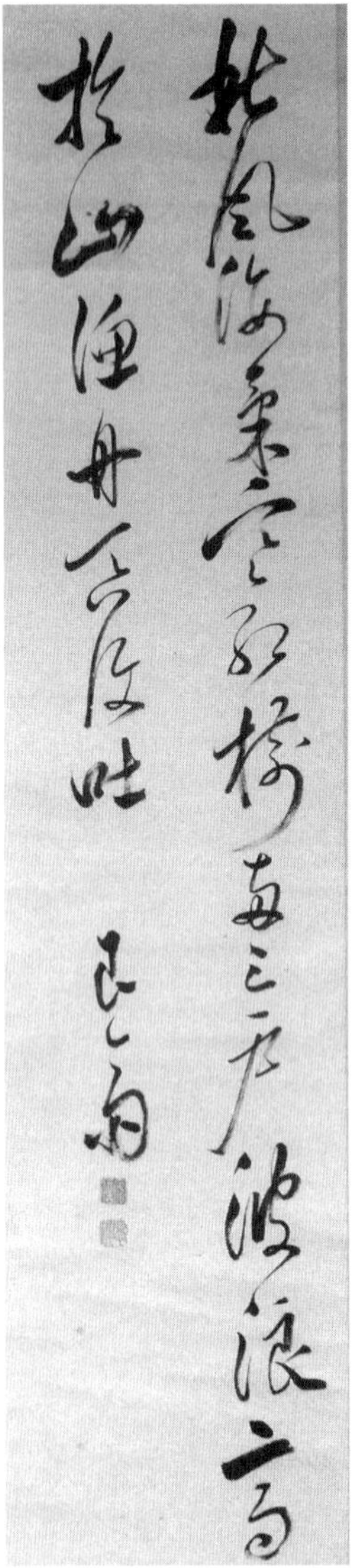

九日、日が高くなってから起きた。挨拶して去ろうとしたが、廉斎が固く引き止めたので、また旅支度を解いて語り合った。塾生が酒を手にさげて祝言を言いに来て、はじめて重陽であることを知ったのである。そこで、登高の遊びを相談したが、雨が降ってきたので実現しなかった。

昼下がり、うっすらと晴れて、岩山（敷根山）に登った。山は下田の北にある。そうたいして高くはないけれども、しかしながら、あたり一面に大きな岩が凝結したところである。土地の人がこの岩を切って売るので、斧や鑿《のみ》のあとが、すべて穴になっている。その中の、ひつぎのように真四角な穴は、数十人が入られるほど大きい。たっぷりとしたたまり水は、青い色をしている。もし一度足を踏みはずせば、そのまま土中の闇となる。

山の尾根から下った。洞穴があって、とりわけすぐれて雄大である。数十丈の広さで、鍾乳石は乳を垂らし、陰の気がそよそよと人に及ぶ。これもまた切り破られたところである。他国の洞穴は、みな造物者のしわざである。けれども、この洞穴だけは人工から出て、うがち切り裂く巧みさは、神と優劣を争っている。これもまた一つの奇勝である。ああ、利のあるところは、数百人の力を尽くして、岩山であろうとも七つの穴がすべて穿たれるのだから、ましてや君主が民を細り弱らせ、そのありたけの力を出してやめないときは、これをどうすれば尽き果てないというのか。

廉斎が言った、「伊豆国に美しい石が多いのは、他国が及ぶものではなく、ひとり怪しんでいます。昔、源頼朝が正義の兵を挙げ、群雄が速やかに応じました。北条・仁田・土肥などは、皆当国から出ました。北条氏が興ったとき、その直属の勇猛な大将の清水・松下などは、やはり人材に乏しくないのです。今は尽きてなくなりました。ことによると、たとえ人材がいたとしても、しかしながらその技を売り出すところがないのでしょうか、それとも柳宗元が言うように、その地の気が偉人として表出せずして、この風物になって現れたのでしょうか」と。二人は目くばせして大笑いした。廉斎の家に帰ってから、泰平寺に行って酒を飲み、そのまま泊まった。ともしびのほとりで詩を賦して、廉斎に示した。

※

九日、日高くして起く。将に辞去せんとするも、廉斎固く留《とど》むれば、復た装いを解きて話す。学子、酒を携えて来賀《らいが》し、始めて重陽為《た》るを知るなり。因って登高《とうこう》の遊を議するも、雨至るを以て果たさず。

午下《ごか》、微《かす》かに霽《は》れ、石山《せきざん》に登る。山は下田の北に在り。甚だしくは高からずと雖も、而れども一片の盤石《ばんせき》の結ぶ所なり。土人、之を伐《き》りて以て鬻《ひさ》げば、斧鑿《ふさく》の痕《あと》、悉く坎穴《かんけつ》と成る。其の中の方正なること櫃《ひつぎ》の如きは、大いさ数十人を容るべし。積潦渟瀦《せきろうていちょ》、色、青靛《せいてん》を作《な》す。若し一たび脚を失すれば、即ち長夜《ちょうや》なり。

敷根山の石丁場

山脊《さんせき》よりして下る。窟有りて尤も怪偉なり。広さ数十丈、石髄《せきずい》、乳を垂れ、陰気淅淅《せきせき》として人を襲う。亦た斲伐《たくばつ》の処なり。他州の洞穴は、皆造物者の為す所なり。而れども是の窟は独り人工より出で、鑱劃《さんかく》の妙、神鬼《しんき》と争う。亦た一奇《いっき》なり。噫《ああ》、利の在る所は、数百人の力を尽くして、石山《せきざん》と雖も亦た七竅《しちきょう》皆穿つ、況んや、人主、民を朘《ちぢ》ましめ、其の力を窮めて已まざるとき、之を如何《いかん》とすれば、其れ窮まらざるをや。

廉斎曰わく、「本州に佳石《かせき》多きは、他州の及ぶ所にあらず、独り怪しむ。昔、源二位、義兵を挙げ、群雄響応す。北条・仁田《にった》・土肥の若きは、皆本州より出ず。北条氏の興るや、麾下《きか》の驍将《ぎょうしょう》、清水・松下の若きは、猶お人に乏しからず。今は則ち索然《さくぜん》たり。豈に人有りと雖も、而れども其の技を售《う》る所無きか、抑《そもそも》柳州の謂う所の、其の気霊、偉人と為らずして是の物と為るか」と。二人相い視て大笑す。既に返り、泰平寺に就きて飲し、遂に宿す。燈下、詩を賦して廉斎に似《しめ》す。

語釈 ○**学子**―従学の者。 ○**来賀**―祝言を言いに来る。 ○**登高**―重陽の節句に、厄祓いのため丘に登って、ハジカミを髪に挿し、菊花を浮かべた酒を飲む行事。 ○**午下**―昼過ぎ。 ○**石山**―敷根に所在する低丘陵のことで、通称を敷根山と言い、凝灰岩系の伊豆御影を産した。今も石丁場跡が残る。
○**一片**―そのあたり一面。平たく広いものを指す。 ○**盤石**―大きな平たい岩。 ○**斧鑿の痕**―斧や鑿で細工をしたあと。 ○**坎穴**―穴。 ○**積潦**―大水。 ○**渟潴**―たまり水。 ○**青靛**―青色。靛は藍染め。 ○**長夜**―埋葬された後の、土中での永遠の闇。 ○**山脊**―山の尾根。 ○**怪偉**―すぐれて雄大なこと。 ○**丈**―一丈は十尺。 ○**石髄**―石鍾乳。 ○**陰気**―陰の気。明に対する暗、乾に対する湿、暖に対する寒などを支配する。 ○**淅淅**―風の音。 ○**神鬼**―超人的な力を持つ霊的存在。天神を神、人神を鬼という。〇**一奇**―一つの勝れた景色。〇**石山**―岩石から成っている山。〇**七竅**―耳目鼻口。渾沌（中央の天帝）は、生まれながらに耳目鼻口がなかったので、身体に七つの穴を開けられて死んだという。『荘子』「応帝王篇」。〇**響応**―ひびきが声につれて起こるように速やかに応ずる。〇**麾下**―将軍直属の部下。〇**驍将**―勇猛な大将。〇**索然**―尽きてなくなるさま。〇**柳州**……―柳宗元「小《しょう》石城山《せきじょうざん》の記」に、「其の気の霊、偉人と為らずして、独り是の物と為る。故に楚の南、人少なくして石多し」とある。

※

九日、日高而起。将辞去、廉斎固留、復解装而話。学子携酒来賀、始知為重陽也。因議登高之遊、以雨至不果。

午下微霽、登石山。山在下田北。雖不甚高、而一片盤石所結。土人伐之以礱、斧鑿之痕、悉成坎穴。其中方正如槨、大可容数十人。積潦渟瀦、色作青靛。若一失脚即長夜矣。

自山脊而下。有窟尤怪偉。広数十丈、石髄垂乳、陰気淅淅襲人。亦斲伐処。他州洞穴、皆造物者所為。而是窟独出於人工、鑱劃之妙、与神鬼争。亦一奇也。噫利之所在、尽数百人之力、雖石山亦七竅皆穿、況人主朘民、窮其力不已、如之何、其不窮也。

廉斎曰、本州多佳石、非他州所及、独怪。昔源二位挙義兵、群雄響応。若北条仁田土肥、皆出于本州。北条氏之興、麾下驍将、若清水松下、猶不乏人。今則索然矣。豈雖有人而無所售其技歟、抑柳州所謂其気霊不為偉人而為是物歟。二人相視大笑。既返、就泰平寺飲、遂宿。燈下賦詩似廉斎。

疎雨澹雲秋寂寞
黄花映酒好顔色
休言客裡遇重陽
縦在江都猶是客

疎雨澹雲《そうたんうん》　秋寂寞《せきばく》たり
黄花《こうか》酒に映じて顔色《がんしょく》好し
言うを休《や》めよ　客裡《かくり》　重陽に遇うと
縦《たと》い江都《こうと》に在るとも　猶お是れ客のごとし

＊寞＝入声十薬／色＝入声十三職／客＝入声十一陌

語釈　○**疎雨**―まばらに降る雨。　○**澹雲**―うすい雲。　○**寂寞**―ひっそりとして静かなさま。　○**黄花**―菊。　○**客裡**―旅にあること。　○**江都**―江戸。

薄雲がかかって雨がまばらに降り、秋はひっそりとして静かである。菊は酒に映って顔いろも好い。言うのをやめておくれ、旅中、重陽の節句に遇ったなどと。かりに江戸にいたとしても、ふるさと郡山を離れて住む私は、旅人のようなもの。

十日、晴れた。四有はこれから下賀茂温泉に入浴し、私は石廊山に向かう。ともに下田を出立した。壺龍和尚が来て別れを惜しみ、詩を贈って餞としてくれた。私はすぐに詩にむくい答えた。

※

十日、晴る。四有、将に加茂温泉に浴せんとし、予も亦た石廊山《いろうざん》に赴く。相い倶に下田を発す。壺龍師来りて別れ、詩を以て餞せらる。予、即ち和答す。

語釈　○**加茂温泉**—下賀茂温泉。青野川沿いの山間にあり、高温の源泉が多く、湯煙があちこちからあがる。　○**石廊山**—石廊崎。伊豆半島の最南端。　○**和答**—他の人の詩にむくい答える。

※

十日、晴。四有将浴加茂温泉、予亦赴石廊山。相倶発下田。壺龍師来別、以詩見餞。予即和答。

海雨瀟瀟雁打更
仏燈明滅夢頻驚
道人聊試廻天力
鉄鉢収龍放暁晴
＊下平八庚

海雨瀟瀟《しょうしょう》として　雁《かり》　更《こう》を打ち
仏燈《ぶっとう》明滅して夢み頻《しき》りに驚く
道人《どうにん》　聊《いささ》か試《こころ》む　廻天の力
鉄鉢《てつばち》に龍《りゅう》を収めて暁晴《ぎょうせい》に放てり

語釈 ○**瀟瀟**—雨のさびしく降る音。 ○**更を打つ**—一夜を五更に分け、一更ごとに夜回りが拍子木・どらを鳴らして時を知らせる。 ○**仏燈**—仏に供える灯火。 ○**明滅**—明るくなったり、暗くなったりする。 ○**道人**—僧侶。 ○**廻天の力**—天を廻天させる力。 ○**鉄鉢**—鉄で造った僧の食器。 ○**龍文**—「龍文《りゅうぶん》」は、詩文が力強く勢いがあるさま。 ○**暁晴**—夜明けの空が晴れたこと。

※

海に降る雨はさびしい音をたて、雁が乱れ鳴いて時を知らせ、仏前の灯明はゆらめいて、夢を見て何度も驚いた。僧侶はわずかに天を廻天させる力を試した。鉄鉢に龍文（力強く勢いがある詩）を収めて、暁の晴れた空に放った。

廉斎が私を送って、村の入口に到り、別れの辛い思いに沈んだ。一里行き、また四有と別れ、悲しみのあまり呆然とした。ひるどき、手石村で食事をした。半里行くと、山が横ざまに海を切断している。いわゆる弥陀窟がここにある。数百歩ほど山に入ると、道ばたの墓が非常に独特で、頭部が杯、碑身が樽で、台が大皿である。飛野長左衛門の墓と題する。思うに、そのふるまいが、口から杯を離さなかったほどの酒飲みだったので、その墓に示したのだ。

全山みな高い松が生え、青く湿った霧が衣を染める。深い谷をうつむき見ると、大きな洞窟があって、潮が雪のようなしぶきを捲きあげている。林のもとの仏堂に、阿弥陀像三体を置く。子供を案内者に雇った。堂の東の崖の道からまるくかがまって降りる。海辺の大岩が、犬の牙のようにくいちがって交錯し、仰ぎ見れば百餘仞の絶壁で、はげしく削って彫刻し、怪しいさまが百出している。二穴《ふたあな》という洞窟がある。潮が激しく噴き上がっている。先に山の後ろに達していた霧である。

その東には気が上り蒸している大きな洞窟があって、高さは二丈ばかり、広さはその半分に達する。子供が、「これが弥陀窟です」と言った。小舟を漕いで入った。だいたい十餘歩で真っ暗になって色が分からず、左右は石のかどが噛み合わず、潮が激しく揺れ動いている。突然、白い光が明るく照らして、霊妙な形を現すのを見た。確かに不思議なさまだ。今日は潮が満ちているので、奥深く入ることができない。このために、がっかりした。

堂から西に行くと、高く切り立った岩が乱れ立っている。塩吹という穴があった。子供が言った、「穴は弥陀窟と通じています。昔、香をたいて供養した人が洞窟の中で溺れ、浮いた屍が潮の流れでここに出ました。そのために、互いに通じていたことがわかったのです」と。小島が急に怒り立って、うずくまった獣のように悪強いさまなのを猪島と言う。空中に突き出た岩が高くあがって、矛を抱えたようなさまなのを弁慶島と言う。その他の珍しい岩や奥深い林も、非常に愛らしい。古詩一篇ができた。

廉斎送りて村口に至り、離思黯然《りしあんぜん》たり。行くこと一里、又た四有と別れ、意《こころ》殊に悽惘《せいぼう》たり。午時《ごじ》、手石《ていし》に飯《はん》す。行くこと半里、一山、横ざまに海中を截《た》つ。いわゆる弥陀窟《みだくつ》、焉《ここ》に在り。山に入ること数百歩、路旁の墓碣《ぼけつ》甚だ異なり、杯首樽身《はいしゅそんしん》にして盤跗《ばんぷ》す。題して飛野長左衛門墓と曰う。意《おも》うに、其の人と為り、口より杯杓《はいしゃく》を離さず、故に以て其の墓に表わすなり。

満山皆喬松《きょうしょう》にして、空翠《くうすい》、衣を染む。深谷《しんこく》を俯視《ふし》すれば、巨窟有りて、潮水、雪を捲《ま》く。林下《りんか》の仏堂に弥陀像三躯《く》を置く。童子を倩《やと》いて導と為す。堂の東の崖路《がいろ》より彎曲《わんきょく》して下る。則ち海澨《かいぜい》の大《たい》石《せき》、犬牙《けんが》相い錯《さく》し、仰ぎ視れば絶壁百餘仞、峭削刻画《しょうさくこっかく》、詭怪《きかい》百出す。窟有り蓋穴《ふたあな》と曰う。潮水噴薄《ふんぱく》す。即ち向《さき》に山後に達せし者なり。

其の東、又た巨窟窙然《こうぜん》として、高さ二丈ばかり、広さは之を半ばす。童子云う、「是れ弥陀窟なり」と。小艇《しょうてい》に棹さして入る。凡そ十餘歩にして、黮黒《たんこく》、色を弁ぜず、左右、石角齟齬《せきかくそご》し、潮水盪激《とうげき》す。倏《たちま》ち、白光㸌然《はっこうかくぜん》として霊相を現すを見る。信《まこと》に神異《しんい》と為す。今日潮満ちて、探るべからざるなり。之が為に憮然たり。

堂よりして西すれば、危巌《きがん》乱立す。穴有り塩吹と名づく。童子云う、「穴、弥陀窟と通ず。往年、香を進むる者、窟中に溺れ、浮屍《ふし》、潮を逐《お》って焉《ここ》に出ず。此れを以て其の相い通ずるを知るなり」と。

一嶼《いっしょ》崛起《くっき》して獰悪《どうあく》なること蹲獣《そんじゅう》の如きを猪島と名づく。飛巌《ひがん》軒昂《けんこう》して矛を擁するが如きを弁慶島と名づく。其の他、奇石邃林《すいりん》、絶《はなは》だ愛すべし。古体一篇を得たり。

語釈 ○**離思**—別れたあとの辛い思い。 ○**黯然**—別れを惜しんで悲しむさま。 ○**悽惘**—悲しみのあまり呆然とする。 ○**午時**—ひるどき。 ○**弥陀窟**—手石の南に突き出た岬を弥陀山と言う。その先端の崖下にある洞窟。晴れた日の正午頃、小舟で中に入ると金色の阿弥陀三尊が拝される。横にある別の穴から入った光が、洞内の岩壁にあたって、光と影の具合で仏像に見える。天然記念物。 ○**墓碣**—墓地に立てる、頭部の円い碑。 ○**杯杓**—さかずきと、酒を酌むひしゃく。 ○**喬松**—丈高い松の樹。 ○**空翠**—青く湿った霧。 ○**俯視**—うつむいて見る。 ○**彎曲**—弓なりに曲がる。 ○**犬牙相い錯す**—犬の牙がくいちがって交錯するように、入り交じって接すること。 ○**峭削**—はげしく削る。 ○**刻画**—彫刻する。 ○**詭怪**—普通と違っていて怪しいこと。 ○**窣然**—気が上り蒸す。 ○**小艇**—小舟。 ○**黮黒**—熟した桑の実のように黒いさま。 ○**石角**—石のかど。 ○**盪激**—激しく揺れ動く。 ○**燿然**—明らか。 ○**神異**—人間わざでない、不思議な事。 ○**危巌**—高く切り立った岩。 ○**崛起**—急におこり立つ。 ○**獰悪**—悪強い。 ○**軒昂**—高く上がること。 ○**古体**—古詩。

※

廉斎送至村口、離思黯然。行一里、又与四有別、意殊悽惘。午時飯于手石。行半里、一山横截海中。

所謂弥陀窟在焉。入山数百歩、路旁墓碣甚異、杯首樽身而盤跗。題曰飛野長左衛門墓。意其為人、口不離杯杓、故以表其墓也。

満山皆喬松、空翠染衣。俯視深谷有巨窟、潮水捲雪。林下仏堂置弥陀像三躯。倩童子為導。堂東崖路彎曲而下。則海溢大石犬牙相錯、仰視絶壁百餘仞、峭削刻画、詭怪百出。有窟曰蓋穴。潮水噴薄。即向達于山後者。

其東又巨窟窣然、高可二丈、広半之。童子云、是弥陀窟也。棹小艇而入。凡十餘歩、黮黒不弁色、左右石角齟齬、潮水盪激。倏見白光燿然現霊相。信為神異。今日潮満不可探也。為之憮然。

自堂而西、危巌乱立。有穴名塩吹。童子云、穴与弥陀窟通。往年進香者溺于窟中、浮屍逐潮而出焉。以此知其相通也。一嶼崛起獰悪如蹲獣、名猪島。飛巌軒昂如擁矛、名弁慶島。其他奇石邃林、絶可愛。得古体一篇。

山趾挿滄瀛　　山趾《さんし》　滄瀛《そうえい》に挿し
崖壁甚厲峭　　崖壁《がいへき》　甚だ厲峭《れいしょう》たり
神宰何狡獪　　神宰《しんさい》　何ぞ狡獪《こうかい》なるや
鑿此渾沌竅　　此に渾沌《こんとん》の竅《あな》を鑿《うが》てり

谽谺蚌口開
幽窅不可料
洪潮万里来
噴激翻雪窖
候其稍退時
觘艤入窙篠
闇中徒摸索
頑石森騰趠
一触即粉虀
游魂誰復吊
梢工巧回避
遊子胆震掉
光怪洵可驚
宝錟忽閃耀
白虹射人飛

谽谺《かんか》に蚌口《ぼうこう》開き
幽窅《ゆうよう》として料《はか》るべからず
洪潮《こうちょう》　万里より来り
噴激《ふんげき》して雪窖《せっこう》に翻《ひるがえ》る
其の稍《やや》退く時を候《うかが》い
觘艤《ほぎ》　窙篠《きょうちょう》に入り
闇中《あんちゅう》　徒《いたず》らに摸索すれば
頑石《がんせき》　森《しん》として騰趠《とうちょう》す
一たび触るれば即ち粉虀《ふんさい》す
游魂　誰か復た吊《とむら》わん
梢工《しょうこう》　巧みに回避し
遊子《ゆうし》　胆震掉《しんちょう》す
光怪《こうかい》　洵に驚くべし
宝錟《ほうえん》　忽ち閃耀《せんよう》す
白虹《はくこう》　人を射《い》て飛び

爍爍破昏眊
如彼弥陀尊
眉間毫光照
奇事天下稀
霊境一州噪
我来重陽後
嵐気撲衣帽
怒潮高於屋
安得揺孤櫂
古刹磬冷冷
墜葉紛不掃
巌礅皆奇騫
松韵鸞鳳嘯
得此亦已足
至険不必冒

爍爍《しゃくしゃく》として昏眊《こんぼう》を破り
彼の弥陀尊の如く
眉間《みけん》に毫光《ごうこう》照る
奇事　天下に稀なり
霊境　一州噪《さわ》ぐ
我の来るは重陽の後
嵐気《らんき》　衣帽を撲《う》ち
怒潮《どちょう》　屋《おく》よりも高し
安くんぞ孤櫂《ことう》を揺《ゆ》るを得んや
古刹　磬《けい》冷冷たり
墜葉紛《ついようふん》として掃らわれず
巌礅《がんごう》　皆奇騫《きけん》なり
松韵《しょういん》　鸞鳳《らんぽう》のごとく嘯《しょう》す
此れを得て亦た已に足れり
至険《しけん》　必ずしも冒《おか》さず

＊峭・竅・料・窱・趠・吊・掉・耀・照・嘯＝去声十八嘯／窖・櫂＝去声十九効／眊・噪・帽・掃・冒＝去声二十号

語釈 ○**山趾**―山の麓。 ○**滄瀛**―大海原。 ○**崖壁**―切り立てたような岸。 ○**厲峭**―高く険しい。 ○**神宰**―天地万物の主宰者。 ○**狡獪**―わるがしこい。 ○**渾沌**―84頁注「七竅」参照。 ○**谽谺**―谷の大きく空虚なさま。 ○**蚌**―大はまぐりの一種。 ○**幽窅**―しずかでおくふかいさま。 ○**噴激**―激しく噴き上げる。 ○**雪窖**―雪のあなぐら。 ○**舽艤**―ふなじたくをした小舟。 ○**窅窱**―奥深い。 ○**摸索**―手さぐりでさがす。 ○**頑石**―やくざ石。 ○**騰趠**―高くおどりあがる。 ○**粉虀**―粉微塵にする。 ○**游魂**―さまよう魂。 ○**梢工**―船頭。 ○**遊子**―旅人。 ○**震掉**―ふるえ驚く。 ○**光怪**―不思議な光。 ○**閃耀**―ひらめき光る。 ○**白虹**―白く見える虹。 ○**爍爍**―光り輝くさま。 ○**昏眊**―目がかすんで物が見えない。 ○**毫光**―光線が四射して毛の如きをいう。 ○**霊境**―神聖でめでたい土地。 ○**嵐気**―蒸し潤った山の気。 ○**怒潮**―勢いの荒いうしお。 ○**磬**―寺院で僧侶たちを招集するためにたたく鉢型の銅製の器具。 ○**冷冷**―音声が清んでよく通るさま。 ○**墜葉**―落ち葉。 ○**巌磝**―岩山。 ○**松韵**―松の木に当たる風の音。 ○**鸞鳳**―神鳥の名。めでたいしるしとして現れる鳥。 ○**至険**―はなはだ険しい所。

＊

山のふもとは大海原に挿し、切り立てた岸は非常に高く険しい。

天地万物の主宰者は、なんとわるがしこいことよ。ここに渾沌の穴をうがったのだ。

大きく空虚な谷に、大はまぐりの口が開き、しずかでおくふかく、はかりしれない。

大波が万里の彼方から寄せてきて、激しく噴き上げて雪のあなぐらにひるがえる。

そのやや退く時を待ち受けて、ふなじたくをした小舟が奥深くへ入ってゆき、
やみの中で、むだに模索すると、やくざ石がこんもりとして、高くおどりあがる。

すこしでも触れたなら、ただちに粉微塵だ。いったい誰が、さまよう魂を弔ってくれようか。

船頭が巧みに回避し、旅人の心はふるえ驚いた。

不思議な光を見て、本当に驚いた。尊い炎が、にわかにひらめき光り、白い虹の光が人を照らして飛び、光り輝いて暗やみを破り、かの阿弥陀仏のように、眉間に光線が四射して毛のように照る。

これほど珍しいことは天下にもまれだ。霊境は伊豆国中に喧伝されている。

私が来たのは重陽の後。山の蒸した気が衣と笠を打ち、勢いの荒い潮は屋根よりも高い。どうして一本の櫂を動かすことができようか。

古寺に銅鉢の清んだ音がよく通り、落ち葉が多く、はらわれない。

岩山はみな珍しく欠けくぼみ、松風の音は、鸞鳳のように長鳴きしている。

これを得て、もはや満ち足りた。必ずしもはなはだ険しい所を冒すとは限らない。

ここから西へ行くと、伊豆国の区域が尽きようとし、山水は秀でて険しく、風と気は古びて味わいがあり、世間の烟霞とは遠く隔たっている。下流・大瀬二村を通り過ぎ、山を越え海に沿って行き、はるかかなたに、高さが数丈の筍の形の岩が、子供のてのひらに指が並んだようなさまを見た。その西のいくつかの峰は、空のなかほどにどっしりと占め、やせて山骨（山の岩石）が現れ、わずかな土も容れない。二里行って、長津呂村に到った。西南の境の果てである。村の入口の岩の峰が突出し、二つに分かれて垂れて屋根を覆い、危険で落下しそうである。

その南の秀でて美しい青山が、いわゆる石廊山である。山は岩をつき破って石の坂道とし、大変険しい。数百弓登ると、急に平らになった。老松はみな樹齢数百年で、わだかまってからまり盛んに茂って、遊人と道を争う。山の上に燈台を設置している。夜間、海の船が識別して、場所を明らかにする。

蓑掛岩

さらに数百歩行くと、海に面した崖が非常に高く険しい。上に木の欄干を結わえつけて、まっさかさまに落ちないようにしている。

蛇のように這って下ると、絶壁の中に大きな洞窟があって、そこは人がはしごをかけて登るようなところではない。そして、石廊権現祠がまさにその内部に置かれている。きわめて珍しい。祠はたかむしろ数十枚の広さで、帆柱でもって基礎とし、その上に窓と欄干が接したさまは、船を連ねたようである。窓を開くと、下は深さの知れぬ淵を見おろす。大波が岩をうって大きな音をたて、飛び上がって雨となり、久しくは見ることができない。

伝えるところによると、播磨国の商船が海を通ったとき、つむじ風がにわかに起こって、船が木の葉のように舞い上がった。大勢で悲しみ泣き叫んで石廊権現に祈って、

「もしも災難から抜け出したならば、帆船の命である帆柱を奉納して祭祀します」と言った。

すると少しの間に風がやみ波がおさまり、かくして抜け出すことができたので、帆柱を海に沈めて去った。この夜、帆柱がみずから海から出て、洞窟の中に横ざまにうずくまった。土地の人は驚き怪しみ、それで神社を構えたと言う。

祠の外は、巨岩が高くそびえている。匍匐してその上に出ると、万里も続く青々とした海で、空を浮かべて岸はなく、西は志摩国鳥羽と対している。世に言う七十五里の長く続く海で、わが国の航路

石廊権現祠

の危険な所は、これが一番である。岩の北はかくれ岩が乱立して、互いに不思議なかたちを競っている。その中にカツオ島があり、カツオを四つ手網にかけるのはここから始まり、それで名づけた。そのとき太陽が濛汜に入り、金の盆のようにぴかぴか光り輝き、濛汜はそれを呑もうとし吐こうとし、くれないの光がほとばしるように射て、海は血のようである。にわかに、雄大な虹が東から起こるのを見た。大海原によこざまに掛け渡し、あたかも万里のいろどられた橋である。

ほんの短い間に雨がまばらに降ってきて、急いで、来た道を探して帰った。村の南は峰がとりまいて、異境があることに気づいた。それを宿屋の主人に質問すると、主人は言った、「あれは港です。二つの山がとりわけ絶景です。明日、是非舟を浮かべて、思う存分観賞してください」と。この夜、月が石廊に出て、澄んだ光が楼にあふれ、私は瀏亮《ゆりょう》ではないが、ここにいても十分楽しかった。

❊

此よりして西すれば、豆州の区域将に尽きんとし、山水秀峭《しゅうしょう》、風気蒼古、迥《はる》かに人間《じんかん》の烟霞《えんか》にあらず。下流《したる》大瀬《おおせ》二村を過ぎ、山を踰《こ》え海に循《よ》り、遥かに石筍高さ数丈、豎掌《じゅしょう》、指を列ぬるが如きを見る。其の西の数峰、半空《はんくう》に盤踞《ばんきょ》し、骨立《こつりつ》して寸土を容れず。行くこと二里、長津呂《ながつろ》村に至る。西南の極界と為す。村口の石峰《せきほう》突出し、二分して垂れて屋を覆い、危うくして墜《お》ちんと欲す。

其の南に碧山の秀蔚《しゅううつ》たるは、いわゆる石廊《いろう》山なり。山、巌を劈《つんざ》いて磴《とう》と作《な》し、頗る険《けわ》し。登ること数百弓《きゅう》、忽ち復た坦夷《たんい》なり。老松は皆数百年の物にして、盤拏偃蹇《ばんだえんけん》、遊人と道を争う。山上に燈台を設く。夜間、洋船認めて以て方所を弁ず。又た数百歩にして、海崖極めて巉絶《ざんぜつ》なり。上に木欄を結びて顛墜《てんつい》に備う。

蛇行して下れば、絶壁の中に巨窟有り、人の能く梯《てい》する所にあらず。而して石廊権現祠《いろうごんげんし》、乃ち其の内に安んず。絶奇《ぜっき》と謂うべし。祠、広さ数十筵《えん》、帆檣《はんしょう》を以て基《もとい》と為し、其の上に窓檻《そうかん》相い接すること艫《ろ》を連ね艦を縻《つな》ぐが若し。窓を啓《ひら》けば、則ち下は不測《ふそく》の淵《ふち》に俯《ふ》す。濤瀾砰撃《とうらんほうげき》し、飛騰《ひとう》して雨と成り、久しくは視るべからず。

相い伝う、播州の商船、洋を過ぐるや、颶風《ぐふう》忽ち起こり、舟、掀舞《きんぶ》すること葉の如し。衆、哀号《あいごう》して石廊権現に祷《いの》りて謂う、「儻《も》し厄を脱すれば、当に檣《ほばしら》を以て報賽すべし」と。少頃《しょうけい》にして風息《や》み波平らぎ、遂に脱することを得、乃ち檣を沈めて去る。是の夜、檣自《みずか》ら海より出でて横ざまに窟中に踞《うずくま》る。土人駭異《がいい》し、因って以て祠を構うと云う。

祠の外は巨巌突起す。匍匐《ほふく》して其の上に出ずれば、滄溟《そうめい》万里、天を浮かべて岸無く、西は志州鳥羽と対す。世の称する所の七十五里長洋なる者、本邦水路の険、此れを以て最《さい》と為す。巌の北は危礁《きしょう》乱立して、互いに詭状《きじょう》を争う。中に松魚《かつお》島有り、松魚、罾《そう》に上ぐること此より始まり、因って以て名づく。時に日、濛汜《もうし》に入り、金盆閃爍《きんぼんせんしゃく》、呑まんと欲し吐かんと欲し、紅光迸射《こうこうほうしゃ》して、海水、血の如し。忽ち雄霓《ゆうげい》、東より起こるを見る。横ざまに滄溟に跨がり、宛然《えんぜん》万里の彩橋《さいきょう》なり。須臾《しゅゆ》にして雨疎疎《そそ》として下り、急ぎ来路を覓《もと》めて返る。村の南は峰巒環合して、異境有るを覚ゆ。之を逆旅《げきりょ》の主人に詢《と》えば、曰う、「是れ港なり。両山尤も絶勝と為す。明日須らく舟を汎《うか》べて縦観《しょうかん》すべし」と。是の夜、月、石廊に出でて、清輝、楼に溢れ、老子興《きょう》復た浅からず。

語釈 ○**蒼古**―古びて味わいがあること。 ○**石筍**……―蓑掛岩。大瀬の岬の先に、点々と七つ並ぶ奇岩。役行者が空を飛び、蓑を掛けたという。 ○**半空**―空のなかほど。 ○**盤踞**―腰を落ち着け、占拠する。 ○**骨立**―やせて筋骨が現れるさま。 ○**磴**―石段。 ○**弓**―六尺（約一・三五メートル）。 ○**坦夷**―平らなさま。 ○**盤拏**―わだかまりからまる。 ○**偃蹇**―多く盛んなさま。 ○**歩**―ふたあしの長さ。六尺。 ○**巉絶**―高く険しいさま。 ○**顚墜**―まっさかさまに落ちる。 ○**石廊権現祠**―石室《いろう》神社。石廊崎先端部の崖の中腹に鎮座し、社殿は帆柱（檜、長さ六間）を基礎としている。ここの海は相模灘と遠州灘の中間に位し、風強く、かくれ岩多く、黒潮が走る難所である。○**絶奇**―極めて珍しい。○**筵**―竹で編んだござ。○**帆檣**―ほばしら。○**不測の淵**―深さの知れぬ淵。○**濤瀾**―大きな波。○**砰**―水が山の岩をうつ音。○**飛騰**―飛び上がる。○**颶風**―大きなつむじ風。○**掀舞**―舞い上がる。○**哀号**―悲しんで泣き叫ぶ。○**報賽**―神のめぐみに感謝するまつり。○**少頃**―少しの間。○**駭異**―驚き怪しむ。○**突起**―高くそびえる。○**滄溟**―青々とした海。○**危礁**―危険な海中のかくれ岩。○**詭状**―不思議なかたち。○**松魚島**―石廊崎港遊覧船の奥石廊崎コースに乗れば、間近に見られる。○**罨**―四つ手あみ。○**濛汜**―太陽の没する所。○**金盆**―金製の盆。○**閃爍**―ぴかぴか光り輝く。○**紅光**―くれないの光。○**疎疎**―まばらなさま。○**環合**―とりまく。○**逆旅**―宿屋。○**縦観**―思う存分に見渡す。○**清輝**―さわやかにすむ月の光。○**老子興復た浅からず**―「老子」は老人の自称。『世説新語』「容止」に、「庾亮《ゆりょう》が武昌に鎮していたとき、ある秋の夜、気候もよく景色もすがすがしかった。幕僚らは南楼に登って吟詠した。音調もようやく高まったころ、閣道に高く下駄の響きが伝わった。なんとそれは庾公で、にわかに十人ばかりの左右の者を引きつれて、歩いてやってくるのであった。人々が立ちあがって席を譲ろうとすると、庾公はおもむろに言った、『諸君、まあそのままそのまま。わしは、ここに居ても十分楽しいよ（老子此の処に於いて興復た浅からず）』と。そこで、そのまま胡牀に腰かけ、人々と吟詠談笑し、座を終えるまで、心ゆくまで楽しみを尽くした」とある。

＊

従此而西、豆州区域将尽、山水秀峭、風気蒼古、迥非人間烟霞矣。過下流大瀬二村、踰山循海、遥見石筍高数丈、如豎掌列指。其西数峰盤踞半空、骨立不容寸土。行二里、至長津呂村。為西南極界。村口石峰突出、二分垂覆屋危欲墜。

其南碧山秀蔚、所謂石廊山也。山劈巌作磴、頗険。登数百弓、忽復坦夷。老松皆数百年物、盤拏偃蹇、与遊人争道。山上設燈台。夜間洋舶認以弁方所。又数百歩、海崖極巉絶。上結木欄備顚墜。蛇行而下、絶壁中有巨窟、非人所能梯。而石廊権現祠、乃安其内。可謂絶奇。祠広数十筵、以帆檣為基、其上窓檻相接、若連艫靡艦。啓窓則下俯不測之淵。濤瀾砰撃、飛騰成雨、不可久視。相伝播州商舶過洋、颶風忽起、舟掀舞如葉。衆哀号祷石廊権現、謂儻脱厄、当以檣報賽。少頃風息波平、遂得脱、乃沈檣而去。是夜檣自出海、横踞于窟中。土人駭異、因以構祠云。

祠外巨巌突起。匍匐出其上、滄溟万里、浮天無岸、西与志州鳥羽対。世所称七十五里長洋者、本邦水路之険、以此為最。巌北危礁乱立、互争詭状。中有松魚島、松魚上罾自此始、因以名。時日入濛汜、金盆閃爍、欲呑欲吐、紅光迸射、海水如血。忽見雄霓自東起。横跨滄溟、宛然万里彩橋也。須臾雨疎疎下、急覓来路而返。村南峰巒環合、覚有異境。詢之逆旅主人、曰、是港也。両山尤為絶勝。明日須汎舟縦観焉。是夜月出石廊、清輝溢楼、老子興復不浅。

十一日、宿屋の主人と、酒を持ってともに行き、港から船に乗った。港は二つの山の間にあり、谷あいのように折れ曲がっている。西を石廊と言い、東はその名がわからない。石廊の支峰と思われる。大きな船が山の麓に停泊している。私を見て、皆がとまを掲げて、びっくりして見ている。士人が来ることがほとんどないことがわかる。

両側の海岸は、狂った峰や怪しい岩が、多種多様の怪しい姿をし、あるものは空に粘って立ち、あるものは海を引いて立つ。その下に潮が走り集まり、海水は深く澄んで透き通り、魚の尾びれや背びれがみなあらわれる。舟がさらに進むと、勝境もさらに珍しくなる。左右に見たが、目がどうしても追いつかない。

おおよそ二つの山は、遠い昔から風と大波の要所に位置し、皮膚が消えたりはげ落ちたりして、霊妙な山骨がひとり存し、深山となり、切り立った岩となり、険しい峰となり、洞穴となり、怒る獅子や駆ける駿馬となり、そびえる塔や弓なりの閣となり、虫食いの跡や鋭い刀のようで、玉を彫刻して削り成したようで、もっぱら丸く削ったものがない。縞模様が自由自在で、色はうすずみのようで、髑髏・麻皮・雲頭などもろもろの技法が、すべて備わらないものはない。青松がひびをえぐって生長し、芯がしっかりしていて表皮が薄いので、高くかどだち蛟《みずち》のように曲がって、肥えることができない。さらに潮風に押さえつけられているので、斜めにかたより、さかさまに懸かって、伸びることができない。その姿態のきめ細かい美しさは、たとえ樹木の植えつけに巧みな人であっても、似たようには作られない。

遊覧がここにいたって、思わず発狂し、さかんに「たあっ」と舌打ちした。推しはかるに、造物者は、神霊を鞭で打ってこき使い、山水の絶技をきわめて、仙人の世界にしたのであろう。人の世にあるものではない。およそ山は水を得なければ、その秀でたさまを発揮せず、水は山を得なければ、その澄んださまをのべひろげられない。この境は、山がきわめて秀で、水がきわめて澄み、岩がきわめて怪しく、木がきわめて奇異で、置きならべかたの巧妙さにおいて、残念に思うことは、ほんのわずかもない。また、この地がかたいなかにあり、みやこびとが行き交うのがまれで、奥ゆかしく清らかで、太古の本物の気がある。確かに天下の絶景である。

主人は言う、「むかし、みやこの絵師某がたびたび来遊し、『この景勝を見れば、絵の技術が非常に向上します』と、みずから言いました」と。まことに理にかなっている。しかし、私などはたとえ珍しい山水に出会ったとしても、文章が優れておらず、絵師に恥じ入るばかりである。そうではあるけれども、勝手な言い分ながら、「天地古今が存在する時からこの山は存在する。けれども、まだその景勝を明らかにして世間に伝えた人がいたとは聞かない。どうして、筆を引き抜いて、これを品評せずにいられようか」と思っている。こういうわけで、酒樽を舟の中で開き、景色を愛でながら酒をくみかわし、長詩一篇を賦した。

十一日、逆旅の主人、酒を載せて倶《とも》に去り、港より舟に登る。港は両山の間に在り、屈曲すること峡の如し。西を石廊と為し、東は其の名を詳らかにせず。想うに亦た石廊の支峰ならん。大船、山下に停泊す。予輩《よはい》を見て、皆、篷《とま》を掲げて駭《おどろ》き観る。士人の経ること罕《まれ》なる、知るべきなり。

石　廊　崎

❊

両涯《りょうがい》は狂峰怪巌、詭態万状《きたいまんじょう》、或いは空に粘りて立ち、或いは海を擘《ひ》きて起《た》つ。其の下に潮水奔匯《ほんかい》し、泓澄瑩徹《おうちょうえいてつ》、魚蝦《ぎょか》の尾鬣《びりょう》皆露わる。舟逾《いよいよ》進めば、境《さかい》逾奇なり。左右に眄《み》れども、目、敢えて暇《いとま》あらず。

大抵《たいてい》両山、千古風濤《ふうとう》の衝に当たり、皮膚消剥して、神骨独り存し、嵌《かん》と為り、巌《いわお》と為り、峰巘《ほうけん》と為り、洞穴と為り、怒《ど》猊奔驥《げいほんき》と為り、危塔穹閣《きとうきゅうかく》と為り、虫鏤《ちゅうろう》の如く、刀鑱《とうさん》の如く、玲瓏削峭《れいろうさくしょう》、一《いっ》に円刓《えんがん》なる者無し。脈理縦横《しょうおう》、色、淡墨の如く、髑髏《どくろ》・麻皮《まひ》・雲頭《うんとう》の諸皴法《しゅんぽう》、皆具《そな》わらざる莫し。翠松《すいしょう》、罅《ひび》を抉《えぐ》りて生え、骨緊《かた》く膚《はだえ》薄く、故に嶔巇《きんき》虯曲《きゅうきょく》して肥ゆるを得ず。又た海風の圧する所と為り、故に斜めに倚《よ》り、倒《さかし》まに懸《か》かりて伸ぶるを得ず。其の姿態の妙なるは、樹芸に巧みなる者と雖も、髣髴《ほうふつ》する能わざるなり。

遊覧、此に至りて、覚えず発狂して大いに咤《た》す。想うに、造物者、神《しん》を鞭うち鬼《き》を役《えき》し、山水の絶技を極め、以て仙霊の区と為す。人間《じんかん》に有る所にあらず。蓋し山は水を得ずんば、以て其の秀を発する無く、水は山を得ずんば、以て其の清を暢《の》ぶる無し。茲の境、山極めて秀で、水極めて清く、巌極めて怪に、樹極めて詭《き》、布置安排《ふちあんばい》の妙に於いて、毫髪《ごうはつ》も憾《うら》むべき無し。而して地又た僻陬《へきすう》に属し、都《と》人《じん》の迹《あと》、交わること罕《まれ》に、幽雅清淑《ゆうがせいしゅく》、太古の真気を存す。誠に宇内《うだい》の絶景なり。

主人云う、「昔年《せきねん》、都下《とか》の画師《がし》某、屢《しばしば》来遊し、自ら言う、『此の勝を観れば、画法大いに進む』と」と。実に其の理有り。但だ予、奇山水に遇うと雖も、文気に長ずる能わず、画師に愧《は》ずる多し。然れども窃《ひそ》かに謂《おも》えらく、「宇宙有りてより此の山有り。而れどもいまだ能く其の勝を発し、以て世に伝うる者有りしを聞かず。安くんぞ筆を抽《ぬ》きて以て之を品藻《ひんそう》せざるべけんや」と。是に於いて榼《こう》を舟中に開き、景を撫して対酌し、長歌一篇を賦す。

語釈 ○**篷**—竹や布で作った覆い。○**両涯**—両側の水ぎし。○**万状**—多種多様なさま。○**奔匯**—はしり集まる。○**泓澄**—水の深く澄むさま。○**瑩徹**—透き通って明らかなこと。○**魚蝦**—水産物の総称。　○**尾鬣**―尾とたてがみ。　○**嵌**―山の深いさま。　○**峰巘**―険しい峰。　○**怒猊**―怒り狂った獅子。　○**奔驥**―すみやかにかける駿馬。　○**虫鏤**―虫が物を食いへらした跡。　○**玲瓏**―玉の彫刻されたさま。　○**削峭**―削り成したように険しいさま。　○**円刓**―まるく削ったさま。　○**脈理**―すじ。　○**髑髏・麻皮・雲頭の諸皴法**―「皴法」は、中国画の技法の一つ。山や岩のひだを描くのに用いる。髑髏皴、麻皮皴、雲頭皴等。　○**翠松**―青々と茂った松。　○**嶔巇**―高く、かどだって不安定なさま。　○**虬**―みずち。　○**樹芸**―果木などを植えつける。　○**髣髴**―さも似たさま。　○**咜**―舌うちの声。　○**仙霊**―仙人。　○**人間**―人が住む世。　○**布置安排**―物を適当の位置に散布し、これを順序よく排列すること。　○**毫髪**―ほんのわずかであること。　○**僻陬**―かたよって遠い土地。　○**幽雅**―奥ゆかしく上品なこと。　○**清淑**―清らかで良いこと。　○**真気**―まことの気力。　○**宇内**―天下。　○**都下**―みやこのうち。　○**宇宙**―天地と古今。　○**品藻**―品評。　○**榼**―ふたつきの酒樽。

※

十一日、逆旅主人載酒倶去、自港登舟。港在両山之間、屈曲如峡。西為石廊、東不詳其名。想亦石廊支峰。大船停泊山下。見予輩皆掲篷駭観。士人罕経可知也。

両涯狂峰怪巌、詭態万状、或粘空而立、或擘海而起。其下潮水奔匯、泓澄瑩徹、魚蝦尾鬣皆露。舟逾進、境逾奇。左右眄而目不敢暇焉。

大抵両山当千古風濤之衝、皮膚消剝、神骨独存、為嵌、為巌、為峰巘、為洞穴、為怒猊奔驥、為危塔穹閣、如虫鏤、如刀鑱、玲瓏削峭、無一円刓者。脈理縦横、色如淡墨、髑髏麻皮雲頭諸皺法、莫不皆具。翠松抉罅而生、骨緊膚薄、故嵚巇蚪曲而不得肥。又為海風所圧、故斜倚倒懸而不得伸。其姿態之妙、雖巧於樹芸者、不能髣髴也。

遊覧至此、不覚発狂大咤。想造物者鞭神役鬼、極山水絶技、以為仙霊之区。非人間所有。蓋山不得水、無以発其秀、水不得山、無以暢其清。茲境山極秀、水極清、巌極怪、樹極詭、於布置安排之妙、無毫髪可憾。而地又属僻陬、都人之迹罕交、幽雅清淑、存太古真気。誠宇内絶景也。

主人云、昔年都下画師某、屢来遊、自言観此勝、画法大進。実有其理。但予雖遇奇山水、不能長文気、愧于画師多矣。然窃謂自有宇宙有此山。而未聞有能発其勝以伝于世者。安可不抽筆以品藻之。於是開榼於舟中、撫景対酌、賦長歌一篇。

餘説　「遊豆紀勝」の石廊山下に舟を浮かべて山水を賞する段について、大窪詩仏は、「此段、龍蛇虎豹変幻して出没し、雷霆風雨交錯して並至するが如く、覚えず人をして手舞い足踏ましむ。古作家と駕を方《なら》べて斉しく駆るに足る。詞壇射鵰の手と謂うべきなり」（『安積艮斎詳伝』）と絶賛した。

遊豆紀勝

豆州区域尽
垠崖沓甃舞蜃蛟
石廊天外聳
峰嶂磊嵬蟠鯨鼇
石廊横海海為坼
精鉄削成千丈壁
西呑志摩東控相
波濤噴薄如霹靂
怪巌相錯峙
有祠甚霊異
嵌根挿層瀾
澎湃撼窓几
山勢転折海水廻
更開絶境真奇哉
千巌排空万松躍

豆州　区域尽き
垠崖沓甃《ぎんがいとうしゅく》として蜃蛟《しんこう》を舞わしめ
石廊《いろう》　天外に聳え
峰嶂《ほうしょう》磊嵬《らいかい》として鯨鼇《げいごう》を蟠《めぐ》らしむ
石廊海に横たわりて海為に坼《さ》かる
精鉄のごとく削り成す　千丈の壁
西は志摩を呑み東は相を控え
波濤噴薄《ふんぱく》すること霹靂《へきれき》の如し
怪巌　相い錯峙《さくじ》し
祠有りて甚だ霊異なり
嵌根《かんこん》　層瀾《そうらん》に挿し
澎湃《ほうはい》　窓几《そうき》を撼《うご》かす
山勢《さんせい》転《うた》た折れて海水廻り
更に絶境を開くこと　真に奇なるかな
千巌《せんがん》空《そら》を排して　万松《ばんしょう》躍る

詭状詩賦苦難裁
何年真宰役鬼斧
刻画山骨駆風雨
霊区不許俗駕来
惟使高士長為主
吁嗟乎人世百年同幻泡
擾擾智愚何所求
兎三窟
貉一丘
不如富貴功名置度外
青韉布襪但作山水遊

詭状の詩賦　苦《はなは》だ裁《さい》し難《がた》し
何れの年ぞ　真宰《しんさい》　鬼《き》を役《えき》して斧《き》り
山骨《さんこつ》に刻画《こっかく》して風雨を駆らしむるや
霊区は許さず　俗駕《ぞくが》の来るを
惟だ高士《こうし》をして長《とこしなえ》に主為《た》らしむるのみ
吁嗟《ああ》乎　人世《じんせい》百年　幻泡《げんぽう》に同じ
擾擾《じょうじょう》たる智愚《ちぐ》　何の求むる所ぞ
兎《うさぎ》は三窟《さんくつ》
貉《むじな》は一丘
如かず　富貴功名　度外に置きて
青韉布襪《せいかいふべつ》　但だ山水の遊を作すに

＊蛟＝下平三肴／鼇＝下平四豪／坼＝入声十一陌／壁・靂＝入声十二錫／異＝去声四寘／峙・几＝上声四紙／廻・哉・裁＝上平十灰／斧・雨・主＝上声七麌／求・丘・遊＝下平十一尤

語釈　○**垠崖**—きり立ったようにそびえた岸。　○**沓[illegible]**—せまい所により集まって、混み合う。　○**蜃蛟**—蛟の一種。赤い鬣があり、腰部以下の鱗は逆立っていて、気を吐けば蜃気楼を現すという。　○**峰**

嶂―連なる山々。 ○**磊嵬**―高くけわしい。 ○**鯨鼇**―くじらと大すっぽん。 ○**精鉄**―よく鍛えた鉄。 ○**噴薄**―激しく噴き上げる。 ○**霹靂**―激しく鳴り響く雷。 ○**錯峙**―入り乱れそばだつ。 ○**霊異**―人知をこえて、不思議なさま。 ○**嵌根**―開き張った根。 ○**層瀾**―重なり合って押し寄せてくる大波。 ○**澎湃**―波の相撃つ音。 ○**山勢**―山の形勢。 ○**絶境**―風景のすばらしい場所。 ○**真宰**―万物の主宰者。 ○**山骨**―むき出しになっている山の岩石。 ○**高士**―志高く節を持することの堅い人。 ○**人世**―世の中。 ○**幻泡**―無常ではかないたとえ。 ○**擾擾**―ごたつき騒ぐさま。 ○**三窟**―三つの隠れ穴。狡猾な人が常に多くの隠れ家を持っていることのたとえ。戦国、斉の馮諼《ふうけん》が、狡兎《こうと》に三つの隠れ穴のあることを説いた故事。 ○**一丘**―一つの丘でも、満足すれば楽しめるということで、身を俗外に置いて風流を楽しむこと。 ○**青鞵**―わらじ。 ○**襪**―たび。

※

伊豆国の領域は尽き、切り立った岸は混み合って、蜃蛟を舞わせ、石廊山は天高くそびえ、山々は高くけわしく、鯨や大すっぽんをめぐらせている。石廊山は海中に横たわって、そのために海は裂かれている。千丈の絶壁は、精鉄のように削りなす。西は志摩国を呑みこみ、東は相模国を牽制し、波濤は、鳴り響く雷のように激しく噴き上げる。怪しい岩が入り乱れそばだち、祠があって、きわめて神秘的である。

開き張った根は、重なり合って押し寄せる大波に挿し、波の撃つ音は、窓や机を動かす。山のかたちがますます折れて潮《うしお》がとり囲み、一層絶景の地を開くのは、まことに珍しいことよ。あまたの岩が天空をおしのけて、たくさんの松が跳ねあがる。不思議なかたちを詩や賦に作るのは、極めて難しい。

万物の主宰者が山霊をこき使って斧を入れ、山のむき出しの岩に彫刻し、風雨を追い立てさせたのは、いつのことであろうか。

霊域は、俗人の馬車が来ることを許さない。わずかに、永遠に高士を主人とするだけである。ああ百年の世の中など、幻や泡のようにはかないものよ。智者も愚者もごたつき騒いで、いったい何を求めようというのか。

狡兎（俗人）に三つの隠れ穴があるが、貉（高士）は一つの丘でも満足して楽しむものだ。富貴や功名を気にかけずに、旅支度をして、ただ山水の遊びに出るに及ぶことはない。

　私は遊覧したい気分がますます奮い立ち、舟を進めて海をさかのぼり、石廊祠の下に到ろうとし、櫂を動かして行った。潮が港に入るところは、屋根のような高波で、皆があやぶみおそれた。そこで舟の向きを変えたが、依然として愛慕して別れを告げられず、ちょうど李陵《りりょう》が河の橋に至って泣いて別れた時のようである。巳の刻（午前十時頃）、ようやく宿屋に帰った。

旅支度をととのえて出立した。村から北に折れて、山を越えて立岩村に到った。路傍の危ない岩は、地上に高く抜け出て立ち、高さは数百丈である。おそらくこの岩でもって村を名付けたのであろう。その南には、岩の峰が険しくそびえて空に粘り、互いに勇姿を競っている。数里行って、妻良村に泊まった。村は、子浦村と港を距てて向かい合っている。この夜、伯謹と港ぐちで月影を踏みながら散歩した。たくさんの峰が宮城の門を守っているようで、天の川が海にそそぎ、そのときいくつかの漁り火を見た。風景は大変奥ゆかしく雅びである。

＊

予、遊興益《ますます》奮い、船を進めて海を遡り、石廊祠の下に至らんと欲し、棹《とう》を鼓《こ》して去る。海水の港に入る処、高浪、屋の如く、衆皆危懼《きぐ》す。乃ち棹を回《めぐ》らすも、猶お婉恋《えんれん》して辞決する能わず、正に李《り》少卿《しょうけい》、河梁《かりょう》に泣いて別るる時の如きなり。巳刻《しこく》、始めて逆旅に還る。

杖履《じょうく》を理《おさ》めて発す。村より北に折れ、山を踰えて竪岩《たていわ》村に至る。路傍の危巌《きがん》、地を抜きて傑立《けつりつ》し、高さ数百丈なり。豈に此れを以て村を名づけんや。其の南に石峰巉然《せきほうざんぜん》として空に粘り、互いに雄峻《ゆうしゅん》を争う。行くこと数里、妻良《めら》村に宿す。村は子浦《こうら》村と港を隔てて相い向かう。是の夜、伯謹と港口《こうこう》に歩《ほ》月《げつ》す。万峰環拱《ばんぽうかんきょう》し、銀河海に瀉《そそ》ぎ、時に漁篝《ぎょこう》数点を見る。景物《けいぶつ》頗る幽雅なり。

語釈　○**棹を鼓す**—櫂を動かし、舟をこぐ。　○**婉恋**—愛し慕う。　○**辞決**—別れを告げる。　○**李少卿**—李陵。前漢の武将。武帝のとき匈奴の捕虜となり、二十数年を匈奴の地で過ごして病没。　○**河梁泣別**—河梁の別。人を送って河の橋の辺に至って別れること。李陵と蘇武とが匈奴で別れる時の、李陵の詩にもとづく。　○**杖履**—杖と履物。　○**地を抜く**—地上に高く抜け出る。　○**傑立**—ぬきんで立つ。　○**巉然**—険しい。　○**妻良村**—妻良湾の北が子浦、南が妻良の港。西から来る船は妻良湾に風待ちし、出船入船で賑わった。　○**歩月**—月影を踏んで歩む。　○**環拱**—天子の宮城の門を守る。　○**銀河**—天の川。　○**景物**—風景。

※

予遊興益奮、欲進船遡海、至石廊祠下、鼓棹而去。海水入港処、高浪如屋、衆皆危懼。乃回棹、猶婉恋不能辞決、正如李少卿河梁泣別時也。巳刻始還逆旅。理杖履而発。従村北折、踰山至豎岩村。路傍危巌抜地傑立、高数百丈。豈以此名村歟。其南石峰巉然粘空、互争雄峻。行数里、宿妻良村。村与子浦村隔港相向。是夜与伯謹歩月港口。万峰環拱、銀河瀉海、時見漁篝数点。景物頗幽雅。

十二日、名主の喜平が、ふなよそおいをして迎えた。私はもともと面識がない。山田四有が彼に手紙を寄せて、航海のくわだてをまかせたからである。このあたりは航路が危険なので、伯謹は夜通し憂えていた。着いてみると舟はかなり広く、船員は七、八名、船室に敷物を備え付けていて、ゆったりとあぐらをかいて座られる。しばらくして追い風を受け、帆をあげて出た。港口の高さが三丈の岩は、梵字があって凹文で刻す。経字岩と言う。また三島橋があって、大岩を二つの柱として、柱は二丈あまり離れ、さらに平らで広い大岩でもってその上にかけ渡す。あたかも神霊を鞭打って、この橋を造らせたかのようである。

烏帽子山頂から千貫門を見下ろす

舟はだんだんと進んでゆく。波勝《はがち》山は高さが百仞、まじりけがない骨で肉がなく、その下は乱れた石が空を穿ち、さかまく波が雪を捲きあげている。三里行くと、海の中に大岩が突起して、長さが三十丈ばかり、高さはその三分の一で、色が青黒い。岩の中に穴があり、広さは二丈あまりで、高さはその二倍あり、斧で裂いたようにからっと開けて、舟がその中を行き来している。千貫門と言う。『伊豆志』に、「この岩はすぐれて珍しく、その値打ちが千貫に匹敵するので名づけ

堂ヶ島

られた」と言う。友人芳川波山は、「そのかたわらの大きな岩（烏帽子山）に、浅間祠（雲見浅間神社）がある。千貫はつまり浅間のなまりである」と言う。いまだどちらが正しいのかわからない。

　喜平は、その岩のそばに舟をとどめ、酒の器をとり出して、おもしろみを添えた。練達した人である。さらに二里行くと、堂ヶ島にゆるぎ橋があって、長さが一丈八尺、千餘年を経ているが朽ちず、きわめて良い材木である。月経の婦人は通ることができない。もしも通ったならば、橋はみずから揺れる。また幕島（大幕岩）があって、よこすじは、赤と白とがあいまじわり、幕のようなさまが望まれる。すべて西浦の名勝である。

　ここを過ぎると舟はだんだんと転じて、東方、内洋に向かう。午後、舟は松崎港に到り、船員は皆辞去した。喜平に頼んで舟を探したが見つからない。うまい具合に、沼津に向かう官船があった。官船の人に問うと、韮山代官所の役人八田某であった。某は、武技を斎藤弥九郎氏に学んでいる。私は、みやこを出立するとき、彼の手紙をいだき持って出た。それで、某のところに行ってその手紙を示すと、私を連れて船に乗らせた。ここは、すぐれた岩や奇異な岩がさまざまなかたちをしていて、人に広く賞玩する間も与えない。

田子という村がある。その海を田子の浦と言い、北は駿河に対している。駿河にも田子の浦があって、天下に絶勝として称えられている。けれども、その実体は、富士山を望むのには少し一方にかたよっている。また、浦があるけれども村がない。伊豆の村と浦とはすべてその名をともにしている。富士山を仰ぐと、ちょうどその正面に当たる。とりわけ全山の優れて麗しいさまの頂点をきわめるのは田子（海上）の景勝なので、伊豆を大もととしなければならない。けれども、駿河は官道にかかっていて、伊豆はかたいなかにあるので、人はただ駿河の景勝があることを知って、伊豆の景勝があることを知らないのだ。才気と学問を持っているのに、相応の地位にない人は、ほぼこれに似ている。

この日、雲が盛んにたなびいて、かろうじて富士山のふもとを見るばかりである。にわかにまた靄に奪われて、ただ幾重にも寄せる白波のように空を浸すばかりである。うらめしく思いつつ、久しく眺めていた。夜、土肥に泊まった。土肥実平が生まれたところである。

❊

十二日、里正《りせい》喜平、艤舟《ぎしゅう》して迎う。予、素《もと》より相い識らず。四有、書を寄せて航海の挙を托す、故に然り。此の間、水路険危なれば、伯謹、通夕《つうせき》之を憂う。至れば則ち舟頗る寛く、柁工《だこう》七八名、艙内《そうない》に褥《しとね》を設け、盤坐《ばんざ》甚だ適《かな》う。少頃《しょうけい》にして便風《べんぷう》を得、帆を揚げて去る。港口の一巌《いちがん》高さ三丈、梵字有りて隠起す。経字巌《きょうじいわ》と名づく。又た三島橋有り、巨巌を以て双柱と為し、相い距つること二丈餘、又た大石の平広なる者を以て其の上に亘《わた》す。鬼《き》を役《えき》して之を成さしむるが若し。

舟漸《ようや》く進む。葉賀知《はがち》山高さ百仞、純骨にして肉無く、其の下は乱石《らんせき》空を穿《うが》ち、驚濤《きょうとう》雪を捲《ま》く。行くこと三里、洋中に大石突起し、長さ三十丈ばかり、高さは三の一に居り、色青黒し。中に穴有りて、広さ二丈餘、高さは之に倍し、豁《ひろ》きこと斧もて擘《さ》くが如く、舟其の中に往来す。千貫門《せんがんもん》と名づく。伊豆志に云う、「是の石奇絶にして、価千貫《あたいせんがん》に抵《いた》る、故に焉《これ》を名づく」と。友人芳川波山《よしかわはざん》云う、「其の傍らの巨巌に浅間祠《せんげんし》有り。千貫は即ち浅間の訛なり」と。いまだ孰《いず》れか是《ぜ》なるやを知らず。

喜平、鱸《ろ》を其の側らに停め、酒瓢《しゅひょう》を出だして以て興を佐《たす》く。亦た解事《かいじ》の人なり。又た行くこと二里、堂箇島《どうがしま》に独揺橋《ゆるぎばし》有り、長さ一丈八尺、千餘載《せんよさい》を閲《けみ》するも朽ちず、極めて良材と為す。婦人の月事有る者、過ぐるを得ず。過ぐれば則ち橋自《みずか》ら揺る。又た幕島有りて、横理《おうり》、赭白《しゃはく》相い間《まじ》わり、之を望むこと帷幔《いまん》の如し。皆西浦の名勝なり。

此を過ぐれば、則ち帆《はん》漸《ようや》く転じて、東のかた内洋に赴く。下午《かご》、舟は松崎港に至り、柁工《だこう》皆辞去す。喜平に托して船を覓《もと》むるも得ず。会《たまたま》官船、沼津に赴く有り。其の人に問えば、韮山の属吏八田某なり。

某、武技を斎藤氏に受く。予、都を発するや、其の手簡を懐《ふところ》にして去る。故に往きて之を見《しめ》せば、則ち予を挟《さしはさ》みて船に登らしむ。此の間、秀巌《しゅうがん》詭石《きせき》、千態万状《せんたいばんじょう》、人をして流玩に不給《いとまあらざ》らしむ。
村有りて田子《たご》と曰う。其の海を田子浦《たごのうら》と曰い、北は駿《すん》に対す。駿に亦た田子浦有りて、天下に絶勝為《た》るを称する所の者なり。然れども其の実は、嶽を望むに稍偏《ややかたよ》る。又た浦有るも村無し。本州の村と浦とは皆其の名を具《とも》にす。嶽を仰げば、適《まさ》に其の正面に当たる。尤も全山の偉麗《いれい》を尽くすは則ち田子の勝なれば、当に本州を以て大宗《たいそう》と為すべし。而れども駿は官道に係りて、豆は僻陬《へきすう》に属し、故に人惟だ駿有るを知りて、豆有るを知らざるのみ。士の才学を抱くも居る所の其の地にあらざる者、殆んど此れに類す。

是の日、雲気靉靆《あいたい》として、僅かに岳麓《がくろく》を見るのみ。俄かに復た烟靄の奪う所と為り、但だ白波浩浩《はくはこうこう》として天を浸すのみ。悵然《ちょうぜん》として之を久しくす。晩、土肥《とい》に宿す。実平《さねひら》の産する所なり。

語釈 ○**艤舟**―出船の用意を整える。 ○**通夕**―夜通し。 ○**柁工**―舵取り。 ○**艙**―船室。 ○**褥**―敷物。 ○**盤坐**―あぐらをかいて座る。 ○**便風**―順風。 ○**隠起**―刻した凹入の文。 ○**葉賀知山**―波勝の岬をなす山。まるく高く直立す。 ○**驚濤**―さかまく波。 ○**奇絶**―すぐれて珍しい。 ○**千貫門**―海中に立つ高さ三十メートルの巨岩、海蝕洞。波浪による侵食で門のように穴が開いた。 ○**芳川波山**―寛政六年（一七九四）常陸国潮来に生まれ、江戸へ出て山本北山に学び、後京都長崎に遊び、伊豆下田で塾を開き、三十二才の時江戸に移る。林述斎の推薦により忍藩進修館の学頭となる。艮斎は「波山芳川先生墓表」（嘉永元年八月）を撰しているが、行田の長久寺にある波山の墓石には刻されていない。墓表の原文及び訳注は『忍藩儒芳川波山の生涯と詩業』所収。波山の養子襄斎は、弘化四年九月十六日、艮斎の門に入る。後、忍藩儒。○**浅間祠**―烏帽子山《えぼしやま》（一六二一メートル）の雲見浅間神社。磐長姫《いわながひめ》を祀る。妹が富士山本宮浅間大社の木花開耶姫《このはなさくやひめ》で、その美しさに嫉妬して雲見に隠れ住むという。頂上からは、南側に千貫門を見下ろされる。○**酒瓢**―酒を入れる器。○**解事**―事に練達する。○**堂箇島**―堂ヶ島は賀茂郡西伊豆町にある景勝の地。一帯は凝灰岩の白い岩が海蝕され、そこに松などをいただく小島も多く、昭和十年頃から知られるようになった。○**独揺橋**―独りでに揺れる橋。ゆるぎ橋。堂ヶ島の小川に架かっていた。○**月事**―月経。○**幕島**―大幕岩。○**横理**―よこすじ。○**帷幔**―幕。○**西浦**―田方《たがた》郡の西浦庄。後の内浦組。重寺村から戸田《へだ》村までの十六ヶ村。○**松崎港**―那賀《なか》川の河口に開けた港町。○**韮山**―韮山代官所。幕府直轄領を支配、伊豆国を中心とし駿河国・相模国・武蔵国他に及んだ。○**斎藤氏**―神道無念流の剣術家斎藤弥九郎。道場「練兵館」を創立。長男新太郎は、弘化四年五月二日、艮斎の門に入る。後、練兵館々主。弥九郎を襲名。○**千態万状**―さまざまのかたち。○**偉麗**―すぐれてうるわしい。○**大宗**―大もと。○**靉靆**―雲が盛んにたなびくさま。○**浩浩**―水の豊かに流れるさま。○**悵然**―がっかりして、うらめしげなさま。○**土肥**―土肥港は天《あま》城炭《ぎずみ》の積み出し港として知られた。　○**実平**──土肥《どい》実平。相模国土肥郷を本拠とする鎌倉御家人。もと平氏。頼朝の挙兵に応じ石橋山の戦には頼朝の危機を救い、以後功を立て備前・美作・備中・備後・播磨などの守護に任じられた。

＊

十二日、里正喜平、艤舟而迎。予素不相識。四有寄書、托航海之挙、故然。此間水路険危、伯謹通夕憂之。至則舟頗寛、柁工七八名、艙内設褥、盤坐甚適。少頃得便風、揚帆而去。港口一巌高三丈、有梵字隠起。名経字巌。又有三島橋、以巨巌為双柱、相距二丈餘、又以大石平広者亘其上。若役鬼而成之。

舟漸進。葉賀知山高百仞、純骨無肉、其下乱石穿空、驚濤捲雪。行三里、洋中大石突起、長可三十丈、高居三之一、色青黒。中有穴、広二丈餘、高倍之、豁如斧擘、舟往来其中。名千貫門。伊豆志云、是石奇絶、価抵千貫、故名焉。友人芳川波山云、其傍巨巌有浅間祠。千貫即浅間之訛。未知孰是。喜平停艕其側、出酒瓢以佐興。亦解事人也。又行二里、堂箇島、有独揺橋、長一丈八尺、閲千餘載而不朽、極為良材。婦人有月事者、不得過。過則橋自揺矣。又有幕島、横理赭白相間、望之如帷幔。皆西浦名勝也。

過此則帆漸転而東赴内洋。下午舟至松崎港、柁工皆辞去。托喜平覓船不得。会有官船赴沼津。問其人、韮山属吏八田某也。某受武技於斎藤氏。予発都、懐其手簡去。故往見之、則挟予登船。此間秀巌詭石、千態万状、使人流玩不給。

有村曰田子。其海曰田子浦、北対駿。駿亦有田子浦、天下所称為絶勝者。然其実望嶽稍偏。又有浦無村。本州村与浦皆具其名。仰嶽適当其正面。尤尽全山偉麗則田子之勝、当以本州為大宗。而駿係官道、豆属僻陬、故人惟知有駿、不知有豆。士之抱才学而所居非其地者、殆類此。

是日雲気靉靆、僅見岳麓。俄復為烟靄所奪、但白波浩浩浸天。悵然久之。晩宿土肥。実平所産。

十三日、空は薄曇りだ。八田氏とともに出帆した。雨が降ったかと思うとすぐに晴れ、西風が今まさに厳しく、大波が人のように立って船とぶつかり、激しく鳴る雷のような音をたてる。皆は船室の中で体を横に向けて寝ている。私はひとり辺りを眺めて立ち、勇壮な風波の、最上の景観を味わった。思いがけずに詩ができて、八田氏に贈った。

*

十三日、天微《かす》かに陰《くも》る。八田氏と偕《とも》に纜《ともづな》を解く。乍《たちま》ち雨ふり乍ち晴れ、西風正に厲《はげ》しく、洪濤《こうとう》人のごとく立ちて舟と相い撃ち、声、奔雷の如し。衆皆、艙内《そうない》に側臥《そくが》す。予独り四顧《しこ》して立ち、風濤雄壮の観を極む。偶《たまたま》詩を得て八田氏に貽《おく》る。

語釈　○**洪濤**―大波。　○**側臥**―体を横に向けて寝る。　○**四顧**―辺りを眺める。

※

十三日、天微陰。偕八田氏解纜。乍雨乍晴、西風正厲、洪濤人立、与舟相撃、声如奔雷。衆皆側臥于艙内。予独四顧而立、極風濤雄壮之観。偶得詩貽八田氏。

西風吹滄海　　西風　滄海に吹き
碧浪高拍天　　碧浪《へきろう》　高くして天を拍《う》つ
一船走其上　　一船　其の上を走り
有似箭脱弦　　箭《や》の弦《げん》より脱するに似たる有り
浪来船欲立　　浪来れば　船は立たんと欲し
浪去船欲顛　　浪去れば　船は顛《くつがえ》らんと欲す
飛沫乱如雨　　飛沫《ひまつ》乱るること雨の如く
淋漓濺頭肩　　淋漓《りんり》として頭肩《とうけん》に濺《そそ》ぐ
吾性素嗜奇　　吾性《わがせい》　素《もと》より奇を嗜《たしな》めば
神気忽浩然　　神気　忽ち浩然たり

朗誦玄虚賦
高吟枚叟篇
何以得此興
水程煩斡旋
胸懐無畛域
吏務有衡権
但恨帰期促
情意空纏綿
都門風月夕
相覯在何年

朗誦す　玄虚《げんきょ》の賦
高吟す　枚叟《ばいそう》の篇
何を以てか　此の興を得たる
水程《すいてい》　斡旋《あっせん》を煩わせり
胸懐に畛域《しんいき》無く
吏務に衡権《こうけん》有り
但だ恨むらくは　帰期《きき》促《せま》りて
情意空しく纏綿《てんめん》たるを
都門《ともん》　風月の夕《ゆうべ》
相い覯《あ》うは何《いず》れの年にか在らん

＊下平一先

語釈　○**碧浪**―みどりの波。　○**淋漓**―水のしたたるさま。　○**浩然**―大きくて真っすぐなさま。　○**玄虚の賦**―木玄虚（三世紀後半）の海賦。『文選』所収。　○**枚叟**―枚乗。前漢の人。『文選』「七発八首」の第七段に、浙江の潮を観ることの楽しさを書く。　○**水程**―船路。　○**斡旋**―世話をする。　○**畛域**―さかい。　○**吏務**―官吏の職務。　○**衡権**―はかりのさおとおもり。重さをはかる基準。　○**帰期**―

帰る時。　○纏綿—まつわりついて離れないさま。　○都門—みやこ。

※

西風があおうなばらに吹き、みどりの波が高々と空を拍つ。一艘の船がその上を走って、矢が弦から離れたようなさまである。波が来れば船は立とうとし、波が去れば船はくつがえろうとする。波しぶきは雨のように乱れ、水はしたたって頭や肩にふりかかる。私はもとより奇を愛好する性質なので、にわかに浩然とした気持ちになった。玄虚の賦を朗誦し、枚乗の文章を高吟する。なにによってこの興を得たのか。この船路のため斡旋の労をわずらわせた。心のうちには境がなく、官吏としての職務には基準がある。ただ残念なことには、帰る時がおしせまって、情意がいたずらにまつわりついて離れないことだ。みやこでの風月を愛でる夕べ、お会いするのはいつのことか。

三里行くと風は突然に転じ、沼津に到ることができず、とうとう口野港で船を降りた。そうして、伊豆の海は、ここに到ってすでに一周した。八田氏は私を待ちうけて、名主某の家を訪れた。非常にうちとけて饗応してくれた。ここから山を越えて、ようやく広々とした土地に出て、狩野川を渡った。絵師狩野元信の故郷である。また北条南条の諸村があって、北条村は実に時政が生まれたところで、屋敷跡がいまなお残っている。寛正年間、関東があまねく乱れたとき、足利義教がその子政知に鎮撫させ、府を開いて堀越と称した。またこの地である。

数百歩行き、韮山に到った。北条早雲の遺跡を見た。太閤秀吉が東征したとき、北条氏規が居て守った。織田信雄がこれを攻めたが、氏規は何度も攻めて信雄を破った。小田原が滅びるに及んで、ようやく開城した。また名将である。今に至っても、城の堀跡がそっくりそのまま残っている。蛭ヶ小島はその下にあって、源頼朝が罪を得て流され居たところである。畑の中に小さな丘がぽつんとそびえ立ち、わずかにその跡をとどめている。島ではない。ある人が、「むかし、二つの川が丘をはさんで流れ、丘が島のようで、木のヒルが多くいたので名づけた」と言う。

ここを過ぎると、人家が切れ目なく続く。代官江川氏はここに居る。その屋敷は、数百年罹災していない。その中の一つの柱は、普通とは違って奇妙である。生えている立木をふまえてその上に梁をかけわたし、鑿《のみ》を使わず土台石がなく、古びて飾りけのないさまが珍しい。人は削って鎮火のおふだにしている。八田氏と別れ、三島宿に到って泊まった。この夜は継華会《けいかえ》で、雨が寂しげに降って、一晩中雨音がして、旅の思いがとりわけ身にしみた。

行くこと三里、風忽ち転じ、沼津に達するを得ず、遂に舟を口野《くちの》に捨つ。然して豆海、此に至りて已に一週せり。八田氏、予を要《むか》えて里正《りせい》某宅に過《よぎ》る。饗待《きょうたい》甚だ款《かん》なり。此より山を踰えて始めて曠土《こうど》を得、狩野《かの》川を渉る。画博士《がはくし》元信《もとのぶ》の梓郷《しきょう》為《た》り。又た北条南条諸村有り、北条は即ち時政の産まるる所にして、宅址尚お存す。寛正《かんしょう》中、関東大いに乱るるや、足利義教、其の子政知をして之を鎮撫せしめ、府を開きて堀越《ほりこし》と称す。亦た此の地なり。

※

行くこと数百歩にして韮山《にらやま》に至る。北条早雲の故墟《こきょ》在り。太閤東征するや、氏規《うじのり》居りて守る。織田信雄《のぶかつ》之を攻むるも、氏規 屢《しばしば》撃ちて之を敗る。小田原亡ぶに及びて、始めて城を開く。亦た名将なり。今に至るも、城濠《じょうごう》の迹《あと》、宛然《えんぜん》たり。蛭小島《ひるがこじま》は其の下に在り、源二位謫居《たくきょ》の処なり。白田《はくでん》の中、小邱《しょうきゅう》孤《ひと》り起ちて、僅かに其の址を存するのみ。島にあらざるなり。或いは云う、「往時、二水《にすい》相い夾《はさ》みて流れ、丘陵、島の如く、木蛭《ぼくしつ》多し、故に名づく」と。

此を過ぐれば、則ち人家相い接す。県令江川氏焉に居る。其の宅、数百年、災に罹らず。中の一楹《いちえい》絶《はなは》だ異なる。生木《せいぼく》に因って梁を架け、劉《き》らず礎《いしずえ》あらず、古樸《こぼく》、珍なるべし。人削りて以て鎮火符と為す。八田氏と別れ、三島駅に至りて宿す。是の夜、継華節《けいかせつ》、寒雨《かんう》瀟瀟《しょうしょう》として、終夜声《しゅうやこえ》有り、羈思《きし》殊に悽寂《せいせき》たり。

語釈 ○**曠土**—広々とした土地。 ○**狩野川**—天城峠付近に源を発して北流し、沼津で駿河湾に注ぐ。流域にある狩野村は、絵師狩野氏の祖先景信が出たところ。 ○**梓郷**—ふるさと。 ○**寛正**—一四六一〜六六。 ○**堀越**—堀越公方。伊豆堀越《ほりごえ》にあった室町幕府の東国支配機関。 ○**故墟**—遺跡。 ○**城濠**—城のまわりに設けたほり。 ○**謫居**—罪を得て流され居る所。 ○**白田**—畑。 ○**蛭小島**—蛭ヶ小島。源頼朝の流刑地。水田や湿地帯に島状にあった土地か。今、蛭ヶ島公園がある。 ○**県令江川氏**—伊豆国田方郡韮山を本拠とした世襲代官。幕末、反射炉（世界遺産）を建設した江川太郎左衛門英龍が出た。英龍と艮斎はともに渡辺崋山の尚歯会に参加し、親交があった。艮斎が英龍を評した「文武兼備 雄略超倫」の語は、日下部鳴鶴揮毫の扁額となって重要文化財の江川邸の「塾の間」に掲げられている。 ○**楹**—母屋の正面にある柱。 ○**生木**—生えている立木を大黒柱とし、生き柱と称す。 ○**古樸**—古びて飾りけのないさま。 ○**継華節**—九月十三夜を継華会と言う。 ○**寒雨**—寂しげに降る雨。 ○**瀟瀟**—雨の寂しげに降るさま。 ○**羈思**—旅先での物思い。 ○**悽寂**—いたみうれえる。

＊

行三里、風忽転、不得達沼津、遂捨舟於口野。然豆海至此已一週矣。八田氏要予過里正某宅。饗待甚款。従此踰山始得曠土、渉狩野川。為画博士元信梓郷。又有北条南条諸村、北条即時政所産、宅址尚存。寛正中、関東大乱、足利義教、使其子政知鎮撫之、開府称堀越。亦此地也。

行数百歩、至韮山。北条早雲故墟在焉。太閤東征、氏規居守。織田信雄攻之、氏規屢撃敗之。及小田原亡、始開城。亦名将也。至今城濠之迹宛然。蛭小島在其下、源二位謫居処。白田中小邱孤起、僅存其址。非島也。或云、往時二水相夾而流、丘陵如島、多木蛭、故名。

過此則人家相接。県令江川氏居焉。其宅数百年不罹災。中一楹絶異。因生木架梁、不劉不礎、古樸可珍。人削以為鎮火符。与八田氏別、至三島駅宿。是夜継華節、寒雨瀟瀟、終夜有声、羈思殊悽寂。

山雲鎖月雨瀟瀟　　山雲《さんうん》　月を鎖《とざ》して　雨瀟瀟たり
枕上孤燈漸欲消　　枕上《ちんじょう》の孤燈　漸く消えんと欲す
自是羈愁眠不得　　自《おのず》から是れ羈愁《きしゅう》　眠るを得ず
莫言窓外有芭蕉　　言う莫かれ　窓外に芭蕉有りと

＊下平二蕭

語釈　○**山雲**—山から起こる雲。　○**枕上**—まくらもと。　○**孤燈**—たった一つぽつんとともっている灯火。　○**羈愁**—旅先での物思い。　○**芭蕉**—大きな葉に降りそそぐ夜雨の音は、さびしさを深めるものとして詠まれる。

山の雲が月をとじこめて、雨は寂しげに降り、まくらもとの一つの灯火は、だんだんと消えてゆく。自然と旅愁がかきたてられて、眠ることができない。窓の外に芭蕉があるなどと言わないでおくれ。その葉に降りそそぐ夜雨の音が、さびしさを深めてしまうから。

十四日、朝早く起きた。雨はまだやまず、宿場の鈴の音があとに続く。箱根山は東海道第一の険しいところである。そのうえ、雨を冒して大石だらけの道を踏む。辛く苦しいのが推しはかられよう。すでに道に出て、登るほどだんだん険しくなってきた。山からの風が雨まじりに吹いて何度も笠を奪い、小石が道をさまたげて石のかどが並んで足にくいつく。石を避けると、泥がなめらかにすべって、今にも倒れそうになる。険しくないわけではない。けれども、私は非常に険しい伊豆の山々を何から何まで経てきたので、これが平らな道のように見える。もしも急にこの道を通ったならば、きっと蜀に通じる険しい道や太行山のように思って、進まなかったにちがいない。それで悟った、「われらはくだらない利害関係にはさまれたときは、いつも思いわずらってみずから堪えられないものだが、古の大きな困難を踏み存亡にかかわる事件に殉じた人に処理させれば、必ず平然として意に介さないにちがいない」と。短い詩を口ずさんで、伯謹に示した。

十四日、暁起《ぎょうき》す。雨いまだ歇《や》まず、駅鈴《えきれい》の声相い継ぐ。函嶺《かんれい》は東海第一の阻と為す。而《しか》も雨を冒して犖确《らくかく》を踏む。艱苦、想うべし。既に道に就きて、漸く登れば漸く険なり。山風《さんぷう》、雨を挟《さしはさ》みて屢《しばしば》笠を奪い、芥石《かいせき》又た路を軗《さまた》げて歯歯《しし》、足を嚙《か》む。石を避くれば、則ち泥滑澾《どろかったつ》として仆《たお》れんと欲す。険しからざるにあらず。而れども予備《つぶさ》に豆山の峻絶《しゅんぜつ》なるを歴《へ》たり、故に之を視ること坦途《たんと》の如し。若し俄《にわ》かに之を過ぐれば、必ず以て蜀道大行《しょくどうたいこう》と為して如《ゆ》かず。乃ち悟る、「我輩、小得失に遇えば、輒《すなわ》ち戚《せき》戚《せき》として自《みずか》ら勝《た》えざるも、古の大難《たいなん》を踏み大節《たいせつ》に殉ずる者をして之を処せしむれば、必ず当に夷然《いぜん》として屑《かえり》みざるべし」と。小詩《しょうし》を口占《こうせん》して、伯謹に示す。

語釈 ○**暁起**―朝早く起きる。○**駅鈴**―宿場で人や馬を徴発するために鳴らした鈴。○**犖确**―山に大きな石がたくさんあり、その一つ一つが目立つさま。○**山風**―山から吹きくる風。○**歯歯**―多くの石のかどのならぶさま。○**滑澾**―なめらかですべる。○**峻絶**―非常に険しい。○**坦途**―平らな道。○**蜀道**―蜀に通じる険しい道。○**大行**―太行山。山西・河北・河南省を南北に走る大山脈。○**戚戚**―思いわずらうさま。○**大節**―存亡にかかわる重大な事件。○**夷然**―平然としたさま。○**小詩**―短い詩。○**口占**―詩に草稿を作らず、直ちに口ずさむこと。

十四日、暁起。雨未歇、駅鈴之声相継。函嶺為東海第一之阻。而冒雨踏犖确。艱苦可想。既就道、漸登漸険。山風挾雨、屢奪笠、芥石又輆路、齒齒囓足。避石則泥滑澾欲仆。非不険矣。而予備歴豆山峻絶、故視之如坦途。若俄過之、必以為蜀道大行不如。乃悟我輩遇小得失、輒戚戚不自勝、使古之踏大難殉大節者処之、必当夷然不屑矣。口占小詩、示伯謹。

〈偕玉光宣遊伊豆帰途踰函嶺賦示〈玉光宣と偕《とも》に伊豆に遊ぶの帰途、函嶺を踰え、賦して示す〉…『嘉永二十五家絶句』に記された詩題〉

羊腸山路雨糢糊　　羊腸《ようちょう》たる山路《さんろ》　雨は糢糊《もこ》たり
似剣湖風冷裂膚　　剣に似るの湖風　冷ややかに膚《はだえ》裂く
歴尽豆山千畳険　　歴《へ》尽くしたり　豆山千畳の険
笑言函嶺是平途　　笑って言う　函嶺は是れ平途と

＊上平七虞

語釈　○**羊腸**―羊の腸。曲がりくねったもののたとえ。○**糢糊**―分明でないさま。○**膚裂く**―皮膚が裂ける。寒さの厳しいたとえ。○**千畳**―山の幾重にも重なり合っていること。

❊

羊の腸のように曲がりくねった山道は、雨が降って朦朧としている。芦ノ湖から吹いてくる、剣に似た風は、冷たくてまるで肌が裂けるようである。伊豆の幾重にもかさなり合った山々の険しい道を、すっかり経てきた。笑って、箱根山は平らな道と言った。

ひるどき、箱根宿で食事をした。宿場の東に関所があって、右には重なり連なった山々を負い、左には大きい湖（芦ノ湖）をまとい、関所はその中間に位置する。兵士の取り調べは、非常に厳格である。笠を脱いで小走りに進む。老いた杉が道をはさんでいて夜のように暗い。数百歩行くと、路傍に数体の石仏が置かれていた。賽の河原と言う。湖畔は、富士山を観賞する名所として知られている。この日、雲や靄が四方にすき間無く満ちて、ただ芙蓉（富士山）の一枚のはなびらをうかがい見ないだけでなく、湖畔の群峰と合わせてこれを失った。連日、山の神霊が私を避けるのはどうしてなのか。官道から左の方へ行くと箱根権現がある。源頼朝が崇敬した神社で、香火が絶えず、今もなお盛んである。雨が降っていたので行くのをあきらめ、螺の殻のようにぐるぐると下った。小雨が降って山の景色も薄暗い中、雷がとどろくような水音が聞こえてきた。山が窮まって道が平らになった。谷川が案の定岩にくいついて流れ、板橋がその上に架かっている。湯本温泉はここから遠く離れていないので、湯浴みしてみたかったが、帰路を急いでいるので果たさなかった。小田原に泊まった。旅籠は混み合っている。主人の翁が、「酒匂川が雨に足を止められたからです」と言った。

＊

午時、函根駅に飯す。駅東に関有りて、右に畳嶂《じょうしょう》を負い、左に大湖を帯び、関門《かんもん》、中に当たる。兵衛《えい》譏察《きさつ》甚だ厳なり。笠を脱ぎて趨《はし》る。老杉路を夾《はさ》みて昏晦《こんかい》たること夜の如し。行くこと数百歩、路傍に石仏数躯を置く。賽河原《さいのかわら》と曰う。湖上は観岳を以て著わる。是の日、烟雲四《えんうんよも》に塞《ふさ》がり、惟だ芙蓉一《いっ》瓣《ぱん》を窺わざるのみにあらず、湖上の群峰と并せて之を失す。連日、山霊、我を忌む《い》は何ぞや。

官道よりして左すれば、函根権現祠有り。源二位の崇敬する所にして、香火、今に至るも尚お盛んなり。雨を以て往くを果たさず、螺旋《らせん》して下る。山色空濛《くうもう》の中、水声の霅霅《しょうしょう》たるを聞く。山窮まりて路夷《たい》らかなり。渓水《けいすい》果たして石を嚙《か》みて流れ、板橋《はんきょう》、之に架かる。湯本温泉、此より距つること遠からず、一浴を試みんと欲するも、帰程《きてい》に急ぐを以て亦た果たさず。小田原に宿す。旅館闐噎《てんえつ》す。主人の翁云う、「酒匂《さかわ》川、雨に阻《はば》まる、故に然り」と。

語釈 ○**函根駅**―小田原宿と三島宿の中間点、箱根山中の芦ノ湖畔に置かれた宿場。○**畳嶂**―重なり連なった山。○**関門**―関所。○**兵衛**―兵士の護衛。○**譏察**―とがめしらべること。○**昏晦**―暗い。○**湖上**―湖のほとり。○**山霊**―山に宿る神霊。○**螺旋**―螺の殻のようにぐるぐるねじれていい。

ること。○**山色**―山の景色。○**空濛**―小雨が降って薄暗いさま。○**霅霅**―雷があとからあとから重なってとどろくさま。○**渓水**―谷川の水。○**帰程**―帰る道すじ。○**闐噎**―衆くの人や物が押し合いもみ合うこと。○**雨に阻まる**―雨に足を止められる。

※

午時飯函根駅。駅東有関、右負畳嶂、左帯大湖、関門当中。兵衛譏察甚厳。脱笠而趨。老杉夾路、昏晦如夜。行数百歩、路傍置石仏数軀。曰賽河原。湖上以観岳著。是日烟雲四塞、非惟不窺芙蓉一瓣、并与湖上群峰而失之。連日山霊忌我、何歟。

自官道而左、有函根権現祠。源二位所崇敬、香火至今尚盛。以雨不果往、螺旋而下。山色空濛中、聞水声霅霅。山窮路夷。渓水果齧石而流、板橋架之。湯本温泉距此不遠、欲試一浴、以急于帰程亦不果。宿小田原。旅舘闐噎。主人翁云、酒匂川阻雨、故然。

十五日、晴れた。辰の下刻、宿屋の主人の翁が、「酒匂川の水位が下がったので、渡られます」と報じた。あわてて旅支度をととのえて出立した。旅人は蟻のように群がって集まり、我先に渡ろうと争っている。この川は勢いが激しく速い。たとえ平生舟で渡すことができなくとも、何人かの川越人足が輦台《れんだい》をかつぎ、人を乗せて流れをまっすぐ横切る。この日、にごった波が大きく流れ、輦台の上では、しぶきが衣に勢いよくかかった。

大磯に到り、路傍に林氏の旅の荷物を見、これを問うた。「林公は海辺にいらっしゃいます」と言う。そこで、行って帰途を祝った。公もまた無事を喜び、私にその無事を知らせるよう頼んだ。馬入川を渡った。もとの名は相模川である。藤沢を過ぎると、月の光が明るく、雨音のような虫の声が聞こえた。戸塚に到った頃は、もう午後八時頃である。

十六日、雨がひどく降っている。私は、連日山河を歩きまわった疲れで歩くことができない。さらに風邪をひいて、咳が非常に激しい。駕籠に命じて乗り、夢を見ながら行った。雲がかかった山々の景勝は、今なお胸中に往来し、しばしばすだれを掲げてぬすみ見をした。神奈川宿で再び見た、水墨画の横物の掛け軸を開いたようなさまは、前の時の光景と同じである。暮れがた都に入った。

❊

十五日、晴る。下辰《かしん》、主人の翁報ず、「酒匂川、水落つ、渡るべし」と。遽《にわ》かに装いを理《おさ》めて発す。行旅《こうりょ》蟻《あり》のごとく簇《むら》がりて渉るを争う。茲の川猛駛《もうし》たり。平時、航すべからずと雖も、数夫、大輿を舁《かつ》ぎ、人を載せて流れを絶《わた》る。是の日、濁浪滔滔《だくろうとうとう》として、輿上にて飛沫、衣に濺《そそ》ぐ。

大磯に抵り、路傍に林氏の行李《こうり》を見、之を問う。曰う、「公、海浜《かいひん》に在り」と。乃ち往きて帰途を賀す。公も亦た恙《つつが》無きを喜び、予に托して平安を報ぜしむ。馬入河《ばにゅうがわ》を渉る。旧名は相模川なり。藤沢を過ぐれば、月色皎然《こうぜん》として、虫声、雨の如し。戸塚に至れば已に初更なり。

十六日、雨甚だし。予、連日跋渉の労を以て歩《ほ》する能わず。又た寒疾《かんしつ》に罹りて、咳嗽《がいそう》殊に劇《はげ》し。篼《とう》子《し》に命じて駄《の》せしめ、夢みて去る。雲山の勝、猶お懐《こころ》に往来し、時に簾を掲げて偸眼《とうがん》す。金川に復た水墨の横幅《おうふく》を披《ひら》くは、猶お前度《ぜんど》の光景のごときなり。薄晩、都に入る。

語釈　○**行旅**—旅人。　○**猛駛**—勢いが激しく、速い。　○**大輿**—輦台。酒匂川の渡しは東海道の難所の一つで、徒渉《かちわたり》制のもと、必ず手引・肩車・輦台など川越人足の力を借りて渡った。　○**濁浪**—濁っている波。　○**滔滔**—大きな流れのさま。　○**行李**—衣装など旅行用の荷物。　○**馬入河**—相模川の河口付近の名称。　○**月色**—月の光。　○**皎然**—明らかなさま。　○**初更**—午後七時から九時まで。　○**跋渉**—山を登り川を渡る。　○**寒疾**—風邪。　○**咳嗽**—せき。　○**篼子**—駕籠。　○**雲山**—雲のかかっている遠く高い山。　○**偸眼**—ぬすみ見をする。　○**横幅**—横物の掛け軸。　○**前度**—前の時。

※

十五日、晴。下辰主人翁報、酒匂川水落可渡。遽理装而発。行旅螘簇争渉。茲川猛駛。雖平時不可航、数夫舁大輿、載人絶流。是日濁浪滔滔、輿上飛沫濺衣。

抵大磯、路傍見林氏行李、問之。曰、公在海浜矣。乃往賀帰途。公亦喜無恙、托予報平安。渉馬入河。旧名相模川。過藤沢、月色皎然、虫声如雨。至戸塚已初更矣。

十六日、雨甚。予以連日跋渉之労不能歩。又罹寒疾、咳嗽殊劇。命筧子駄、夢而去。雲山之勝、猶往来于懐、時掲簾偸眼。金川復披水墨横幅、猶前度光景也。薄晩入都。

東省続録

西嶽（せいがく）

西嶽はいわゆる安達太良山である。山が二本松城下の西にあるので、西嶽とも称する。群峰が天を刺し、山裾は数郡にわだかまる。山の麓の温泉は百病を治すのに効能があり、湯治客が集まってくる。

私はこの山の下で育ち、その秀でた景色を間近に見ながら、まだ登ることができずにいる。後に江戸に三十餘年住み、しばしば帰省したけれども、登山を果たしていない。いつもみずから「私は山水を愛する性質で、他国の景勝を探った。けれども、却って故郷の名山を残しているのは、根本を忘れたことに近いのではないか」と嘆いていた。

天保七年（一八三六）十月（二本松城下の八幡宮〈現二本松神社〉の宮司安藤家に）帰省して、逗留していた。窓を開けると、安達太良山の爽やかな気が私に触れる。母上は私に、「あなたは風霜をものともせず遠い道を歩いて来た。温泉につかって自分をいたわったらどうかね」

と言った。兄重満もそばから賛成した。私の喜びは期待をはるかに超えた。甥の業重が偶然に郡山から来て、彼も連れて行った。

塩沢村を通って、松林や深い森の中を歩いてゆく。分かれ道があって、兄が誤り導いて奥深い谷に入り、積もった葉に足もとが埋もれた。山犬や狼の跡が交わって、道はとうとう行き詰まった。前方に高い丘があって、いばらを押しわけて上ると、本道に出た。一里行くと、諸峰はそのすぐれたさまを競い、雲や靄の気が盛んで、墨をそそいだような色に変わった。ほんの少しの間に天の風が雨を伴って吹き、風はとても厳しく、雨だれがまるで鏃のように顔をうった。

安積国造神社

晩、ようやく温泉の村に着いた。十七戸の湯の宿は皆楼屋である。浴槽は路地のそばにあって、四方を石で囲い、横二丈（一丈は十尺）、縦三丈ばかりである。湯元は安達太良の山中にあり、ここから二里離れていて、樋を設けて湯を引いている。湯気が盛んに立ちのぼるさまは、伊豆の熱海の潮温《しおゆ》に似ている。

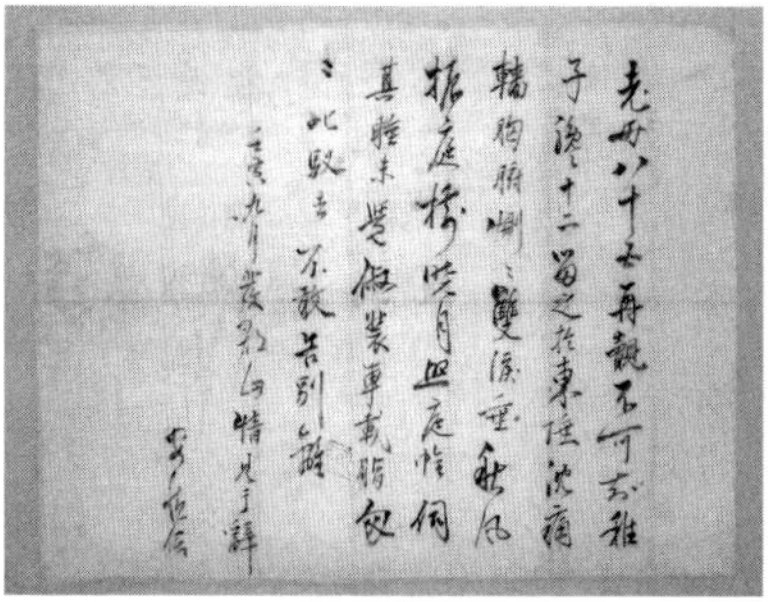

85歳の老母・12歳の三男との惜別の詩

父安藤親重肖像

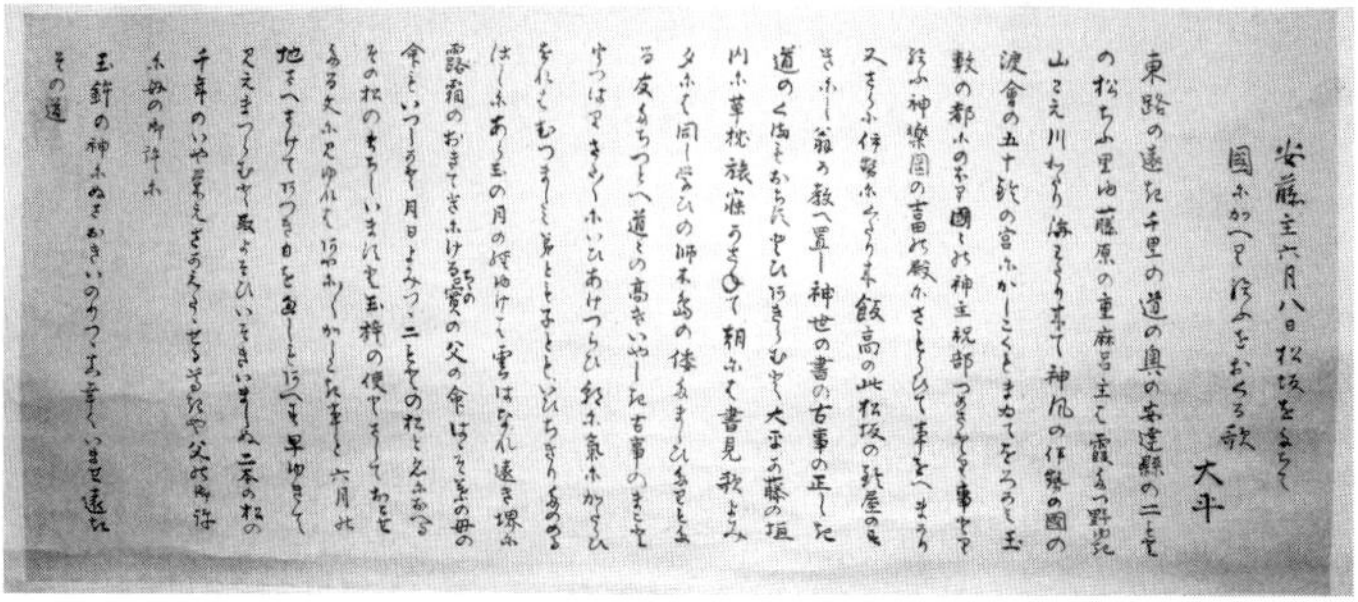

本居大平「安藤主（重満）6月8日松坂をたちて国にかへり給ふをおくる歌」

この日、兄は酒を大きなひさごにためて、何度も飲み口を唇につけて仰ぎ飲むので、法螺《ほら》貝を吹くようなさまになった。まだ温泉の村に着かないうちに、酒はもう尽きた。宿に着くやいなや、また杯を挙げてたらふく飲んだ。その無頓着で束縛されない人柄は、陶淵明がいた晋宋の頃のおもむきがあって、真心深く、楽しく穏やかで、きわめて親しみ深い。

翌十八日、快晴、楼に上って日の出を見た。そのとき日はまだ昇らず、東の山々は絶え間なく連なり、その下の白い雲は帯状に広がって、まるで長江のようにわき起こってぶつかり、めぐり流れている。しばらくして、彩りの美しい霞が空を塗り、紅や紫の色がほんの少しの間にひとかけらの鍍金の色に変わって、朝日がはじめて躍り出た。そして山々の姿態がすべて現れて赤や緑に照りはえ、心は壮快になった。

正午、業重と、案内者を雇って旅館を出た。西へ十町ばかり行くと、猿鼻という大きな峰が見えた。小道（湯樋《ゆどい》道）はきわめて険しい。八町ばかりまっすぐに登ると、切り立った崖（屏風岩）が剣のしのぎのようで、数百仞の大きな谷（湯川渓谷）を見下ろし、息を呑んで通った。

やや平坦になって、たたずんで四方を眺めた。案内者がそばにいて、私が見る方を向く。連峰が垣根のようにめぐっている。「伊達・信夫の山々です」と言う。水田が平らに広がり孤丘（信夫山）が高く突き出ていて、ことにすぐれたさまである。「福島です」と言う。川の光が見え隠れして、銀の蛇が草の合間に出没したかのようである。「阿武隈川です」と言う。民家が群がり集まって、大地にたれるさまが眠期《みんき》の蚕のようである。「本宮宿です」と言う。西北の珍しい峰は、屏風を張ったようでその筆致もすぐれ、険しくふぞろいなさまで天空に挿している。「米沢の群山（吾妻連峰）です」と言う。

さらに五、六町登ると、怪しい岩が多く重なり、下は底なしの谷に臨む。案内者がたわむれに石を取って谷底へ転がした。石は数百丈まっすぐ下り、岩に触れ崖にあたって、飛び舞いめぐりまわって走り、はじけた塵がたちのぼり、雷鳴のように響いた。孫子は言う「巧みに兵士を戦わせたその勢いは、千仞の高い山から丸い石をころがしたほどになるものだ」と。すぐれたたとえである。

さらに数町登ると、地面が大変ゆるやかで珍しい石が多く、五葉の松や岩躑躅のたぐいがそのきわに生えている。峰が高く風が激しいので、拳《こぶし》のようにかがまって長く伸びることができず、むしろのように四方に布いている。その西の淵は澄んで淡く、みな名園の風景を形作っている。

数町北へ行くと、多くの峰がそびえ立ち、非常に勇壮である。雪が乱れ降って、業重は帰りたがったが、私は勇気を奮い起こして先んじて登った。道は険しい。雪が次第に晴れてきた。十町ほど行って、折れて西へ行くと、連峰の全貌がはじめて現れた。

高く険しく切り立った崖で、仰ぐことはできるがよじ登ることができない峰を鉄城（鉄山）と言う。ほこ先のとがった角のように秀で立ち、太阿（宝剣）がはじめて砥石から離れた磨きたてのさまの峰を剣峰（矢筈森の一部）と言う。分か

鉄　山

矢　筈　森

れ挙がって連なり立ち、矢が箙から出たような形の峰を矢筈《やはず》峰と言う。荒々しく奇怪で、蒙倛の顔のような峰を鬼面山（実は篭山）と言う。その他皆、雲がたなびく空に重なり秀でて、それぞれに名がある。下は千仞の大きな谷で、川は右岸にくいついてはしり過ぎる。

さらに数町行くと、大岩が屋根や竹かご、狂った象や怒った獅子のようで、無数の岩が寄り重なっている。硫黄の気にいぶされて、その色は黄や赤で、氷が裂けたような紋様になり、ことごとく飛び落ちそうである。

私はかつて諸国の名山に登ったけれども、おおよそ、すぐれた山は多いが険しくそばだった山は少ない。ひとりこの山の峰や岩や谷のさまだけが雄々しくそびえて高く険しく、山河の神が裂いたもののようであるのは、大国（奥州）の山岳である由縁であろうか。

また数百歩行くと湯元（くろがね小屋の上流）があり、白い湯気が濛々とわき起こっている。そのそばには昔温の宿が多くあったが、一夜の暴風雨で鉄城の中腹が崩落し、ことごとく埋まり押しつぶされた（文政七年）。それで温泉を今の地（十文字岳温泉。不動平にあった）に引いた。そのとき、日はまさに傾こうとしていた。しきりに促し合って宿へ帰ると、もう燈火が点っていた。

この夜、風雪が窓を打ち、月光と相乱れ、清らかな音がソウソウと響いて、非常に珍しいさまであった。夜空が清らかに晴れていて、山の雪が降ったのが数里の範囲に過ぎなかったからである。

明くる朝、早く起きた。雪が一寸あまり積もった。兄は公用があって先に帰った。私と業重は宿をあとにし、深堀村（現岳温泉付近）への道を行き、平近平を訪れた。この郷の旧家である。うちとけて語り合ううちに時が経って辞去した。たそがれ時、家に帰り、母上に会って山中の景勝を説いた。母上は喜び笑った。

退いて、わが身を思った、「私は安達太良山から見れば、もとよりはじめての客ではない、まして や四十歳をこえてはじめて登ったのだからなおさらで、記したいことはいくらでもある。しかし、もう髪は薄くなって、もとの通り文章は粗雑である。ひょっとしたら、山の神霊に笑われるかもしれない」と。

※

西嶽はいわゆる安達太郎山《あだたら》なり。其の二本松の治《ち》の西に在るを以て、故に又た西嶽と称す。群峰、天を刺し趾《ねもと》は数郡に盤《わだかま》る。山下《さんか》の温泉、百病を治すに効有り、浴者赴き集う。

予、其の下に少長《しょうちょう》し、秀色近く目に在るも、いまだ登ることを獲ざるなり。後に江都《こうと》に寓すること三十餘年、屢《しばしば》帰省すと雖も、亦た登るを果たさず。毎《つね》に自《みずか》ら歎ず、「性、山水を愛し、他州の勝を探る。而れども梓郷《しきょう》の名山、反《かえ》って之を遺《のこ》すは、本を忘るるに幾《ちか》からずや」と。

丙申歳十月帰省して留まり侍す。窓を啓《ひら》けば、則ち西嶽の爽気《そうき》、人を襲う。母氏《ぼし》、予に謂いて曰わく、「汝、風霜を冒し遠途《えんと》を跋《ふ》みて来る。盍《なん》ぞ温泉に浴して以て自《みずか》ら慰めざるか」と。家兄《かけい》側らより之に賛成す。予《わ》が喜び、望外《ぼうがい》に出ず。姪《てつ》業重《なりしげ》、適《たまたま》郡山より来り、相い拉《つ》れて去る。

塩沢村を過ぎて松林森翳《しんえい》の中を行く。岐路《きろ》有り、家兄誤導して邃谷《すいこく》に入り、積葉《せきよう》、屨《く》を没す。豺狼《さいろう》の迹相い交わりて路遂に窮まれり。前に高阜《こうふ》有り、荊棘《けいきょく》を披《ひら》きて上り、正路を得。行くこと一里、諸峰秀づるを競い、雲烟滃勃《おうぼつ》として潑墨《はつぼく》の色を作す。須臾にして天風、雨を挟《さしはさ》みて来り、風太《はなは》だ緊《きび》しく、雨点《うてん》の面《おもて》を撲《う》つこと鏃《やじり》の如し。

晩に始めて湯村《とうそん》に達す。湯戸《とうこ》十七烟は皆楼屋なり。槽《そう》は巷《こう》の側らに在りて、四周、石を以てし、横二丈ばかり、縦三丈ばかりなり。湯源《とうげん》は西嶽の中に在り、此より距つること二里、陰梘《いんけん》を設けて之を引く。湯気《とうき》の酷《はなはだ》しきこと豆州熱海の潮泉《ちょうせん》に似る。

是の日、家兄は酒を曲項匏《きょくこうほう》に貯え、屢匏口《しばしばほうこう》、脣《しん》に接して仰ぎ飲むを以て、螺《ら》を吹くの状と作る。いまだ湯村《とうそん》に至らざるに、酒已に尽く。至れば則ち又た白《はく》を挙げて痛飲す。其の跌宕不羈《てっとうふき》、晋宋間の風致有りて、忠厚楽易《らくい》、極めて愛すべきなり。

翌十八日、開霽《かいせい》、楼に登りて日の出ずるを観る。時に日華《にっか》いまだ升《のぼ》らず、東方の衆山絡繹《らくえき》して相い属《つら》なり、其の下《もと》の白雲一帯、起突演迤《えんい》すること長江大河の如し。少焉《しばらくして》、彩霞《さいか》、天を抹《は》き、或いは紅、或いは紫、須臾《しゅゆ》にして変じて一片の鍍金《ときん》の色と為り、則ち旭日始めて躍る。而して衆山の姿態《したい》畢《ことごと》く現れて丹翠《たんすい》相い映じ、人の神情《しんじょう》をして清壮たらしむ。

亭午《ていご》、業重と導者《どうしゃ》を倩《やと》いて館を出ず。西に行くこと十町許《ばか》り、巨峰有りて猿鼻《えんび》と曰う。径極めて険なり。直《ただ》に上ること八町ばかり、懸崖《けんがい》は剣脊《けんせき》の如く、大谷《だいこく》を俯視《ふし》すること数百仞、屏息《へいそく》して過ぐ。稍坦夷《ややたんい》なり、佇立《ちょりつ》して四眺《しちょう》す。導者、側らに在りて、我が観《み》る所に向かう。連峰廻合すること繚《りょう》牆《しょう》の如し。曰わく、「伊達信夫諸山なり」と。稲田平曠《とうでんへいこう》、孤丘兀然《こきゅうこつぜん》として秀異《しゅうい》なり。曰わく、「福島なり」と。川光隠見《せんこういんけん》して、銀蛇《ぎんだ》の草間《そうかん》に出没するに類す。曰わく、「逢隈《おうくま》川なり」と。人家簇簇《そうそう》として地に帖《た》ること臥蚕《がさん》に似たり。曰わく、「本宮《もとみや》駅なり」と。西北の奇峰、屏《へい》張り筆卓《すぐ》れ嵾嵾《しんしん》として雲霄《うんしょう》に挿す。曰わく、「米沢の群山なり」と。

又た登ること五六町、怪石磊砢《かいせきらいら》、下は無底《むてい》の谷に臨む。導者戯れに石を抜きて之を転ず。直に下ること数百丈、巌に触れ崖に抵《あ》たり、飛舞廻旋《ひぶかいせん》して走り、爆塵騰上《ばくじんとうじょう》して、響くこと震雷《しんらい》の如し。孫子云う、「善く人を戦わしむるの勢、円石《えんせき》を千仞の山に転ずるが如し」と。妙喩と謂うべし。

又た登ること数町、地極めて夷曠《いこう》にして奇石多く、五鬛松《ごりょうしょう》、岩躑躅《いわつつじ》の属、其の際《きわ》に生ず。峰高く風烈しければ、拳曲《けんきょく》して長ずる能わず、四《よも》に布《し》くこと席の如し。其の西の潭水澂澹《たんすいちょうたん》として、皆名園の光景を作す。

北に行くこと数町、衆峰又た起ちて、甚だ雄壮なり。雪霏霏《ひひ》として下り、業重返らんと欲するも、予、勇を鼓して先登す。路険し。雪漸く晴る。行くこと十町ばかり、折れて西すれば、衆峰の全体始めて露わる。

崇嶂《すうしょう》峻壁《しゅんぺき》、仰ぐべくも攀《よ》ずべからざる者を鉄城峰と曰う。鋒稜《ほうりょう》桀竪《けつじゅ》して、太阿《たいあ》の新たに硎《けい》より発するが若き者を剣峰と曰う。岐《わ》かれ挙がりて離立《りりゅう》し、菆矢《しゅうや》の箙《えびら》より出ずるに類する者を箭筈《やはず》峰と曰う。猙獰《そうどう》詭怪《きかい》、蒙倛《もうき》の若き者を鬼面峰と曰う。其の他皆、雲天に畳秀《じょうしゅう》して各《おのおの》名号有り。下は則ち巨《きょ》齶《がく》千仞、流水右を囓《か》みて奔盪《ほんとう》す。

又た行くこと数町、大石、屋の如く、筐《きょう》の如く、狂象怒猊《きょうぞうどげい》の如く、千百欹《そばだ》ちて畳なる。硫気の薫ずる所と為り、其の色黄赭《こうしゃ》にして氷裂の紋と作り、悉く飛墜せんと欲す。

予、嘗て諸州の名山に登るも、大抵、秀潤《しゅうじゅん》多くして奇峭《きしょう》少なし。独り此の山の峰巒巌壑《ほうらんがんがく》の状のみ、雄峻嶄巀《ゆうしゅんざんさつ》として、巨霊の擘《さ》く所に類するは、大国の山岳為《た》る所以なるか。

又た行くこと数百歩、湯源《とうげん》の発する所、白気滃滃《はくきおうおう》として起こる。其の側らに旧時湯戸《きゅうじとうこ》多かりしも、一夕《いっせき》暴風雨もて鉄城峰の半腹崩褫《はんぷくほうち》し、悉く塡圧《てんあつ》する所と為る。因って温泉を今の地に引く。時に日将に昃《かたむ》かんとす。亟《すみや》かに相い促して寓に帰れば、則ち燈已に点ぜり。是の夜、風雪、窓を撲《う》ち、月華《げっか》と相い乱れ、清韻琤琮《せいいんそうそう》として甚だ奇なり。蓋天《がいてん》清く霽れ、山雪《さんせつ》の下る所、数里に過ぎず、故に然り。

明旦、蚤起《そうき》す。積雪寸餘。家兄、公事有りて先に帰る。予と業重と館を辞し、道に深堀村《ふかぼり》を取りて平近平《こんぺい》を訪う。一郷の旧族なり。款語《かんご》し時を移して去る。黄昏、家に帰り、母氏を拝して山中の形《けい》勝《しょう》を説く。母氏歓笑す。

退きて自《みずか》ら謂《おも》えらく、「予、西嶽に於いて固より生客《せいかく》にあらず、況んや年、四十を踰えて始めて登るをや、尤も記すこと無かるべからず。但だ髪已に種種《しゅじゅ》にして文の荒陋《こうろう》たること旧《もと》の如し。恐るらくは山霊の笑う所と為るのみ」と。

語釈 **○安達太郎山**―安達太良連峰は、福島県のほぼ中央、二本松市の西に位置し、南から北へ、和尚山（一六〇二メートル）、安達太良山（乳首とも称す。一七〇〇メートル）、篭山（一五四八メートル）、矢筈森（一六一〇メートル）、鉄山（一七一〇メートル）、箕輪山（一七二八メートル）、鬼面山（一四八二メートル）等、十峰が九kmも連なる。山頂は乳首と称する岩場が突出し、船明神山、矢筈森、篭山、鉄山の頂上も岩場となっている。これらは古来磐座《いわくら》（神の宿るところ）とされ、崇敬されてきた。**○山下の温泉**―十文字岳温泉。不動平の西部にあり、鉄山の湯本から土管と松の木管によって引湯した。戊辰戦争で焼失し、後、深堀村に移り、次いで現在地（岳温泉）に転じた。○**趾**―山裾は、二本松市、郡山市、本宮市、福島市、安達郡、耶麻郡にまたがる。○**少長**―少しく生長する。艮斎の父、郡山の安積国造神社第五十五代宮司安藤親重が二本松神社宮司を兼務していたため、艮斎は郡山に生まれ、七、八歳から十二、三歳まで二本松城下に居た。○**秀色**―秀でた景色。○**梓郷**―ふるさと。○**母氏**―母安藤とへ。○**家兄**―仲兄、第五十七代宮司安藤重満《しげまろ》。伊勢松坂の本居大平の門に学ぶ。親重・重満父子は国学者でもある。○**業重**―艮斎の甥。後、第五十八代宮司。○**邃谷**―奥深い谷。○**豺狼**―山犬、狼。○**高阜**―高い丘。○**荊棘**―イバラ。○**正路**―主要な道路。○**滃勃**―雲霧の気の盛んなさま。○**潑墨**―水墨で巨点を作り、山水を画く法。多く雨景を画くに用いる。その勢、墨をそそぐようである。○**須臾**―ほんの少しの間。○**雨点**―雨のしずく。○**巷**―路地。○**丈**―一丈は約三・〇三メートル。○**陰梘**―竹の樋。○**曲項匏**―曲がった大きなひさご。○**跌宕**―物事に無頓着なこと。○**不羈**―束縛せられぬ。○**晋宋間**―東晋末から南朝宋。陶淵明が出た。○**風致**―おもむき。○**忠厚**―まごころがあり、親切で丁寧。○**楽易**―心楽しく、おだやかなさま。○**絡繹**―人馬の往来などの、絶え間なく続くさま。○**演迆**―めぐり流れる。○**彩霞**―彩りの美しい霞。○**鍍金**―金メッキ。○**神情**―心情。○**清壮**―清く壮んなこと。○**亭午**―正午。○**猿鼻**―『相生集』「塩沢」「山」に「猿鼻」とある。十文字岳温泉から湯樋道を西へ行くと、左手に見える。怪岩奇岩がある。○**懸崖**—切り立ったがけ。○**俯視**—上から見おろすこと。○**屏息**—息をころすこと。○**坦夷**—平坦。○**佇立**—たたずむ。○**四眺**—四方を眺める。○**迴合**—めぐり合う。○**繚牆**—牆を囲いめぐらす。○**伊達信夫**—伊達郡・信夫郡。現、福島市・伊達市等。○**孤丘**—独立する丘。信夫山。○**兀然**—高く突き出ているさま。○**秀異**—秀でて他と異なること。○**銀蛇**—銀色の蛇。光の形容。○**逢隈川**—阿武隈川。本来「おうくま」で、「あぶくま」は誤読の定着。○**簇簇**—群がり集まるさま。○**臥蚕**—眠期の蚕。○**嵾嵾**—山が険しく、高下長短があるさま。○**雲霄**—天空。○**怪石**—形の変わった石。○**磊砢**—石の多く重なったさま。○**飛舞**—飛び舞う。○**迴旋**—めぐりまわる。○**爆塵**—はじけた塵。○**騰上**—のぼる。○**震雷**—鳴りはためく雷。○**孫子……**—『孫子』「勢篇」の語。勢いが盛んで抑えようがないことのたとえ。○**妙喩**—すぐれたたとえ。○**夷曠**—穏やかでゆったりしている。○**五鬣松**—五葉松。○**岩躑躅**—ツツジ科の落葉低木。○**拳曲**—かがまって拳のようなさま。○**席**—上むしろ。○**潭水**—底深くたたえられた淵の水。○**澂澹**—澄んで淡い。○**霏霏**—乱れて降る。○**勇を鼓す**—勇気を奮い起こす。○**崇嶂**—高い峰。○**峻壁**—険しく切り立っている崖。○**鉄城峰**—鉄城。鉄山。○**鋒稜**—矛のとがった角。○**桀竪**—秀で立つ。○**太阿**—古の宝剣の名。鋭利とされる。○**硎より発す**—始めて砥石から離れた、磨きたての状態。○**剣峰**—『相生集』「深堀」「山岳」に「鉄嶺、剣峰、箭筈峰、籠」とある。矢筈森はかつて北側を剣峰、南側を箭筈峰と称したのであろう。○茛矢―よい矢。○離立―連なり立つ。○猙獰―荒々しく憎らしい。○詭怪―奇怪。○蒙倛―病の鬼を駆逐する神。○鬼面峰―鬼面山は見えない。篭山であろう。○雲天―雲のたなびいている空。○畳秀―重なり秀でる。○巨壑―大きな溝。○奔溢―水のはしり過ぎるさま。○怒猊―怒り狂った獅子。○黄赭―黄と赤。○氷裂―氷のように裂ける。○秀潤―優れていきいきしていること。○奇峭―山が険しくそばだつこと。○巌壑―岩や谷。○雄峻―山などがおおしくそびえること。○嶃巇―高く険しいさま。○巨霊―山河の神。華山を裂き黄河の流れを通す。○滃滃―雲気が盛んなさま。○半腹―中腹。○崩褫―崩れはがれる。○月華―月の光。○清韻―清らかな響き。○琤琮―玉の触れ合う音。擬音語。○蓋天―天空。○清霽―晴れて澄み渡っていること。○蚤起―早く起きる。○公事―城下の二本松神社宮司としての職務。○平近平―平近平は通り名、畠山の旧臣。戦国・江戸時代、岳温泉の湯守を世襲した。○款語―うちとけて語り合う。○生客―初めての客。○種種―髪の毛が少ないさま。○荒陋―粗雑。○山霊―山に宿る神霊。

⁂

西嶽所謂安達太郎山也。以其在二本松治西、故又称西嶽。群峰刺天、趾盤数郡。山下温泉、治百病有効、浴者赴集焉。

予少長其下、秀色近在目而未獲登也。後寓江都三十餘年、雖屢帰省亦不果登。每自歎性愛山水、探他州之勝。而梓郷名山反遺之、不幾于忘本乎。

丙申歳十月、帰省留侍。啓窓則西嶽爽気襲人矣。母氏謂予曰、汝冒風霜跋遠途而来。盍浴温泉以自慰邪。家兄自側賛成之。予喜出望外。姪業重適従郡山来、相拉而去。

過塩沢村、行松林森翳中。有岐路、家兄誤導入邃谷、積葉没屨。豺狼之迹相交而路遂窮矣。前有高阜、披荊棘而上、得正路。行一里、諸峰競秀、雲烟滃勃、作溌墨色。須臾天風挟雨来、風太緊、雨点撲面如鏃。

晩始達湯村。湯戸十七烟、皆楼屋。槽在巷側、四周以石、横可二丈、縦可三丈。湯源在西嶽中、距此二里、設陰梘引之。湯気酷似豆州熱海潮泉。

是日家兄貯酒於曲項匏、屢以匏口接脣仰飲、作吹螺状。未至湯村、酒已尽。至則又挙白痛飲。其跌宕不羈、有晋宋間風致、而忠厚楽易、極可愛也。

翌十八日、開霽、登楼観日出。時日華未升、東方衆山絡繹相属、其下白雲一帯、起突演迤、如長江大河。少焉彩霞抹天、或紅或紫、須臾変為一片鍍金色、則旭日始躍。而衆山姿態畢現、丹翠相映、使人神情清壮。

亭午与業重、倩導者出館。西行十町許、有巨峰曰猿鼻。径極険。直上可八町、懸崖如剣脊、俯視大谷数百仞、屏息而過。
稍坦夷、佇立四眺。導者在側、向我所覩。連峰廻合如繚牆矣。曰伊達信夫諸山也。稲田平曠、孤丘兀然秀異矣。曰福島也。川光隠見、類銀蛇出没草間矣。曰逢隈川也。人家簇簇帖地似臥蚕矣。曰本宮駅也。西北奇峰屏張筆卓、嵾嵾挿雲霄矣。曰米沢群山也。
又登五六町、怪石磊砢、下臨無底之谷。導者戯抜石転之。直下数百丈、触巌抵崖、飛舞廻旋而走、爆塵騰上、響如震雷。孫子云、善戦人之勢、如転円石於千仞之山。可謂妙喩矣。
又登数町、地極夷曠、多奇石、五鬣松岩躑躅之属生其際。峰高風烈、拳曲不能長、四布如席。其西潭水瀲灩、皆作名園光景。
北行数町、衆峰又起、甚雄壮。雪霏霏下、業重欲返、予鼓勇先登。路険。雪漸晴。行可十町、折而西、衆峰全体始露。
崇嶂峻壁、可仰不可攀者、曰鉄城峰。鋒稜桀豎、若太阿新発硎者、曰剣峰。岐挙離立、類菆矢出箙者、曰箭筈峰。猙獰詭怪若蒙倛者、曰鬼面峰。其他皆畳秀雲天、各有名号。下則巨壑千仞、流水嚙右奔盪。
又行数町、大石如屋如筐如狂象怒猊、千百欹畳。為硫気所薫、其色黄赭、作氷裂紋、悉欲飛墜。
予嘗登諸州名山、大抵多秀潤、而少奇峭。独此山峰巒巌壑之状、雄峻嶄巖、類巨霊所擘、所以為大国之山岳歟。

又行数百歩、湯源所発、白気滃滃而起。其側旧時多湯戸、一夕暴風雨、鉄城峰半腹崩褫、悉為所填圧。因引温泉於今地。時日将昃。亟相促而帰寓、則燈已点矣。

是夜風雪撲窓、与月華相乱、清韻琤琮、甚奇。蓋天清霽、山雪所下、不過数里、故然。

明旦蚤起。積雪寸餘。家兄有公事先帰。予与業重辞舘、取道深堀村、訪平近平。一郷旧族也。款語移時而去。黄昏帰家、拝母氏、説山中形勝。母氏歓笑。

退而自謂予於西嶽、固非生客、況年踰四十始登、尤不可無記。但髪已種種、而文荒陋如旧。恐為山霊所笑耳。

【参考】 岳温泉での奇事を詠じた詩、『艮斎詩略』所収。

宿岳麓客舎（岳麓《がくろく》の客舎《かくしゃ》に宿す）　安積艮斎

乱峰囲屋夜生風　乱峰屋《らんぽうおく》を囲みて　夜　風生じ
凍臥吟身曲似弓　凍《こご》え臥《ふ》す吟身《ぎんしん》　曲がりて弓に似たり
驚起山楼有奇事　驚き起《た》つ　山楼《さんろう》に奇事有るやと
満窓飛雪月明中　満窓の飛雪《ひせつ》　月明《げつめい》の中

＊上平一東

語釈 ○**岳麓の客舎**―十文字岳温泉の旅館。 ○**乱峰**―入り乱れてそばだつ峰。 ○**吟身**―詩を吟ずる人。 ○**山楼**―山に造った高い建物。 ○**奇事**―珍しいこと。 ○**満窓**―まど一杯。 ○**飛雪**―風に飛ぶ雪。 ○**月明**―明るい月夜。

※

乱れそばだつ峰は旅館を囲んで、夜には風が起こり、こごえ臥したわが身は、弓のように曲がっている。

この山楼になにか奇事がおこっているのかと思って驚き起つと、明るい月夜だというのに、窓いっぱいに風に飛ぶ雪が見えた。

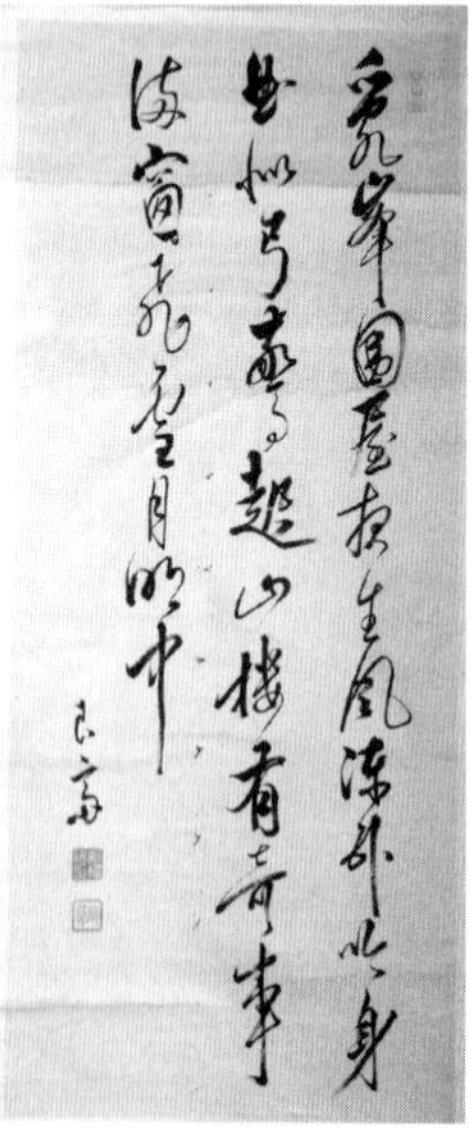
生家に伝来の書幅

守山大元帥祠　（守山《もりやま》の大元帥祠《だいげんすいし》）

二十三日、甥の安藤業重と村人の徳平とともに郡山を出発した。日出山村から左折し、阿武隈川を渡り、南へ一里ほど行って守山村に到った。大元帥明王祠に詣でた。
祠は山頂に鎮座し、百餘段の石段を登り、石段は岩山に付いて造る。苔の花がいろどりがまじっているのは、かたわらの古碑で、大同四年（八〇九）の創建とするが、字は皆はっきりせず読むことができない。祠は古めかしくて趣がある。高い木々が互いにかげを交え、四方を見回しても人はなく、ただ鳥のさえずりを聞くばかりである。きわめて奥深く静かだ。

田村神社に立つ艮斎「守山大元帥祠」文学碑

祠はどのような神をお祀りしているのか、詳しくはわからない。平沢旭山翁の『漫遊文草』に云う、「守山はつまり古に称するところの田村の荘で、坂上田村麻呂将軍の子孫が数百年も連綿とここに住むと語り伝える。子孫の家が祭る神が必ず他の神でなく、それが大元帥と称することからも、明白なことではないか」と。この説は根拠があるようだ。田村麻呂将軍は蝦夷を征伐し、わが奥州に夷狄の風俗を免れさせた。百代にわたって祭祀すべきである。

山を下って藤大暸を訪問した。あわてて履き物をさかさまにはくほど心から歓迎し、酒宴を開いて喜び合い、その上、一日泊まってゆくようにと願った。私はこれから龍崎に遊ぶので、泊まらずに去った。

❊

二十三日、姪業重《てつなりしげ》及び里人《りじん》徳平と偕に郡山を発す。日出山《ひでやま》より左折し、逢隈《おうくま》川を渉り、南に行くこと里許《ばかり》にして守山に抵《いた》る。大元帥明王祠《だいげんすいみょうおうし》に詣ず。祠は山頂に在り、石磴《せきとう》を登ること百餘級、磴は巌礅《がんごう》に就きて之を造る。苔花斑駁《たいかはんばく》、側らに古碑有り、大同四年に建つる所、字は皆漫漶《まんかん》して読むべからず。祠は古《こ》にして雅やかなり。喬木、蔭を交え、四《し》顧《こ》すれども人無く、惟だ禽語《きんご》を聞くのみ。極めて幽邃《ゆうすい》為《た》り。

祠は何れの神を祀れるかを詳らかにせず。平沢翁の『漫游文草』に云う、「守山は即ち古に称する所の田村の荘にして、田村将軍の子孫、焉《ここ》に邑《ゆう》すること連綿数十百年と伝え言う。其の家の祭る所必らず外《ほか》の神にあらず、其の大元帥と称する、亦た較著《こうちょ》ならずや」と。此の説、拠ること有るに似たり。田村将軍、東夷を征討し、吾が奥《おう》をして左衽《さじん》の俗を免れしむ。宜しく其れ百世に廟食《びょうしょく》すべきなり。

山を下りて藤大瞭を訪《と》う。屣《し》を倒《さかし》まにして出で迎え、酒食を置きて相い款《よろこ》び、且つ一日を滞せんことを請う。予、将に龍崎に游ばんとし、故に宿せずして去る。

語釈 ○**大元帥祠**—郡山市田村町山中《さんちゅう》鎮座、田村神社。征夷大将軍坂上田村麻呂東征の砌、鎮守山泰

平寺を建立し、本尊として大元師明王像を安置したのが起源である。厨子は安土桃山時代、本殿は江戸時代初期の建築。「石磴百餘級」とあるので艮斎は東参道を登った。平成二十八年十月二十三日、艮斎参詣以来百八十年を記念し、境内にこの文章を刻した文学碑が建てられた。なお田村麻呂は安積国造神社に戦勝祈願し八幡大神を合祀し弓矢を奉納、その鏃が伝存する。○業重―艮斎の甥。安積国造神社第五十八代宮司。○石磴―石段。○巌磝―岩山。○苔花―こけのはな。○斑駁―いろどりの相雑じるさま。○漫漶―分明でなくなる。○蔭を交う―木の枝が互いにかげを交えること。○四顧―四方を見回すこと。○禽語―鳥のさえずる声。○幽邃―景色が奥深く静かなこと。○漫游文草―儒学者平沢旭山著。天明七年（一七八七）序。全五巻。同書第二巻「游奥暦上巻」に載る。○較著―明白。○左衽―衣服を左前に着ること。夷狄の風俗。○廟食―廟にまつられること。○藤大瞭―医者。○屣を倒まにす―あわてて履き物をさかさまにはいて人を迎える。心から人を歓迎する。

※

廿三日、偕姪業重及里人徳平発郡山。従日出山左折、渉逢隈川、南行里許、抵守山。詣大元帥明王祠。

祠在山頂、登石磴百餘級、磴就巌磝造之。苔花斑駁、側有古碑、大同四年所建、字皆漫漶不可読。祠古而雅。喬木交蔭、四顧無人、惟聞禽語。極為幽邃。

祠不詳祀何神。平沢翁漫游文草云、守山即古所称田村荘、而田村将軍子孫邑焉、連綿数十百年伝言。其家所祭、必非外神、其称大元帥、不亦較著乎。此説似有拠。田村将軍征討東夷、使吾奥免左衽之俗。宜其廟食于百世也。

下山、訪藤大瞭。倒屣出迎、置酒食相款、且請滞一日。予将游龍崎、故不宿去。

龍崎（たつざき）

私はかつて『漫游文草』を読み、はじめて龍崎の景勝があることを知った。後に帰省してこれを聞くと、本当に絶景らしい。すぐにも遊覧したかった。けれども、あわただしく西（江戸）へ上り、願ってもかなわなかった。今年、（二本松からの）帰り道、郡山に泊まり、話題が龍崎のことに及んだ。業重がつき従って遊ぶことを願い、私はよろこんでこれを許した。

守山を過ぎてから西（実は南）へ二里行くと、路傍の林のこかげの中に怪しい岩があった。数丈の岩を立てて、仏像を彫り、その下は洞窟ががらんとしていた。さらに数十町行くと、急にどうどうと流れる音が聞こえたので、龍崎が遠くないことがわかった。

林のこかげが次第に尽きて、ゆったりとした流れの川がようやくあらわれ、はるかに、滝がはげしくそそぐのを見て、白い光で目がくらんだ。急ぎ舟を呼んで渡し場をわたり、川に沿って上った。青松を望むと、小さな祠があった。祠の前はあずまやが翼のように広がり、てすりが曲がりくねって、この川の景勝がすべてここに集まっている。

およそ阿武隈川は西北から流れきて、ここにいたって大岩が寝床やむしろのように、平らに延べ広がる。そのきわまるところは、一段高くぬきんでて壁のようにきり立って乙字の形をなし、川がさかさまにそそぎ、数十の道すじに分かれる。高いところは一丈（三メートル）をこえ、低いところも七、八尺を下らず、川幅は二百余丈である。大きな流れは玉のすだれのようで、細い流れは銀の糸のようで、厚い流れはつみかさなった綿のようで、薄い流れは垂れたうす絹のようで、飛び散り入りみだれてそそぐ流れは、柳の綿毛や靄のようである。

滝の西の崖に近いところは、巨石が怒ったように突出し、大きな流れが走りすぎて、石に激しくぶつかって雲のようにくずれ、百万の騎兵の声を伴い、向かい合う人の声がほとんど聞こえない。

業重は言った、「春と夏が交わる季節には、両側の崖に藤の花が盛んに咲き、鱒がちょうど流れにさからって上ってきます。ここに到って鱒は急流に押しやられて、怒ったように数尺もはね上がり、土地の人が籠をつないで下ろすと、そのまま籠にはね入ります。遊人は競って観賞して、その時だけの盛んな楽しみとしています。惜しいのは、先生にその様子をお見せできないことです」と。

すぐに、ひさごを腰のあたりから取りだして言った、「先生は酒を断っていらっしゃいますが、どうして、この景勝に対して酔わずにいられましょうか」と。私はこのため続けざまに三杯さかづきを挙げたので、豪気が急におこって、たのしみがますます大きくふくらんだ。

概して、きわめてすぐれた山水の境は、休むところがないことに不自由する。この地はあずまやを置き、遊人を座らせて思うままに見させせてくれる。山水の景色を好む情に深い人でなければ、こうはするまい。おそらく、松平定信公が設けたものであろう。公は政治や学問が、天下に卓越していた。また、風流心が大変豊かで、心を山水にとどめて、遊人とともに楽しんだ。まことに一代の偉人である。

久しく逍遥して、また渡し場をわたって東の崖に戻った。川に沿って北（実は西）へ行く。百尋の切り立った崖の岸には古木や老いた藤が絡み合い、枝葉が連なり動いている。崖の中腹に碑があって、先学広瀬蒙斎翁が文を撰している。翁は文章が精妙だから、この記はきっと名文であろう。日が落ちかかっていたので見ることがかなわなかった。岸の下の平らな淵が、水晶の鏡のように深く、非常な静けさの極みにある。急に懸崖に触れ、大岩にあい、雷が落ちるようにぶつかって飛び上がり、雷のように走って雲のようにうずまきながら流れて、天下のこのうえない動きを尽くす。

水はもとより情がなく、物にしたがって形をなす。聖賢や豪傑が行うこともまたこれに類する。平素はゆったりと落ち着いて閑雅で、決して鋭い才気をあらわさない。彼らが大任に当たり大計を処理するに及んだ時は、臨機応変に対処し、天下を泰山のようにどっしりと安定させる。事業を成し遂げて名声をあげれば、また気を配ってつつしみ、能力のない人のように思われている。定信公に関しては、そういう人物ではないか。孔子は、「知者は水を楽しむ」と言う。定信公は、ことによると、ここにそなわっていると思ったのかもしれない。

ここから山を越え、西へ数里行き、成田村に宿をとった。夜はあたたかく、雨がにわかに降ってきた。翌日は晴れた。業重と別れ、去った。

乙字ヶ滝

❊

予嘗て漫游文草《まんゆうぶんそう》を読み、始めて龍崎《たつざき》の勝有るを知る。後に帰省して之を詢《と》えば、果して絶観なり。便ち一游せんと欲す。而れども怱怱《そうそう》として西に上り、願えども之を遂ぐる莫し。今茲《ことし》、帰途郡山に宿し、談、龍崎に及ぶ。業重従游《なりしげじゅうゆう》せんことを請い、欣然として之を許す。

既に守山を過ぎ、西に行くこと二里、路傍の林樾《りんえつ》の中に怪巌有り。石を立つること数丈、仏像を雕り、其の下に洞窟呀然《がぜん》たり。又た行くこと数十町、忽《たちま》ち鞺鞳《とうとう》の声を聞きて、乃ち龍崎の遠からざるを知る。

林樾漸く尽きて平川《へいせん》始めて出で、遥かに飛泉《ひせん》の激しく瀉《そそ》ぐを見、白光《はくこう》目を奪う。急ぎ航《ふね》を呼びて津《つ》を渉り、川に循《よ》りて上る。翠松《すいしょう》相い望み、小祠有り。祠の前に亭舎《ていしゃ》翼然として、闌干《らんかん》は詰曲《きっきょく》し、一《いっ》川《せん》の勝悉く焉《ここ》に萃《あつ》まる。

蓋し逢隈川、西北より来り、此に至りて大石《たいせき》平らかに布《し》くこと床《とこ》の如く席の如し。其の窮まる処は、嶄然《ざんぜん》として壁立《へきりつ》して乙字形を作し、流水倒《さかし》まに注ぎ、分れて数十道と為る。高きは一丈に踰え、低きも七八尺に下らず、径二百餘丈なり。大いなるは玉簾《ぎょくれん》の如く、細きは銀糸《ぎんし》の如く、厚きは畳綿《じょうめん》の如く、薄きは垂綃《すいしょう》の如く、霏散紛灑《ひさんふんさい》するは柳絮《りゅうじょ》の如く煙霧の如し。

其の西崖《せいがい》に近き処は、巨石突怒《とつど》し、洪流渀盪《こうりゅうほんとう》、石に激して雲のごとく頽《くず》れ、百万甲馬《こうば》の声を挟《さしはさ》み、対面の人語、殆んど相い聞えず。

業重曰わく、「春夏の交わるとき、両崖《りょうがい》に藤花《とうか》盛んに開き、鱒魚《そんぎょ》方《まさ》に流れに泝《さかのぼ》りて上る。此に迄《いた》りて迅流《じんりゅう》の擠《お》す所と為り、怒躍《どやく》すること数尺、土人籠を繫ぎて之を下せば、即ち跳《は》ね入る。游者競い賞して一時の盛嬉《せいき》と為す。惜しむらくは先生をして之を観せしめざるのみ」と。

因って一瓢を腰間《ようかん》より出だして曰わく、「先生、杯杓《はいしゃく》を断つと雖も、豈に此れに対して一酔無かるべけんや」と。予、為に連《しき》りに挙ぐること数三爵《すうさんしゃく》、豪気頓《とみ》に発して、興益《ますます》浩然たり。

大抵、山水秀絶の境は、憩う所無きに苦しむ。此の地は、能く亭舎を置き、游者をして坐して縦観《しょうかん》せしむ。勝情に深き者にあらざれば能くせず。豈に旭峰公の設くる所ならんや。公、政事文学、天下に卓越す。而して風流宏長、意を山水に留め、遊者と偕《とも》に楽しむ。洵《まこと》に一代の偉人なり。

徘徊之を久しうし、又た津を渉りて東崖《とうがい》に復す。水に循りて北に行く。断岸百尋《ひゃくじん》、古木寿藤《じゅとう》、蒙《もう》絡揺綴《らくようてい》す。崖腹《がいふく》に碑有り、先輩広瀬蒙斎《もうさい》翁、文を撰す。翁、文章精妙、此の記定めて佳ならん。日晡《く》るるを以て観るを果たさず。岸下の平潭《へいたん》、沈沈《ちんちん》たること玻瓈《はり》鏡《きょう》の如く、至静極まれり。忽ち懸崖に触れ、大石に遇い、震激飛騰《しんげきひとう》、雷渀雲洄《らいほんうんかい》、天下の至動を尽くす。

水本と情無く、物に随いて形を成す。聖賢豪傑の為す所も亦た之に類す。平居《へいきょ》は従容《しょうよう》閑雅、肯えて才鋒《さいほう》を露さず。其の大任に当たり大計を処するに及ぶや、則ち機に随い変に応じ、天下を泰山の安きに措く。功成り名遂ぐれば、亦た復た恂恂《じゅんじゅん》として能無き者の若し。旭峰公の若きは其の人にあらずや。孔子云う、「知者は水を楽しむ」と。公、其れ或いは茲に得る有るや。

此より山を踰え、西に行くこと数里、成田村に投ず。夜暖くして雨驟《にわ》かに至る。明日晴る。業重と別れ、去る。

語釈 ○**龍崎の勝**―龍崎村（現石川郡玉川村大字竜崎）にある名勝、乙字ヶ滝。阿武隈川の本流にかかる滝。落差は六メートル、幅は約百メートルにも及ぶ。○**漫游文草**―儒学者平沢旭山著、紀行文。天明七年（一七八七）序。全五巻。同書第二巻「游奥暦上巻」に載る。○**怱怱**―あわただしいさま。○**業重**―艮斎の甥安藤業重。後、安積国造神社第五十八代宮司。○**従游**―ある人につきしたがって旅行する。○**欣然**―よろこんで物事をするさま。○**守山**―守山村。守山藩二万石の陣屋が置かれた。現郡山市田村町守山。○**林樾**―林のこかげ。○**怪巌**―形の奇妙な岩石。○**仏像**―和田大仏。横穴古墳群の崖面に彫り込まれた磨崖仏。高さ三・六メートル。鎌倉時代の作。須賀川市大字和田字大仏。○**呀然**―中ががらんとしているさま。○**鞺鞳**―波や水の流れが勢いよく音をたてるさま。○**平川**―平坦なところで、ゆったりと水が流れる川。○**飛泉**―滝。○**目を奪う**―強烈な光りで目がくらむ。○**翠松**―青々と茂った松。○**翼然**―つばさのように左右にひろがっているさま。○**闌干**―てすり。○**詰曲**―曲がりくねること。○**嶄然**―一段高くぬきんでているさま。○**壁立**―崖などが壁のようにきり立っていること。○**綃**―生糸を織って作ったうす絹。○**霏散**―飛び散る。○**紛灑**―入りみだれてそそぐ。○**柳絮**―白い綿毛のついた柳の種子。○**突怒**―岩石が突出して、怒りを発したような奇異なさま。○**洪流**―大きな流れ。○**渀盪**―水のはしりすぎるさま。○**甲馬**―鎧と馬。○**迅流**―はやい流れ。○**杯杓**―酒もり。○**縦観**―思うままに見る。○**勝情**―山水の景色のすぐれているのを好む情。○**旭峰**―松平定信。○**宏長**―大きくてすぐれている。○**偕に楽しむ**―「古の人（賢君）は民と偕に楽しむ」（『孟子』

「梁恵王章句上」）から。　○**蒙絡揺綴**―つる草の類が一面に絡み合い、枝葉が連なり動く。柳宗元「至小丘西小石潭記」の語。　○**広瀬蒙斎**―明和五年（一七六八）生、白河藩士。昌平黌で学ぶ。白河藩校立教館教授、藩主松平定信の侍講。なお蒙斎撰文の碑は現存しない。　○**沈沈**―水の深いさま。　○**玻璨鏡**―水晶でできた鏡。　○**飛騰**―飛び上がる。　○**雷滓**―雷のようにはげしく走る。　○**平居**―日頃。　○**従容**―ゆったりと落ち着いているさま。　○**才鋒**―ほこさきのように鋭い才気。　○**泰山の安きに措く**―泰山のように、どっしりと安定させる。　○**恂恂**―おずおずと、細かく心を配るさま。　○**知者は水を楽しむ**―知者は事理に達して周流し、凝滞しないこと水の如くであるので、水を好み楽しむ（『論語』「雍也篇」）。　○**成田村**―現、岩瀬郡鏡石町成田。

＊

予嘗読漫游文草、始知有龍崎之勝。後帰省詢之、果絶観也。便欲一游。而怱怱西上、願莫之遂。今茲帰途宿郡山、談及龍崎。業重請従游、欣然許之。

既過守山、西行二里、路傍林樾中、有怪巌焉。立石数丈、雕仏像、其下洞窟呀然。又行数十町、忽聞鞺鞳之声、乃知龍崎不遠矣。

林樾漸尽、平川始出、遥見飛泉激瀉、白光奪目。急呼航渉津、循川而上。翠松相望、有小祠。祠前亭舎翼然、闌干詰曲、一川之勝悉萃焉。

蓋逢隈川自西北来、至此大石平布、如床如席。其窮処嶄然壁立、作乙字形、流水倒注、分為数十道。高踰一丈、低不下七八尺、径二百餘丈。大者如玉簾、細者如銀糸、厚者如畳綿、薄者如垂綃、霏散紛灑者如柳絮如煙霧。

其近西崖処、巨石突怒、洪流湃盪、激石雲頽、挟百万甲馬声、対面人語、殆不相聞。業重曰、春夏之交、両崖藤花盛開、鱒魚方泝流而上。迄此為迅流所擠、怒躍数尺、土人繋籠下之、即跳入焉。游者競賞、為一時盛嬉。惜不使先生観之耳。

因出一瓢於腰間曰、先生雖断杯杓、豈可無対此一酔。予為連挙数三爵、豪気頓発、興益浩然。

大抵山水秀絶之境、苦無憩所。此地能置亭舎、使游者坐而縦観。非深於勝情者不能。豈旭峰公所設歟。公政事文学、卓越天下。而風流宏長、留意山水、与遊者偕楽。洵一代偉人矣。

徘徊久之、又渉津復于東崖。循水北行。断岸百尋、古木寿藤、蒙絡揺綴。崖腹有碑、先輩広瀬蒙斎翁撰文。翁文章精妙、此記定佳。以日晡不果観。岸下平潭沈沈、如玻瓈鏡、至静極矣。忽触懸崖、遇大石、震激飛騰、雷湃雲洄、尽天下之至動。

水本無情、随物成形。聖賢豪傑之所為亦類之。平居従容閑雅、不肯露才鋒。及其当大任処大計、則随機応変、措天下於泰山之安。功成名遂、亦復恂恂若無能者。若旭峰公非其人乎。孔子云、知者楽水。公其或有得於茲乎。

自此踰山西行数里、投成田村。夜暖雨驟至。明日晴。与業重別去。

黒羽八幡邱（黒羽《くろばね》の八幡邱《はちまんきゅう》）

黒羽は大関侯の城下である。檀山人という絵師がいる。名は斐、字は子章、もの静かで俗臭がなく、とりわけ山水画に熟達している。以前みやこに来て訪問を受け、私が帰省した時に彼の里に遊ぶことを約束した。そのとき山人の年齢は六十歳を越え、髪や髭は銀のように白かった。あれから五、六年も経ち、その存否がわからない。けれども、昔交わったときの言葉は、今なお心に残っている。

二十三日、白河を出立し、境明神に詣でて、茶屋で休んで山人のことを聞くと、「山人は今も無事です」と言う。そこで芦野村から左折して、野道に入った。丘が長くつづき、数里も登ったり下ったりして、ようやく広々とした所に出た。南へ一里ばかり行って、黒羽の外城《とじょう》に到った。丘があって八幡館と称する。石段を百餘段登ると、にわかに唐菜と畑が入り交じり、かぶき門と茅葺きのものさびしい家が見えた。実に絵師の山荘である。

東方に八溝山を望むと、濃い緑が折り重なって間近に迫り、薄墨のくまどりのおもむきがある。山のふもとの平らで広々とした田はちょうど袈裟にかける布のようで、あぜ道がたてよこに通じていて、遠くの人は豆つぶに、馬は一寸ほどに見え、みな絵のかたに入っている。家の後の古社を鎮国社と言う。西方に那須野ヶ原を望むと、千里の平地のような林は、目の届く限りながめても、はてが無い。那珂川は北から流れきて、一匹のねりぎぬを曳くようである。日光・高原の山々は、まるで龍が遊び馬が逃れ去るようで、白い山は雪を冠し、青い山は靄をこめ、また一幅の平遠山水画である。

間もなく冬の太陽が沈もうとしていて、くれないの光が四方を射ると、群峰が金色を帯びた緑色になってさかんに動き、李将軍が彩色した絵となった。それで、「檀山人が居るところは、みな天然のいきいきした絵である。そして山人は、朝暮その中にくらして、雲烟に養われている。たとえ彼が絵を上手には描くまいとしても、そうはならないのだ。世間の、絵師とみずから任じている人は、俗世に交わってけがれ、名利の中に浮き沈みし、そしてむだに筆に墨をふくませ筆をなめている。そのおもむきがないのは、いぶかるにも値しない。どうして、絵だけにあてはまることであろうか」と歎いた。

山人は、私が約束を守ったことを喜び、非常に盛大に酒宴をもうけた。大沼瓠落軒翁も来て面会した。翁は学問を好み、古今の事を思うままに話し、経書の解釈を間にはさんで問いただしたので、旅情が非常に慰められた。翌朝、山人が数十幅の富士山の絵を出して、それを示して、「これは四、五十歳の頃、富士山に登ったとき、描いたものです」と言った。ひらいて観賞している間、雲烟が袖をめぐり、飛びあがって仙人になって今にも俗界を離れてゆくように感じた。私が観賞した富士山の絵は、細密ではっきりとととのっており、その右に出るものはない。思うに、山人のこの上ない自信作である。

食事の後、家を辞去し、黒羽城を通り過ぎてまちに入った。まちの中に渡し場（黒羽河岸）があるのは、那珂川である。鉄索でもって船を数十隻繋いでいる。ここから那須野ヶ原を経て喜連川城下に到った。ちがやが一面に広がり、旅人はまったく少ない。氏家村に泊まった。

鎮　国　社

❊

黒羽は大関侯の治所《ちしょ》なり。画人有り、檀山人と曰う。名は斐《あやる》、字は子章《ししょう》、蕭散《しょうさん》として俗気《ぞくき》無く、尤も山水に精なり。嘗て都に入りて過《よぎ》られ、帰省の日、其の郷に游ばんことを約せり。時に山人の齢、六十を踰え、鬚髪《しゅはつ》、銀の如し。相い距つること五六年、いまだ存否を知らず。而れども旧要の言、尚お懐《こころ》に在り。

廿三日、白川を発し、界明神祠《さかいのみょうじんし》に詣で、酒肆《しゅし》に憩《いこ》いて之を問う。曰う、「山人尚お恙無し」と。乃ち芦野より左折して野に入る。邱阜《きゅうふ》逶迤《いい》として、登頓《とうとん》すること数里、始めて曠土《こうど》を得たり。南に行くこと里ばかりにして、黒羽の外郛《がいふ》に至る。邱有り、八幡館《はちまんだて》と曰う。石磴《せきとう》を躡《ふ》むこと百餘級にして、忽ち菘畦《すうけい》相い錯《ま》じり、衡茅蕭然《こうぼうしょうぜん》たるを見る。洵《まこと》に画人の山荘なり。

東のかた八溝山《やみぞさん》を望めば、濃翠摺蹙《しゅうしゅく》として渲染《せんせん》の致有り。山下の平田《へいでん》は僧帔《そうひ》の如く、阡陌《せんぱく》交《こもごも》通じ、豆人《とうじん》寸馬、悉く画格《がかく》に入る。屋後の古廟を鎮国祠《ちんこくし》と曰う。西のかた那須原を望めば、平楚《へいそ》千里、極目《きょくもく》して際《かぎ》り無し。那珂川は北より来りて、一匹の練《ねりぎぬ》を曳く。日光高原《たかはら》諸山は龍游馬逸《りょうゆうばいつ》して、白き者は雪を冠し、蒼き者は烟を罩《こ》め、亦た一幅の平遠山水なり。

既にして寒日沈まんと欲し、紅光四射《しせき》すれば、衆峰金翠《しゅうほうきんすい》に活動して李将軍の著色《ちゃくしょく》図と為る。因って歎ず、「山人の居る所、天然の活画にあらざるは莫し。而して朝暮、其の中に俯仰《ふぎょう》し、雲烟の供養《きょうよう》を受く。其の画、工《たく》みにせざらんと欲すと雖も、得べからざるなり。世の画を以て自ら命ずる者、塵《じん》土《ど》其の外に涴《けが》れ、名利《めいり》其の中に汨《しず》み、而して徒《いたず》らに墨に和し筆を吮《な》む。其の風韻《ふういん》無きこと、怪しむに足らざるなり。何ぞ独り画のみならんや」と。

山人は、予の約を践《ふ》むを喜び、酒饌《しゅせん》を置くこと甚だ殷《さか》んなり。大沼瓠落翁《かくらくおう》も亦た来りて晤《あ》う。翁、学を好みて、古今を縦談《しょうだん》し、問うるに経義を以てし相い質《ただ》せば、大いに旅況《りょきょう》を慰むるを得たり。翌日、山人、富士山の図数十幀《とう》を出だして之を示して曰う、「是れ中年登岳の時、写す所なり」と。展玩の間、雲烟、袖を遶《めぐ》り、飄飄《ひょうひょう》として仙去せんと欲するを覚ゆ。予の覧《み》る所の富士山の図は精詳明備にして、いまだ此の右に出ずる者有らず。蓋し山人の極めて得意の筆なり。

飯後《はんご》、舎を辞し、治城《ちじょう》を過ぎて市に入る。市中に津《つ》有るは、即ち那珂川なり。鉄索を以て船を繋ぐこと数十隻なり。此より那須原を逕《へ》て喜連川《きつれがわ》に至る。白茅弥望《はくぼうびぼう》、行旅《こうりょ》絶えて少なし。氏家《うじいえ》に宿す。

語釈 ○**大関侯**—下野国黒羽藩主。第十三代藩主大関増昭《ますあきら》は艮斎の門人で、門人帳嘉永元年の条に、「十一月七日　黒羽城主　大関吉之助様」とある。○**治所**—政庁のある所。○**檀山人**—小泉斐。檀山人は号。絵師。藩主が鎮国社宮司職を与えた。安藤親重・安積艮斎父子と交友した。文政十三年（一八三〇）、艮斎が「東省日録」の旅で郡山に滞在中、四月六日に檀山人が来訪し、麓山弁天の宴に参加した。○**蕭散**—静かで、ひっそりしたさま。○**俗気**—賤しい気分。○**鬖髪**—あごひげと髪。○**旧要**—昔からの付き合い。○**界の明神祠**—境明神。奥州街道（現、国道二九四号）に面し、陸奥と下野の境を挟んで二社並ぶ。○**酒肆**—酒を売る店。○**邱阜**—丘。○**逶迤**—長いさま。○**登頓**—のぼったり下ったりする。○**曠土**—荒れ果てた土地。○**石磴**—石段。○**菘畦**—唐菜《とうな》（葉を漬物にする）と畑。○**衡茅**—かぶき門とかやぶきの家。隠居の草舎。○**蕭然**—ものさびしいさま。○**渲染**—画法の名。くまどり。薄墨でぼかして画き、遠近高低等を表す法。○**平田**—平らで広々した田。○**僧帔**—横被。

袈裟を掛けるとき、右肩に掛ける長方形の布。○**阡陌交通ず**―あぜ道がたてよこに通じている。○**豆人**―遠くに見える人物の形容。○**画格**―絵のかた。○**鎮国祠**―古くからある八幡宮に、黒羽藩主大関増業が祖霊を合祀した。社号額は松平定信書。境内の小泉斐墓碑は、黒羽藩重臣・同藩校作新館学頭三田称平（良斎門人）撰文。○**平楚**―高処から見下ろして平地のように見える林。○**極目**―目の届く限りながめる。○**一匹**―二反、漢以前で約九メートル。○**龍游馬逸**―龍が遊び、馬が逃れ去る。○**平遠**―山を画く法。三遠《さんえん》の一。山下から山巓を仰ぐのを高遠といい、山前から山後を窺うのを深遠といい、近山から遠山を望むのを平遠という。○**寒日**―冬の太陽。○**四射**―四方を射る。○**衆峰**―多くの峰。○**金翠**―金色を帯びた緑色。○**李将軍**―李思訓《りしくん》・李昭道《しょうどう》父子。唐の人。北宗画《ほくしゅうが》の祖。いわゆる李将軍山水は、金碧山水（緑青・群青・紺青・雌黄などで彩り、さらに金泥の線で輪郭を描いた山水画）画風を代表するもの。○**俯仰**―下を見、上を見る。○**塵土**―俗世。○**名利**―名誉と利益。○**風韻**―おもむき。○**約を践む**―約束を履行する。○**酒饌**―酒と食物。○**大沼瓠落**―大沼茂清、号瓠落軒。黒羽藩儒。子の茂寛《しげとも》は同藩家老、藩校作新館学頭、良斎の門人で、門人帳文政十一年の条に、「四月十日　大関伊予守様御藩　大沼蘆之助」とある。○**縦談**―思うままに話す。○**経義**―経書に示されている意味や趣旨。○**旅況**―旅のありさま。○**幀**―画幅を数えることば。○**中年**―四、五十歳前後。○**展玩**―ひらいてもてあそぶ。○**飄飄**―飛びあがるさま。○**仙去**―仙人となって俗界を離れる。○**精詳**―詳細で行き届いたさま。○**明備**―はっきりとしてととのいそなわる。○**治城**―県治のある城。○**喜連川**―喜連川藩の城下、宿場。藩主は足利氏（古河公方）の後裔で、五千石の石高ながら十万石の大名の格式を有した。○**白茅**―ちがや。○**弥望**―一面に広がる。○**行旅**―旅人。○**氏家**―氏家宿南傍の鬼怒川東岸にあった阿久津河岸は、米などを鬼怒川の水運を利用して江戸に送るための集積地となり、このため氏家宿も活況を呈した。

※

黒羽大関侯治所也。有画人、曰檀山人。名斐字子章、蕭散無俗気、尤精於山水。嘗入都見過、約帰省之日游其郷。時山人齢踰六十、鬚髪如銀。相距五六年、未知存否。而旧要之言尚在懐矣。廿三日、発白川、詣界明神祠、憩酒肆問之。曰、山人尚無恙矣。乃従芦野左折入野。邱阜逶迤、登頓数里、始得曠土。南行里許、至黒羽外郛。有邸、曰八幡館。躡石磴百餘級、忽見菘畦相錯、衡茅蕭然。洵画人山荘也。

東望八溝山、濃翠摺疉、有渲染之致。山下平田如僧帔、阡陌交通、豆人寸馬、悉入画格。屋後古廟、曰鎮国祠。西望那須原、平楚千里、極目無際。那珂川自北来、曳一匹練。日光高原諸山、龍游馬逸、白者冠雪、蒼者罩烟、亦一幅平遠山水也。

既而寒日欲沈、紅光四射、衆峰金翠活動、為李将軍著色図。因歎山人所居、莫非天然活画。而朝暮俯仰其中、受雲烟供養。雖欲其画不工、不可得矣。世之以画自命者、塵土涴其外、名利汨其中、而徒和墨吮筆。其無風韻不足怪也。何独画乎哉。

山人喜予践約、置酒饌甚殷。大沼瓠落翁亦来晤。翁好学、縦談古今、間以経義相質、得大慰旅況。翌旦、山人出富士山図数十幀示之曰、是中年登岳時所写。展玩之間、覚雲烟遶袖、飄飄欲仙去。予所覧富士山図、精詳明備、未有出此右者。蓋山人極得意筆也。

飯後辞舎、過治城入市。市中有津、即那珂川。以鉄索繋船数十隻。自此逕那須原至喜連川。白茅弥望、行旅絶少。宿氏家。

【参考】鬼怒川での詩、『嘉永二十五家絶句』所収。

過絹川（絹川《きぬがわ》を過ぐ）　安積艮斎

浮樹炊烟遠欲無　樹に浮かぶの炊烟　遠くして無からんと欲し
平沙人散鳥相呼　平沙《へいさ》人散じ鳥相い呼ぶ
千峰落日凝金碧　千峰落日　金碧を凝《こ》らし
小李将軍着色図　小李将軍の着色図なり

＊上平七虞

語釈 ○**小李将軍**―李昭道。父の大李将軍（思訓）に対して小李将軍と称す。○**平沙**―平らで広い砂原。

木の上に浮かぶ炊烟が、遠くで消えようとし、平らな砂原では、人はまばらで鳥たちが呼び合っている。

※

多くの峰と夕陽は、金碧山水の彩色をこり固め、まるで小李将軍が色をつけた絵のようである。

筑波山

筑波山は二つの峰が対峙し、美しく豊かな髪のような青山は緑をこり固めている。南を男体山（実は女体山）と言い、北を女体山（実は男体山）と言い、四つの面を望めば、すがたは皆同じである。風土記に言う、「筑波はもともとは築坡と称した。大昔、東の海が逆さまに流れて国中が深く沈み、広がって筑波山麓に及んだ。山が高く堅固で、高い波を防ぐことができ、山の西の諸国が魚のすみかとなることを免れたので、築坡と名づけた。後世の人が転訛して筑波とした」と。そうかもしれない。この山は険しく高く、関八州の平らに開けた野にそびえたち、そうたいして高くはないけれども、関東の人はともに尊んで仰ぎ見ている。そのすがたが非常に立派なところが、名山たる由縁である。

二十六日、鬼怒川で舟に乗った。川の流れは清らかではやく、石の川底で、暁に輝いて光がうつり合い、乱れ輝いてまばゆく、泳ぐ魚はまるで空中に乗っているようである。舟が出て漕ぎ進めると、日光や高原の山々がまるで走って送っているようで、筑波山がまるでまゆずみをかき入れて迎えているようである。水が深いところは、舟は矢のように疾く進み、浅瀬にいたれば舟底がつかえてなかなか進まず、船頭が川に入って舟を動かす。十数里行くと、筑波山がだんだん大きく見えてきた。諸山を振り返れば、もはや深い靄の中に見え隠れし、私を送った山々は岸辺から帰ってしまった。

舟に一人の若者がいて、言葉に東北の訛りを帯びていた。彼に問うと、案の定、わが故郷の忠平であった。そこで言った、

「君、私に従って筑波山に登ってくれるかね」と。

忠平は喜び躍って命に応じた。そこで舟から降りて歩き、川島を過ぎ、下館城下に宿泊した。

翌二十七日、東へ三里行き筑波山麓に到った。山の北は足尾、加波の二山に連なり、ともにすぐれて立派である。けれども、その高さを譲って、張り合うこともできない。このあたりは、木の葉がまだ落ちず、霜が染めた紅葉は、まさに盛りである。椎尾から山道をめぐり登った。楓や柏が多く、紅葉と白い石や青い苔とが相映じている。人家が十餘戸あって、石段を上ると、薬王院の境内である。堂のそばの三層の朱塗りの塔は、道を曲がって石の鳥居から入る。高木の深林は空をつきさして、木

陰は昼もなお暗い。二十餘町登ると、一つの峰が忽然とあらわれた。山道は険しく狭く、空にはしごをかけて登るかのようで、手を足のように使った。

すでに山頂に到り、数ヶ国の大地がもはや杖や履き物の下にある。また一方の峰を登ると、林が集まり生え、鳥しか通わない険しい山道は、まるで糸を垂れているようである。これが女体山（実は男体山）である。その山頂の大岩はごつごつしていて、幾重にも傾いて重なり、その上に小さな祠を置いている。祠の南から下ると、道はややたいらかである。さらに、もう一方の峰を登ると、石が高く険しく積み重なって、小さな祠が置かれている。これが男体山（実は女体山）である。概して、山頂はみな遠くの眺めが好い。この峰はとりわけ素晴らしい眺めである。

およそ関八州の大地は、碁盤のように平らで、たくさんの川がうねり曲がり、あるものは曳いて練り絹となり、あるものはたまって鏡となり、たくさんの山々が連なり並んで、緑に濃淡があり、峰々がおどり重なって、互いに珍しいすがたを競っている。その中の、空の上にすぐれ抜きん出て、雪の色が鮮やかに輝き、目を奪う山が富士である。これとほぼ伯仲して譲らない山は浅間である。東南は青海原が遥かにひろがり、天際の波が万里のかなたに見え、浦々は入り交じって並び、遠くかすかではてしなく、高い所に登った眺めの、広々とした風致をきわめている。

山の南の丘は長く延びていて、草は生えているが木がない。土地の人が言った、

「これは十三塚です。小田天庵の城跡があります。天庵は名は氏治、家系は宇都宮宗綱から出て、家は代々筑波郡小田を領し、それで小田を姓としたのです。永禄年間、氏治は太田三楽と戦って敗れ、退いて藤沢城を保ちました。後に剃髪して僧となり天庵と号しました。ここはその城址です」と。

この日、空は晴れわたって広々とした光景が望まれ、万物の気は天地にみなぎって、世間からどれだけ離れたところにいるかもわからない。忠平は詩心が少しもないけれども、すばらしいと叫んでやまない。それで、山水の美は、目がある人は皆愛するものだということがわかった。けれども、世をあげて名聞や利欲が拘泥するものとなり、すこしも衣のけがれを名山にはらい落とそうとしないのは、どうしてなのか。

祠の南から下ると、大岩はまるで剣や矛やかめのようで、険しくそびえて積み重なり、足をさし出すところもない。そばに鉄の綱があり、わずかにひきすがることができて、身をひるがえして下った。道はさらに険しく、岩はさらに珍しい。あるものは、約十丈ばかり高くそばだって青空を分断している。あるものは、そばから出て横ざまに伏し、その下には十余人が入られる。あるものは、怪しい木が岩の割れ目からまがりくねって生えて行人と道を争い、人は蝸牛のようにへばりつき、猿のようにつかまって通り過ぎる。

すこし仰ぎ見るたびに、落下しそうな勢いである。岩の珍しく変わった形のために、いわゆる怒り狂った獅子、のどが渇いた千里の馬、はしるみずち、空に登るみずちのたぐいも、ここに到ると皆陳腐なものと見なされる。私は筆をおき、あえて一語も書かず、山の神霊が私のありきたりの言葉を笑うことを恐れるのである。

遊びさまよっているうちに、誤って小道に入った。二十餘町下り、青々とした林がまじり乱れ、緑の苔がまるで髪が乱れ垂れるように枝にかかり、仰いでも日の光が見えない。湿気の多い山気が衣にしたたり、身体はほとんどこごえたようなみどりになり、互いに見て愕然とした。はるか遠くに、人家を山麓に見て、気を奮い立てて進んだ。生い茂ったいばらが荒れ果てて道をふさぎ、しばしば大蛇が前によこたわり、にわかに見て大変驚いた。ゆっくりとこれを観察すると、どれも千年を経た朽ち木であった。

十五町下って、ようやく小さな祠に到った。額に白蛇弁天という。ここを過ぎて八町ばかりで、筑波山神社が見えた。社殿は非常に大きく素晴らしい。その下に楼屋が櫛の歯のようにすき間無く並んでいるのが、さきほどの目印となった人家である。宿を探して泊まり、迷い誤った苦労を告げた。主人は驚いて言った、

「白蛇祠の上は、奥深い林や深く遠い谷で、狼や山犬の巣窟です。あなたは危ないところでした」と。よって、ここに添え書きすることで、後の、山にまみえる人の戒めとする。

筑波山（女体山）頂の眺望

山頂近くの北斗岩

※

筑波山は双峰対峙し、烟鬟《えんかん》、翠《すい》を凝《こ》らす。南を陽峰と曰い、北を陰峰と曰い、四面、之を望めば、形状皆同じ。風土記に云う、「筑波は本より築坡と名づく。鴻荒《こうこう》の世、東海逆流して闔国沈淪《こうこくちんりん》し、延《ひ》いて山下《さんか》に及ぶ。山峻固《しゅんこ》にして、能く襄波《じょうは》を捍《ふせ》ぎ、山西の諸州、魚鼈《ぎょべつ》と為るを免がれ、故に築坡と号す。後人訛して筑波と為す」と。或いは然り。此の山崒然《しゅつぜん》として八州平遠の野に起ち、甚だしくは高からずと雖も、而れども関左《かんさ》の人具《とも》に瞻《み》る。其の神《しん》甚だ霊なるは、名山為《た》る所以なり。

廿六日、舟に鬼怒川に登る。流水清駛《せいし》、石を以て底と為し、晨輝映発《しんきえいはつ》、光彩陸離《こうさいりくり》として、遊魚の空に乗るが如し。舟開き棹進むれば、日光高原《たかはら》諸山、奔鶩《ほんぶ》して送るが若く、筑波峰、点黛《てんたい》して迎うるが若し。水の深き処、舟行箭疾《せんしつ》し、浅に至れば則ち膠《こう》して進まず、篙師《こうし》水に入りて之を盪《うご》かす。行くこと十数里、筑波漸《ようや》く大いなり。諸山を廻顧《かいこ》すれば、已に杳靄《ようあい》の中に明滅し、我を送る者、崖自《よ》りして返れり。

一年少《ねんしょう》有り、語に奥音《おうおん》を帯ぶ。之に問えば果して吾が郷人《きょうじん》の忠平なり。因って言う、「汝、能く我に従いて筑波に登らんか」と。忠平喜躍して命に応ず。乃ち舟を捨てて歩し、川島を過ぎ、下館《しもだて》に宿す。

翌廿七日、東に行くこと三里、筑波山麓に抵《いた》る。山の北は足尾樺《かば》二山に連なり、並びに秀偉《しゅうい》なり。然れども其の高きを譲りて能く抗する莫し。此の間、木葉《ぼくよう》いまだ脱せず、霜紅方《そうこうまさ》に酣《たけなわ》なり。椎尾《しいお》より盤旋《ばんせん》して登る。楓柏《ふうはく》多く、紅葉と白石蒼鮮《そうせん》と相い映ず。人家《じんか》十餘烟《えん》有り、石級《せっきゅう》を躡《ふ》めば、薬師堂の一区なり。堂の側らの紅塔三層は、折れて石の桓表《かんぴょう》より入る。喬林《きょうりん》、天を攙《さ》して、陰翳《いんえい》昼も晦《くら》し。登ること二十餘町、一峰忽ち出ず。路峻狭《しゅんきょう》にして、天に階して升《のぼ》るが如く、手を以て足に代う。

既に絶頂に造《いた》り、数州の土壌、已に杖屨《じょうく》の下に在り。復た一峰を登れば、林木攅生《さんせい》し、鳥道《ちょうどう》、綫《せん》を垂る。即ち陰峰なり。其の巓《てん》、大石盤陀《ばんだ》、層層欹畳《そうそうきじょう》して、其の上に小祠《しょうし》を置く。祠の南よりして下れば、路稍《やや》坦《たい》らかなり。又た一峰を登れば、積石嵯峨《さが》として、亦た小祠を置く。即ち陽峰なり。大抵、山頂は皆遠眺《えんちょう》に宜《よろ》し。此の峰尤《もっと》も偉観為《いかんた》り。

凡そ関左八州の地は、平らかなること棋局《ききょく》の如く、衆水縈帯《しゅうすいえいたい》し、或いは曳きて練《ねりぎぬ》と為り、或いは瀦《たま》りて鏡と為り、万山羅列し、濃翠浅碧《のうすいせんぺき》、巒跳巘畳《らんちょうけんじょう》として、互いに奇状を争う。其の中の雲霄《うんしょう》の上に秀抜《しゅうばつ》して雪色爛然《らんぜん》として目を奪う者は富士なり。之と差《やや》相い伯仲して譲らざる者は浅間なり。東南は滄海浩渺《そうかいこうびょう》として、雲濤《うんとう》万里、浦溆錯陳《ほじょさくちん》し、縹緲《ひょうびょう》際り無く、升眺《しょうちょう》の曠致《こうち》を極む。

山の南の丘陸陂陀《はだ》として、草有るも樹無し。土人云う、「是れ十三嶺為《た》り。小田天庵の城址有り。天庵、名は氏治《うじはる》、系は宇都宮宗綱より出で、家は世《よよ》筑波郡小田を食邑《しょくゆう》し、因って焉《これ》を氏とす。永禄中、氏治は太田三楽と戦いて敗れ、退きて藤沢柵《さく》を保つ。後に祝髪《しゅくはつ》して僧と為り、天庵と号す。即ち其の城址なり」と。

是の日、天晴れて望豁《ぼうかつ》し、神気浩然《しんきこうぜん》として、人世を去ること幾由旬《ゆじゅん》なるやを知らず。忠平、胸に寸《すん》墨《ぼく》無しと雖も、亦た奇なりと叫びて已まず。乃ち、山水の美、目有る者皆之を愛するを知る。而れども挙世《きょせい》、声利《せいり》の囿《かぎ》る所と為り、一たびも衣を名山に振《ふる》う能わざるは、何ぞや。

祠の南よりして下れば、大石、剣の如く戟《げき》の如く甕罌《おうおう》の如く、嶔巇磊嵬《きんきらいかい》として足を投ずる処無し。側らに鉄索《てっさく》有り、僅かに扳縁《はんえん》するを得て、身を翻《ひるが》えして以て下る。路益嶮《けわ》しく、石益奇なり。或いは崇竦《すうしょう》として十許丈《じっきょじょう》ばかり、青天を界断《かいだん》す。或いは側らより出でて横ざまに偃《ふ》し、其の下に十余人を容《い》るべし。或いは怪木、石縫《せきほう》より盤屈《ばんくつ》して、行人《こうじん》と道を争い、行人蝸附猿縋《かふえんつい》して過ぐ。一たび頭《こうべ》を仰げば輒ち落勢《らくせい》有り。其の詭態殊状《きたいしゅじょう》、いわゆる怒猊《どげい》、渇驥《かっき》、奔蛟《ほんこう》、騰虬《とうきゅう》の属、此に至れば皆陳腐と為す。予、筆を閣《お》きて、肯えて復た一語も下さず、山霊、其の套《とう》を笑うことを恐るるなり。流玩《りゅうがん》の間、誤りて衺径《しゃけい》に入る。下ること二十餘町、蒼林《そうりん》轇輵《こうかつ》し、緑苔《りょくたい》鬖鬖《さんさん》として枝に掛かり、仰げども曦景《ぎけい》を見ず。空翠《くうすい》、衣に滴《したた》り、身幾《ほとん》ど凍碧《とうへき》と化し、相い視て愕然たり。遥かに人家を山麓に見て、気を作《おこ》して往く。榛荊《しんけい》蕪塞《ぶさい》、往往《おうおう》にして巨蟒《きょもう》、前に横たわり、乍《たちま》ち見て大いに駭《おどろ》く。徐《おもむ》ろに之を察すれば、皆千年の朽木《きゅうぼく》なり。

下ること十五町、始めて小祠を得たり。額に白蛇《はくじゃ》弁天と曰う。此を過ぎて八町ばかりにして、筑波神廟《しんびょう》出ず。廟甚だ宏麗《こうれい》たり。其の下に楼屋《ろうおく》櫛比《しっぴ》するは、即ち向時《きょうじ》の指南車なり。一楼を覓《もと》めて宿し、告ぐるに迷錯《めいさく》の苦を以てす。主人驚きて曰わく、「白蛇祠の上は、邃林《すいりん》窅谷《ようこく》にして、豺狼《さいろう》の巣窟為《た》り。君、殆ど危うし」と。因って并《なら》べ書して以て後の山に朝《ちょう》する者の誡《いまし》めと為す。

白蛇弁天

語釈 ○**烟鬟**―髪が多く美しいさまで、青山のたとえ。○**陽峰・陰峰**―筑波山は、西の男体山（八七一メートル）と東の女体山（八七七メートル）からなる。両山頂に筑波山神社の本殿、南面中腹に拝殿が鎮座する。『常陸国風土記』に筑波山の神が登場する。

山中には巨石、奇石、名石が数多く散在する。　○**鴻荒**—大昔。　○**逆流**—水が逆さまに流れる。　○**闔国**—全国。　○**沈淪**—深く沈む。　○**峻固**—高く堅固。　○**襄波**—高い波。　○**魚鼈**—魚類。　○**崒然**—険しく高いさま。　○**関左**—関東。　○**具に瞻る**—多くの人がともに尊んで仰ぎ見る。　○**清駛**—流れが清らかで疾い。　○**晨輝**—暁に輝く。　○**映発**—光や色彩などが互いにうつり合う。　○**光彩陸離**—光が乱れ輝き、まばゆいばかりに美しいさま。　○**舟開く**—舟が出発する。　○**奔鶩**—疾く走る。　○**点黛**—まゆずみをかき入れる。　○**箭疾**—箭のように疾く走る。　○**篙師**—船頭。　○**廻顧**—ふりかえる。　○**杳靄**—深い靄。　○**明滅**—明るくなったり暗くなったりする。　○**崖よりして返る**—『荘子』「山木篇」に、「君を送る者は皆崖よりして反《かえ》り、君は此れより遠ざからん」とある。　○**奥音**—東北弁。　○**川島**—東に鬼怒川、西に田川が流れ、その間を川島と称した。下野にも川島があったため、常陸は下川島となった。　○**下館**—下館城下。　○**足尾・樺**—足尾山（六二七・五メートル）と加波山《かばさん》（七〇九メートル。後、加波山事件で、自由民権運動の若き志士たち〈自由党急進派の三春藩士族が中心〉がたてこもった）。　○**秀偉**—すぐれて偉大なこと。　○**霜紅**—霜で赤くなった葉の色。　○**椎尾**—椎尾山。筑波山の北西の尾根の末端が盛り上がったような山体。　○**盤旋**—めぐる。　○**蒼蘚**—青々した苔。　○**石級**—石段。　○**薬師堂**—椎尾山薬王院。　○**桓表**—鳥居。　○**喬林**—高木の森林。　○**陰翳**—光の当たらない、暗い部分。　○**峻狭**—山が険しく左右から迫って、山あいが極めて狭いこと。　○**杖屨**—杖とくつ。　○**攢生**—集まり生える。　○**鳥道**—鳥しか通わないような険しい山道。　○**盤陀**—石がごつごつしていて、平らでないさま。　○**層層**—幾重にも重なっているさま。　○**欹畳**—傾いて重なっているさま。　○**嵯峨**—高く険しいさま。　○**偉観**—すばらしいながめ。　○**棋局**—碁盤。　○**衆水**—多くの水流。　○**縈帯**—うねり曲がる。　○**濃翠浅碧**—濃いみどりとみずあさぎ。　○**巒跳巘畳**—峰々がおどり重なったさま。　○**奇状**—珍しい形や姿。　○**雲霄**—空。　○**秀抜**—他のものよりも一段とぬきんでてすぐれていること。○**爛然**—鮮やかにかがやくさま。　○**滄海**—あおうなばら。　○**浩渺**—広々とはるかなさま。　○**雲濤**—はるかに天際に見える波。　○**浦漵**—浦。　○**錯陣**—まじわり並ぶ。　○**縹緲**—遠くかすかではっきりしないさま。　○**升眺**—高い所に登った時の眺め。　○**曠致**—広々とした風致。　○**陂陀**—土地が斜めに長く延びているさま。　○**十三嶺**—十三塚。つくば市神郡《かんごおり》の館集落の西側、南北に伸びる長大な土手。南よりの一部が現存する。　○**小田天庵の城址**—小田城。鎌倉から戦国時代まで、常陸国南部で最大の勢力を誇った小田氏（八田氏）累代の本拠。南北朝期は南朝の有力拠点。約十町歩の平城。国の史跡。○**宇都宮宗綱**—平安時代末期、八田（現筑西市内）を根拠とし、宇都宮に入って宇都宮氏としての基盤を整えた。　○**食邑**—治めている領地の租税で生活する。　○**永禄中**—一五五八〜七〇年。　○**太田三楽**—太田道灌の曽孫資正《すけまさ》。名将。　○**藤沢柵**—藤沢城。小田城の支城。土浦市藤沢。　○**祝髪**—剃髪。○**望豁**—広々とした光景を望む。　○**神気浩然**—万物の生命力や活力の源となる気が天地にみなぎっていること。○由旬—梵語ヨージャナの音訳。帝王一日の行軍里程。○寸墨—わずかな詩心。○声利—名聞と利欲。○振衣—衣の塵を振い去る。『楚辞』漁父《ぎょほ》に、「屈原《くつげん》曰わく、吾之を聞く、新たに沐《もく》する者は必らず冠を弾《はじ》き、新たに浴する者は必らず衣を振うと」とある。○甕罌—かめ。岩がちの道で、奇岩が次々に現れ、大仏岩、北斗岩、裏面大黒、出船入船、母の胎内くぐり、弁慶七戻り等の名がある。○嶔巇—山が険しくそびえるさま。○磊嵬—多くの石が積み重なっていること。○鉄索—太い針金をよりあわせて作った綱。○崇竦—高くそばだつさま。○許丈—「許」は上下に幅のあることを認める言葉。○石縫—石の割れ目。○盤屈—まがりくねること。○蝸附猿縋—蝸牛のようにへばり付き、猿のようにつまかる。○詭態—珍しいさま。○殊状—珍しく変った形。○怒猊—怒り狂った獅子。「怒猊石を抉《えぐ》り、渇驥泉に奔る」の語あり。○渇驥—のどが渇いた千里の馬。○奔蛟—はしるみずち。○騰虬—空にのぼるみずち。○套—ありきたりの言葉。○流玩—遊びさまよう。○衺径—よこしまな道。○轇轕—まじり乱れる。○鬖鬖—髪の乱れ垂れるさま。○曦景—陽光。○空翠—深山の緑の樹林の間に立ちこめる、湿気の多い山気。○凍碧—こごえたような碧。○榛荊—生い茂ったいばら。○蕪塞—荒れ果てて塞いでいるさま。○巨蟒—大蛇。○櫛比—櫛の歯のように、すきまなく並んでいること。○向時—先刻。○指南車—乗っている木彫の人形が常に南方を指し示す車。○迷錯—迷い誤る。○邃林—奥深い林。○窅谷—深く遠い谷。

※

筑波山双峰対峙、烟鬟凝翠。南曰陽峰、北曰陰峰、四面望之、形状皆同。風土記云、筑波本名築坡。後鴻荒之世、東海逆流、闔国沈淪、延及山下。山峻固、能捍襄波、山西諸州、免為魚鼈、故号築坡。後人訛為筑波。或然。此山崒然起於八州平遠之野、雖不甚高、而関左之人具瞻。其神甚霊、所以為名山也。

廿六日、登舟于鬼怒川。流水清駛、以石為底、晨輝映発、光彩陸離、遊魚如乗空。舟開棹進、日光高原諸山、若奔鶩而送、筑波峰若点黛而迎。水深処、舟行箭疾、至浅則膠而不進、篙師入水盪之。行十数里、筑波漸大。廻顧諸山、已明滅杳靄中、送我者自崖而返矣。

有一年少、語帯奥音。問之果吾郷人忠平也。因言汝能従我登筑波乎。忠平喜躍応命。乃捨舟而歩、過川島、宿下館。

翌廿七日、東行三里、抵筑波山麓。山北連于足尾樺二山、並秀偉。然譲其高而莫能抗焉。此間木葉未脱、霜紅方酣。自椎尾盤旋而登。多楓柏、紅葉与白石蒼蘚相映。有人家十餘烟、躡石級、薬師堂一区。堂側紅塔三層、折而入石桓表。喬林攙天、陰翳昼晦。登二十餘町、一峰忽出。路峻狭、如階天而升、以手代足。

既造絶頂、数州土壤、已在杖屨下。復登一峰、林木攢生、鳥道垂綫。即陰峰也。其巓大石盤陀、層層畝畳、其上置小祠。従祠南而下、路稍坦。又登一峰、積石嵯峨、亦置小祠。即陽峰也。大抵山頂皆宜遠眺。此峰尤為偉観。

凡関左八州之地、平如棋局、衆水縈帯、或曳為練、或瀦為鏡、万山羅列、濃翠浅碧、巒跳巘畳、互争奇状。其中秀抜雲霄之上、而雪色爛然奪目者、富士也。与之差相伯仲而不譲者、浅間也。東南滄海浩渺、雲濤万里、浦漵錯陳、縹緲無際、極升眺之曠致矣。

山南丘陸陂陀、有草無樹。土人云、是為十三嶺。有小田天庵城址焉。天庵名氏治、系出自宇都宮宗綱、家世食邑筑波郡小田、因氏焉。永禄中、氏治与太田三楽戦敗、退保藤沢柵。後祝髪為僧、号天庵。即其城址也。

是日天晴望豁、神気浩然、不知去人世幾由旬矣。忠平雖胸無寸墨、亦叫奇不已。乃知山水之美、有目者皆愛之。而挙世為声利所囿、不能一振衣於名山、何邪。

従祠南而下、大石如剣如戟如甕罌、嵚巇磊嵬、無投足処。側有鉄索、僅得扳縁翻身以下。路益嶮、石益奇。或崇竦可十許丈、界断青天。或側出横偃、其下可容十餘人。或怪木従石縫盤屈、与行人争道、行人蝸附猿縋而過。

一仰頭輒有落勢。其詭態殊状、所謂怒猊渴驥奔蛟騰虬之属、至此皆為陳腐。予閣筆不肯復下一語、恐山霊笑其套也。

流玩之間、誤入褒径。下二十餘町、蒼林轇轕、緑苔髿髿掛枝、仰不見曦景。空翠滴衣、身幾化凍碧、相視愕然。遥見人家於山麓、作気而往。榛荊蕪塞、往往巨蟒横前、乍見大駭。徐察之、皆千年朽木也。下十五町、始得小祠。額曰白蛇弁天。過此可八町、而筑波神廟出矣。廟甚宏麗。其下楼屋櫛比、即向時指南車也。覔一楼而宿、告以迷錯之苦。主人驚曰、白蛇祠上、邃林窅谷、為豺狼巣窟。君殆危矣。因并書以為後之朝山者誡焉。

【参考】 筑波山頂で詠じた詩、『嘉永二十五家絶句』所収。

登筑波山絶頂（筑波山の絶頂に登る）　安積艮斎

突兀奇峰雲外浮　突兀《とっこつ》たる奇峰 雲外に浮かび
天風吹上絶巓秋　天風吹き上る 絶巓《ぜってん》の秋
山河歴歴双鞋下　山河歴歴たり 双鞋《そうあい》の下
但恐一呼驚八州　但だ恐る 一呼 八州を驚かさんことを

＊下平十一尤

語釈 ○**突兀**―山が高くつき出てそびえるさま。 ○**天風**―空を吹く風。 ○**絶巓**―山のいただき。

○歴歴—はっきりと見てとれるさま。
※転結は李白の「不敢高声語、恐驚天上人」からの着想か（簡野道明）。

❋

高くつき出てそびえる奇峰が雲の上に浮かび、秋の山頂に、天の風が吹きのぼる。山河は草鞋のもとにはっきりと見てとれ、ただ、一たび大声に呼べば関八州を驚かせてしまうのではないかと恐れるばかりである。

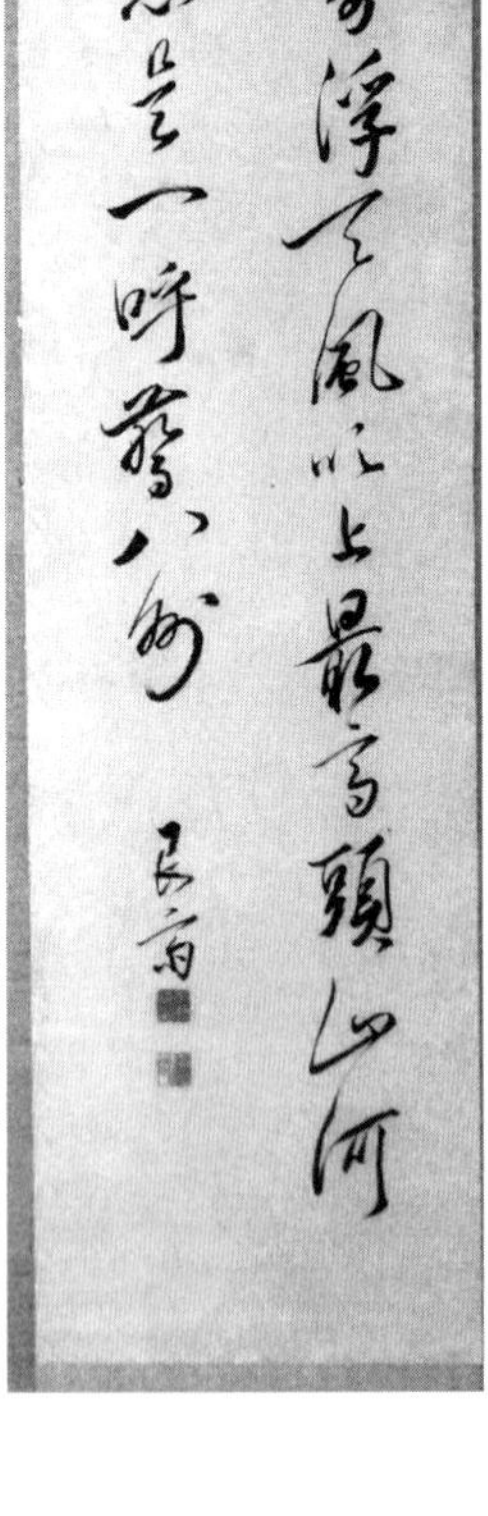

小鹿野町文化財審議委員　田中徳好氏寄贈

刀根川

利根川は上野国利根郡から源を発し、東南のかた、武蔵・下総の野を経て、多くの川がそそぎ、果てしなく広がって大河になる。水運の利益が非常に大きい。関宿城下に到って、流れを分けてふたまたにする。一方の、境村を経て銚子を通って海に入るのが本流である。一方の、関宿城の西を過ぎ行徳を経て海に入るのが支流である。

筑波山に遊んだ日の翌日、関宿の西岸に到った。ふなじたくをしていた。そのときすでに暗く、北風がひゅうひゅうと吹いて、寒さがからだを突き抜けた。一緒に乗る十餘人の者はみな旅人で、談じていることは、ただけがれた欲得の話ばかりである。わめきたてるさまに嫌悪した。

夜中、皆疲れて眠り、わずかに櫓の音を聞くだけである。ためしに、とまを掲げて眺めてみたが、どこなのかわからない。おだやかな川の流れが限りなく広がり、寒空の星が影をひたし、村のいくつかのともし火が川べりの木々の間に見えた。そのとき鐘の音が川を渡ってきて、ねぐらの雁はカリカリと鳴いて驚きたち、このために旅愁がかきたてられ、いたみ悲しんだ。船頭が、「ここは流山宿です」と言った。またとまをおおって臥した。北風がとまのすき間から入って、刀のように冷たく、夜もすがら眠られなかった。

さらに数里行くと、小舟をこいで酒や麺を売る者がいた。船頭が「お客さんたち、どうして起きて食事をしないのかね」と呼びかけた。皆はむらがり起きて、先を争って買った。飲みすする音は雨のようで、喧噪は一層はげしく、憤懣やるかたない。それで悟った、「荘子は、『道は屎尿にもある（道のありかを、なにか上等のところに考えて、ここと限定してはいけない。道はすべての物にゆきわたっているものだから）』と言う。過激な言葉ではあるけれども、非常に理に適っている」と。

昔、陳白沙が荘定山を訪問した。定山は舟を牽いて白沙を送った。一人の男が一緒に乗った。男はこのうえなく滑稽で、座興のみだらな物言いは、聞くに堪えないものとなった。定山は非常に怒ったが、白沙は聞こえていないように静かで、定山は大変に感服した。つまり、さわがしい俗世の雑事の中にも、道はないことはない。我々が力を用いるべきところである。喧噪をみな捨ておいて、再び心にとどめおくまい。

さらに二里ばかり行くと、空がようやく明るくなった。とまの裏を見れば、霜が雪のように白く、夜間のはげしい寒さがわかる。西岸は青松白砂、茅屋がふぞろいに建つ。富士山はすでに朝日の光を受けて、くれないの蓮のようである。

東岸に赤い岩壁がくぎるようにして立ち、老いた松が垂れ下がっている。これが国府台である。永禄年間、里見氏が北条氏と戦って大敗したのは、実にこの地である。江戸草創のはじめ、山の藪は人を埋め、されこうべや折れたほこのたぐいがあったと聞く。また銅銭があるのは、およそ討ち死にした人が腰に付けていたものと言う。今は寺院で、みやこ人が登って眺める名所となった。わずかにこの民が塗炭の苦しみから抜け出しただけでなく、山水もまた揺さぶられる恐れを免れて、草木に風がなく、静かな流れに波は立たない。我々が小舟に身を寄せて、ためらいがちに進まれるのは、この上ない幸せではないか。中川に入り、本所を経、両国橋に到って舟を降りた。

刀根川は上州刀根郡より導源し、東南のかた、武総の野を逕《へ》て、衆水灌注《しゅうすいかんちゅう》し、渺《びょう》として巨浸《きょしん》と成る。漕運《そううん》の利甚だ鉅《おお》し。関宿《せきやど》に至り、釃《わ》けて二股《ふたまた》と為す。一《いつ》の境村を逕、銚子を歴て海に入るは経流なり。一の関宿城の西を過ぎ行徳を歴て海に入るは枝流《しりゅう》なり。

筑波に遊ぶの明日、関宿の西岸に抵《いた》る。舟を艤《ぎ》す。時に已に昏黒《こんこく》、北風猟猟《りょうりょう》として、寒さ肌骨《きこつ》に透る。同《とも》に載る者十餘人、皆羇旅《きりょ》にして、談ずる所は、惟だ淫褻貨利《いんせつかり》のみ。喧嚷《けんじょう》、厭《いと》うべし。

夜参半《さんぱん》、衆瞌睡《こうすい》し、唯だ櫓声《ろせい》を聞くのみ。試みに篷《とま》を掲げて眺むるも、何れの地為《な》るかを知らず。平流渺瀰《びょうび》、寒星、影を涵《ひた》し、村燈数点を水木の間に見る。時に鐘声の江《こう》を度《わた》りて来る有り、宿雁礫《しゅくがんたく》礫《たく》として驚起《きょうき》し、羈思《きし》之が為に悽愴《せいそう》たり。篙師《こうし》云う、「是れ流山駅《ながれやま》なり」と。復た篷を掩いて臥す。陰風《いんぷう》、篷隙《ほうげき》より入りて、冷たきこと刀戟《とうげき》に類し、竟夕《きょうせき》、睫《しょう》を交うる能わず。

又た行くこと数里、小舟に棹さして酒麺《しゅめん》を売る者有り。篙師呼びて曰う、「諸客《しょかく》、盍《なん》ぞ起きて飧《そん》せざるか」と。皆群がり起きて争い買う。飲歠《いんせつ》の声、雨の如く、喧聒《けんかつ》更に劇《はげ》しく、人をして憤懣《ふんまん》せしむ。因って悟る、「荘子云う『道は屎溺《しにょう》に在り』と。詭激《きげき》の言なりと雖も、極めて理有り」と。昔陳白沙《ちんはくさ》、荘定山《そうていざん》を訪《と》う。定山、舟を挐《ひ》きて之を送る。一士同《とも》に載る有り。士最も滑稽にして、衽《じん》席《せき》淫褻の事、聞くに堪えざるに至る。定山怒ること甚しきも、白沙聞かざるが若く、定山大いに服す。則ち塵雑閙嚷《じんざつどうじょう》の中、道は在らざる莫し。我輩の宜しく力を用うべき所なり。一斉《いっせい》に放下《ほうか》して、復た懐《こころ》に置かず。

又た行くこと二里ばかり、天始めて明らかなり。篷の背を視れば、霜白きこと雪の如く、夜間の寒烈、知るべし。西岸は翠松白沙《すいしょうはくさ》、茅屋参差《ぼうおくしんし》たり。富士峰已に旭光《きょくこう》を受けて、紅芙蓉《こうふよう》の如し。東岸に赤壁劃立《せきへきかくりつ》し老松偃垂《えんすい》す。是れ国府台《こうのだい》為《な》り。永禄中、里見氏、北条氏と戦いて敗績《はいせき》せしは、即ち此の地なり。江都《こうと》草創の初め、山中の榛莽《しんぼう》、人を没し、枯髏《ころ》及び折戟《せつげき》の属有りと聞く。又た銅銭有るは、蓋し陣亡《じんぼう》者の腰間《ようかん》の物と云う。今は則ち祇林精廬《しりんせいろ》にして都人升眺《とじんしょうちょう》の地と為る。翅《た》だに斯民《しみん》の塗炭《とたん》より脱するのみならず、而して山水も亦た震撼《しんかん》の懼《おそ》れを免れて、草木に風無く、恬流《てんりゅう》波たたず。我輩、以て軽舟《けいしゅう》に托して夷猶《いゆう》を得たるは、至幸にあらずや。中川に入り、本所を逕《へ》、二州橋に至りて舟を捨つ。

語釈 ○**衆水**―多くの水流。 ○**灌注**―そそぐ。 ○**巨浸**―大きな河。 ○**漕運**―船で食糧を運ぶこと。 ○**関宿**―関宿藩の城下町。 ○**境村**―関宿藩に属し、対岸の城下町と一体と見なされ、水運を活かして発展した。 ○**経流**―川の本流。 ○**枝流**―支流。 ○**船を艤す**―舟の準備をして岸につける。 ○**昏黒**―空が暗い。 ○**猟猟**―風の音。 ○**羈旅**―旅人。 ○**淫褻**―みだらでけがれたこと。 ○**貨利**―かね。 ○**喧嚷**―わめきたてる。 ○**参半**―半ば。 ○**瞌睡**―疲れて居眠りする。 ○**櫓声**―船のろをこぐ音。 ○**篷**―竹や布で作った覆い。 ○**平流**―おだやかな流れ。 ○**渺瀰**―水の限りなく広いさま。 ○**寒星**―寒中の星。 ○**数点**―いくつか。 ○**宿雁**―ねぐらに眠る雁。 ○**礫礫**―鳥の鳴き声。 ○**驚起**―驚きたつ。 ○**羈思**―旅先での物思い。 ○**悽愴**―いたみ悲しむ。 ○**篙師**―船頭。 ○**陰風**―冷たい北風。 ○**刀戟**―刀とほこ。 ○**竟夕**―一晩中。 ○**睫を交う**―眠る。 ○**諸客**―多くの客。 ○**飲歠**―飲みすする。 ○**喧聒**―さわがしい。 ○**荘子云う……**―『荘子』「外篇」「知北遊篇」の語。 ○**屎溺**―屎尿。 ○**詭激**―言行のはげしく、やや常軌を逸したこと。 ○**陳白沙**―明の学者陳献章。白沙里に居り、白沙先生と称す。書に巧。山居、筆無く、茅を束ねて書し、茅書字と呼ばる。又た画に巧。静坐澄心によって天理を体認しようとする修養法を提唱、その立場はやがて王陽明の心即理説に受け継がれた。 ○**荘定山**―明の学者荘昶《ちょう》。居を定山に定めて二十餘年。定山先生と称す。 ○**衽席**―しきもの。 ○**塵雑**―俗世の雑事。 ○**閙嚷**―さわがしい。 ○**放下**―すておく。 ○**寒烈**―はげしい寒気。

○**茅屋**―かやぶきの家。　○**参差**―長短・高低がふぞろいのさま。　○**国府台**―永禄六年（一五六三）から同七年、第二次国府台合戦で、北条軍二万と里見軍一万二千が激突した古戦場。安国山総寧寺があり、利根川を眼下に見下ろし、夕暮れ時は富士山がはっきりと見え、壮大な眺めで知られた。　○**敗績**―戦にひどく負ける。　○**榛莽**―草木が乱生している所。　○**折戟**―折れたほこ。　○**陣亡**―戦死する。　○**腰間**―こしぎわ。　○**祇林**―寺やしき。　○**精廬**―寺。　○**斯民**―一般の人々。　○**塗炭**―泥と火。ひどい苦しみのたとえ。　○**震撼**―ふるいうごかす。　○**軽舟**―小さい舟。　○**夷猶**―思いきって進まないさま。　○**中川**―中川は、羽生市にその源を発し、大落《おおおとし》古《ふる》利根《とね》川等を合流しながら南流し、東京湾にそそぐ。　○**本所**―南・北本所町。明暦の大火後に開発された。艮斎墓（東京都指定文化財）がある妙源寺はもと南本所町番場にあったが、関東大震災後、現在の葛飾区堀切に移った。　○**二州橋**―両国橋。明暦の大火後、万治二年（一六五九）に造る。浅草川の末、吉川町と本所元町の間に架《わた》す。長さ九十六間。当初、大橋と称したが、隅田川が武蔵国と下総国の境であったため、二州橋とも言われた。後、両国橋と改めた。橋の両側に火除地として広小路が設けられ、江戸随一の盛り場として賑わった。

※

刀根川、導源上州刀根郡、東南逕武総之野、衆水灌注、渺成巨浸。漕運之利甚鉅。至関宿、釃為二股。一逕境村、歴銚子入海、経流也。一過関宿城西、歴行徳入海、枝流也。

遊筑波之明日、抵関宿西岸。艤舟。時已昏黒、北風猟猟、寒透肌骨。同載者十餘人、皆覊旅、所談惟淫褻貨利。喧嚷可厭。

夜参半、衆瞌睡、唯聞櫓声。試掲篷而眺、不知為何地。平流渺瀰、寒星涵影、見村燈数点於水木間。時有鐘声度江而来、宿雁磔磔驚起、覊思為之悽愴。篙師云、是流山駅也。復掩篷而臥。陰風自篷隙入、冷類刀戟、竟夕不能交睫。

又行数里、有棹小舟而売酒麺者。篙師呼曰、諸客盍起而飧歟。皆群起争買。飲歠之声如雨、喧聒更劇、使人憤懣。因悟荘子云、道在屎溺。雖詭激之言、極有理。

昔陳白沙訪荘定山。定山挐舟送之。有一士同載。士最滑稽、衽席淫褻之事、至不堪聞。定山怒甚、白沙若不聞、定山大服。則塵雑閙嚷之中、道莫不在。我輩所宜用力也。一斉放下、不復置懐。

又行可二里、天始明。視篷背、霜白如雪、夜間寒烈可知矣。西岸翠松白沙、茅屋参差。富士峰已受旭光、如紅芙蓉。

東岸赤壁劃立、老松偃垂。是為国府台。永禄中、里見氏与北条氏戦敗績、即此地也。聞江都草創之初、山中榛莽没人、有枯髏及折戟之属。又有銅銭、蓋陣亡者腰間物云。今則祇林精廬、為都人升眺之地。不翅斯民脱塗炭、而山水亦免震撼之懼、草木無風、恬流不波。我輩得以托軽舟、而夷猶、非至幸耶。入中川、遡本所、至二州橋捨舟。

【参考①】 利根川を下った時の詩、『嘉永二十五家絶句』所収。

夜下刀根川（夜、刀根川を下る）　安積艮斎

欠月雲遮天欲雨　欠月《けつげつ》雲遮《さえぎ》りて　天　雨ふらんと欲し
隔江燈火翳還明　江を隔つるの燈火　翳《かげ》りて還《ま》た明らかなり
夜深酒醒眠難就　夜深くして酒醒め　眠りに就き難く
風葦蕭蕭答艣声　風葦《ふうい》蕭蕭として艣声《ろせい》に答う

＊下平八庚

語釈　○**蕭蕭**―風雨の音。　○**艣声**―櫂の音。

※

雲が片われ月をさえぎって、今にも雨が降りそうな気配だ。川をへだてた村のともし火が、川べりの木々の間に見えて、かげったり明るくなったりしている。夜は更けて酒は醒め、眠りにつきがたく、風に揺れる葦はさわさわと音をたてて、櫂の音に答えている。

【参考②】 利根川を下った時の詩、『艮斎詩略』所収。

暁行《ぎょうこう》（暁《あかつき》に行く）　安積艮斎

野水浸寒星　野水《やすい》　寒星を浸す
村家在何処　村家　何《いず》れの処にか在る
寒塘不見人　寒塘《かんとう》　人を見ず
鳧雁烟中語　鳧雁《ふがん》　烟中《えんちゅう》に語る

＊上声六語

語釈　○**野水**―野原を流れる水。　○**村家**―村里の家屋。　○**寒塘**―さむざむとしたつつみ。　○**鳧雁**―鴨と雁。　○**烟中**―もやの立ちこめている中。

※これは、このまま一幅の南画になろう（柳田　泉）。

❊

利根の流れが寒空の星影をひたしている。あの家並みは、いずこの村か。さむざむとした堤に人はいず、もやの立ちこめる中、鴨や雁が鳴いて旅愁をかき立てる。

跋

私はもとよりすぐれた山水を好む。けれども、世俗の雑事に繋がれ、さっぱりと訣別することができず、わずかに書画を見てその地に遊んだ気分になるばかりである。ちかごろ、艮斎先生の遊記を入手して読んだ。山水の景勝が、眉毛がととのって並んでいるように明らかで、臥して遊ぶには、是非ともなくてはならないものである。故事に、「肉を切って売る家の前を通れば、口を大きく開いて噛むまねをする」と言う。たとえ肉を得なくとも（山水に遊ばなくとも）、なおかつ満足である。

この本が雲烟のおもむきが紙上に流れあふれ、読者が山河をめぐる苦労をせずに、細かく味わう楽しみを持てることは、まことに痛快である。この日、佐藤信義がともに読み、喜んでほめちぎった。そこで相談して、艮斎先生に勧めてこの遊記を刊行させ、世の山水を好むも遊ぶことができない人と共有することになった。吉田武が謹んで記した。

⁂

余、雅《もと》より勝情有り。而れども世累《せいるい》の羈《つな》ぐ所と為り、脱然として決去する能わず、惟だ臥遊一策有るのみ。属者《このごろ》、艮斎先生の遊記を得て之を読む。山水の勝、粲《さん》として列眉《れつび》の如く、臥遊の中、欠くべからざる者なり。語に云う、「屠門《ともん》を過ぎて大嚼《たいしゃく》す」と。肉を得ずと雖も、亦た且つ快意なり。則ち茲の巻、雲烟の興味、紙上に流溢《りゅういつ》し、読者、跋渉の労無くして玩嚼《がんしゃく》の楽有るは、大快と謂うべし。是の日、佐藤信義同《とも》に閲《えつ》し、亦た欣賞《きんしょう》して已まず。乃ち相い議りて、先生に勧めて之を雕《ほ》らしめ、世の勝情有りて遊ぶ能わざる者と共にす。吉田武、敬《つつし》みて識《しる》す。

語釈 ○**勝情**—山水の景色のすぐれているのを好む情。○**世累**—世俗の雑事。○**決去**—訣別。○**臥遊**—書画を見て、旅の気分を楽しむ。○**列眉**—つらなった眉。明らかなたとえ。○**語云**—諺に言う。○**屠門を過ぎて大嚼す**—肉を切って売る家の前を通れば、口を大きく開いて噛むまねをする。肉を食べなくともそれで気持ちを満足させる意。○**快意**—満足する。○**佐藤信義**—岩村藩家老(三百五十石)、同藩校知新館教授。家老佐藤信久の子。通称新蔵、勘平。信久は佐藤一斎の父信由《のぶより》(家老)の女婿。○**吉田武**—未詳。

余雅有勝情。而為世累所羈、不能脱然決去、惟有臥遊一策耳。属者得艮斎先生遊記読之。山水之勝、粲如列眉、臥遊中不可欠者。語云、過屠門而大嚼。雖不得肉、亦且快意。則茲巻雲烟興味、流溢紙上、読者無跋渉之労、而有玩嚼之楽、可謂大快矣。是日佐藤信義同閲、亦欣賞不已。乃相議、勧先生雕之、与世之有勝情而不能遊者共焉。吉田武敬識。

※※※※※※

林檉宇書幅二種

安積国造神社所蔵

林述斎、対馬出張時の詩（檉宇書）

津島値梅雨　（津島《つしま》にて梅雨に値《あ》う）

淫霖送梅節　淫霖《いんりん》に梅節を送り

絶島滞孤帆　絶島に孤帆《こはん》滞《とどこお》る

散帙書生蠹　帙《ちつ》を散ずれば書に蠹《と》生じ

烹茶水帯鹹　茶を烹れば水は鹹《かん》を帯ぶ

怪雲蒸嶭嶪　怪雲　嶭嶪《がつぎょう》を蒸し

瘴霧罩松杉　瘴霧《しょうむ》　松杉《しょうさん》を罩《こ》む

魏闕天遼遠　魏闕《ぎけつ》　天は遼遠《りょうえん》

啓箱検賜衫　箱を啓《ひら》きて賜衫《しさん》を検《けみ》す

＊下平十五咸

林述斎

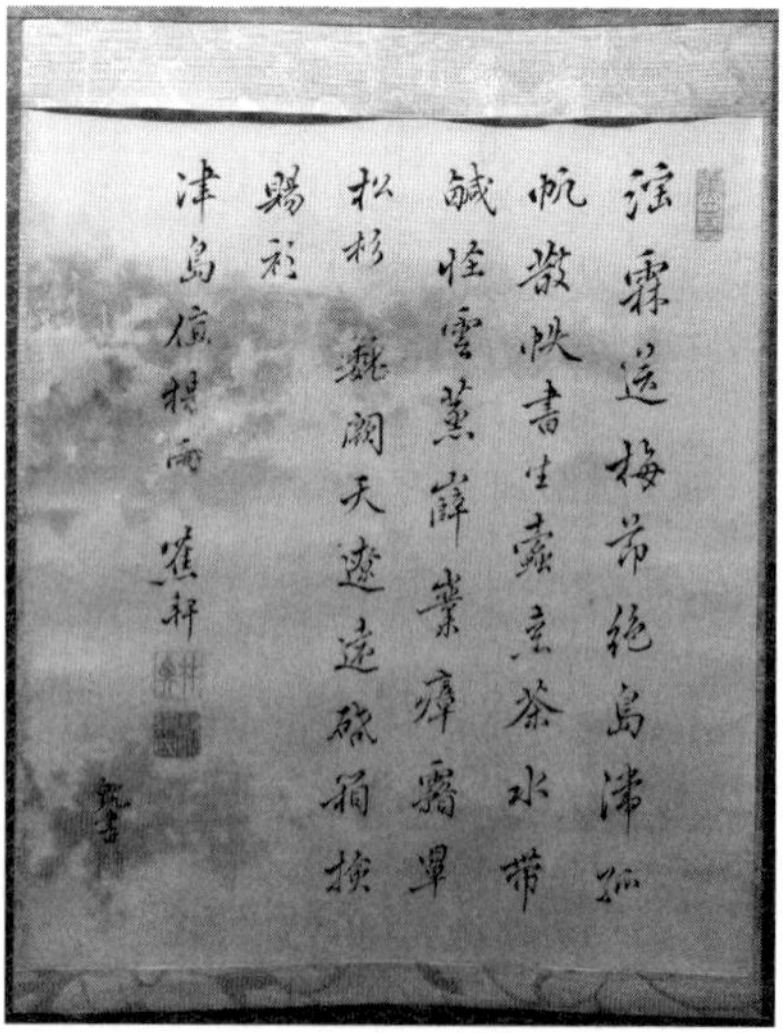

※※※※※※

語釈 ○**林述斎**―艮斎の師。岩村藩主松平乗蘊《のりもり》の三男に生まれ、林家第八代を継ぐ。大学頭。天保十二年（一八四一）、七十四歳で没す。述斎は、文化八年（一八一一）二月、朝鮮信使応接のため対馬に赴き十月帰府した。○**津島**―対馬。○**淫霖**―なが雨。○**帙**―書物を包むおおい。○**蠹**―紙魚。○**鹹**―しおけ。○**辥嶫**―高い山々。○**瘴霧**―熱病を起こす山川の悪気をふくむ霧。○**魏闕**―宮城の門。門外の左右に台を作り、そこに法令を掲げて民衆に示した。○**遼遠**―はるかに遠い。○**賜衫**―恩賜の衣服。

※

なが雨に梅雨の季節が過ぎ、孤島（対馬）に一そうの船がとどまって動かない。

帙をほどくと本は紙魚《しみ》にやられ、茶を煮るとお湯は塩気を帯びている。

あやしい雲が高い山々を蒸し、悪気をふくんだ霧が松や杉を包んでいる。

ああ宮城の門よ、その空ははるかに遠い。ふと箱を開いて、恩賜の衣服の状態を調べてみた。

安積艮斎を送別する詩

（序）

安積艮斎は藩命を承けて二本松藩校敬学館教授となり、別れに臨んで詩を乞うた。それで思った、「艮斎は十七歳で笈を背負って遠くはなれたみやこへ来て、わが家塾に寓し、かくして学が成った。私は三十七年来の知人で、まことの旧友である。今、君の旅立ちに悲しみが抑えられず、情が言葉に表れるのである」と。この時、天保十四年七月二十一日、林檉宇（皝）が稿を書いた。

※

安積思順、藩命を承けて二本松教授と為り、別るるに臨みて詩を乞う。因って謂《おも》えらく、「思順は齢十七にして笈《きゅう》を負いて都に来り、吾家塾に寓し、遂に以て業を成す。余相い識ること三十七年、真の故旧なり。今、其の行に於いて黯然《あんぜん》たる無き能わず、情、詞に見《あらわ》ると云う」と。時に癸卯七月二十一日、檉宇林皝《ひかる》具草《ぐそう》す。

語釈 **○笈を負う**―遠く離れた土地に行って勉学する。**○故旧**―旧友。**○黯然**―別れを惜しんで悲しむさま。**○檉宇**―当時、大学頭として幕府の文教を司る。**○具草**―草稿を書く。

※

安積思順承藩命為二本松教授、臨別乞詩。因謂、思順齢十七、負笈来都、寓吾家塾、遂以成業。余相識三十七年、真故旧也。今於其行不能無黯然、情見於詞云。時癸卯七月二十一日、檉宇林皝具草。

（詩）

三十年餘最旧知
栄帰此別亦攢眉
奥東山水雲千畳
闕下光陰電一馳
芸苑春花豪放日
学林秋実老成時
半生相顧倶猶健

三十年餘　最も旧くより知る
栄帰《えいき》此の別れ亦た眉を攢《あつ》む
奥東の山水　雲千畳
闕下《けっか》の光陰　電《いなずま》一たび馳す
芸苑春花　豪放の日
学林秋実　老成の時
半生相い顧みれば　倶に猶お健なり

預待非無再覯期　預《あらかじ》め待たん　再び覯うの期無くんばあらず

＊上平四支

語釈　○**栄帰**―出世して郷国に帰ること。○**眉を攅む**―眉をしかめる。憂えているさま。○**千畳**―幾重にも重なり合っていること。○**闕下**―天子の宮闕のもと。○**芸苑**―文芸のその。○**春花**―春の花。文藻。○**豪放**―気象が大きく小節に拘らない。○**学林**―学界の中心。○**秋実**―秋、熟した実。徳行。

＊

私と君とは、三十余年来のこの上ないふるなじみだ。君が出世して国へ帰るというのに、この別れを憂えている。

奥州の山水は、雲が幾重にも重なり合っていることだろう。みやこでくらす日々に、いなずまがひとたび走ったのだ。

豪放な君が、文芸の苑で文藻をきそった日々。老成した君が、学界の重鎮として徳行を積んでいる時。

半生をふり返る私と君は、ともに今なお健康だ。待っていよう、再び会う日がないはずはない。

（後題）

艮斎は五十三歳、私より二歳年長なので、この句がなった。

佐藤一斎はこの詩を評して、「皆実際のことで、私が口出しすべきことはない」と言った。

※

思順は年五十三、余より長ずること二歳、故に此の句有り。

佐藤大道《たいどう》、此の詩を評して云う、「語々実事にして喙《くちばし》の容《い》るべき無し」と。

語釈 ○**大道**―艮斎の師佐藤一斎の字。 ○**実事**―実際のことがら。

※

思順年五十三、長余二歳、故有此句。

佐藤大道、評此詩云、語々実事、無喙可容。

紀行文等五篇（『艮斎文略続』より）

送檉宇林公再遊豆州熱海序（檉宇林公再び豆州熱海に遊ぶを送るの序）

私はかつて名山や景勝の記を読み、心の中では嘆いていた、「わが国の山水は、漢土に決して譲らない。しかし漢土には文章家が多く、すべての丘や谷を必ずほじくり出して記すので、その景勝が明らかにならないことはない。わが国には昔から文章家が乏しく、幸いに文章家がいたとしても、山水のために詩文を作る人がほとんどない。それゆえに雲や靄の中にうずもれて世に知られない奥深い聖地が、一二で数えられないのは、なんと惜しいことではないか」と。

そこで講習の餘暇に諸国を気ままに旅し、その景勝を書きとどめて帰ったときは、いつも檉宇公のお目をけがした。公はもともと山水を極端に愛する性癖をお持ちだ。そのため私の文を批評し、また面会して問いただし、その景勝を詳細に理解して、膝が敷物を前に移しているのも気づかず、つねづね遊ぶことができないことを深く残念がっている。

天保五年八月、公は病のため休暇を請い、熱海の温泉に浴した。かくして昔からの願いをかなえることができ、そして私ももどかしくなり心が動いて、とうとう足跡を追って旅立ち、公に熱海の一碧楼で拝謁した。楼はあおうなばらを見下ろし、万里のかなたに天際の波が見え、居ながらにして瀛州に登ったような感がある。公は風呂から上がったばかりで、髪を振り乱し帯をゆるめ、風景をいつくしんで流暢に話した。まことに何代にもわたる快事である。今もこのことを思い出すと、魂は錦ヶ浦の上に飛ぶ。

今年（天保六年）六月、公が再び熱海に浴したとき、道すがら鎌倉を通った。私は用事があるので、再び従うことができなかった。けれども公が、かつての遊びのまだ究明していない所を究明し、雄大ですぐれた詩文を作って、さらに山水の景勝を明らかにし、天台山や雁蕩山が海外でほしいままに尊ばれることがなくなれば、私が公に従わなかったからといって、心残りはないことだろう。

さて鎌倉は源頼朝が都を開き、北条氏が政権を握ったところで、足利氏もかつて府を置いて関東をおさえた。その堂々たる屋敷や楼台が天下に照り輝いたことがおしはかられるが、今はすべて稲や黍やいばらが茂る廃墟に変わってしまった。ただ存在するものは山水だけである。公が歩きまわり立ち止まって、今昔を俯仰すれば、胸中、つらさに打ちひしがれないはずがない。

それで私見では、「山水と天地がともに崩れて、たとえ今記さなかったとしても、後世の人でさえも、得てそれを明らかにするのであるから、まして山水を品評して明らかにするというならなおさらである。これは単に幽人逸士で志を得ない人のすることであって、公に言うべきことではない。英雄、豪傑、忠臣、烈士の事蹟に関しては、その頼りにするものは、朽ちたわずかな書物の中に過ぎず、真偽が交錯している。たとえ先賢名儒が編集したとしても、ことによると遺漏があるかもしれない。後世ますます遠く隔たれば、必ず香りが消えさり塵が失われるので、手がかりを得るものがなくなる。なんと、深く惜しむことではないか」と思っている。

公は博学とすぐれた才能でもって幕府の学問所に拠り、文庫秘蔵の文書を調べている。固い意志がなかったら続かないことだ。固い意志を持っていれば、よこしまでへつらう言葉をその死後においても筆で誅し、世に知られない有徳者のかくれた光彩を世に開き表して、永遠にすりへらない規範の典籍をまとめあげることだろう。公にとって、何の難しいことがあろうか。この旅で感じることがあるか、まだわからない。謹んでこれを書いて旅立ちのはなむけとし、ともに問う。

＊

信嘗て名山勝概《しょうがい》の記を読み、窃《ひそ》かに歎く、「吾邦の山水、漢土に敢えて譲らず。但だ漢土に操觚《そうこ》の士多く、一丘一壑《いっきゅういちがく》、必ず剔抉《てきけつ》して之を記し、故に其の勝、彰《あらわ》れざること莫し。吾邦、古より操觚の士に乏しく、幸いにして之れ有るとも、亦た能く山水の為に筆を下す者鮮なし。是を以て霊壌奥区《おうく》、雲煙の中に蕪没《ぶぼつ》して著れざる者、一二を以て計《かぞ》うべからず、豈に惜しからずや」と。

乃ち講習の餘暇を以て、諸州を薄遊《はくゆう》し、其の勝を録《しる》して帰れば、輒ち樫宇公の覧を浼《けが》す。公雅《もと》より煙霞《えんか》の癖《へき》有り。為に信の文を批し、又た面して叩き、其の勝を悉《つ》くして、膝の席を前《すす》むるを知らず、毎に遊ぶ能わざるを以て深き憾みと為す。

甲午八月、公疾《やまい》を以て仮《いとま》を請い、熱海の温泉に浴す。是に於いて平昔《へいせき》の願いを豁《ひら》くを獲、而して信も亦た心癢《むずがゆ》く意動き、遂に追躡《ついじょう》して道に上り、公に熱海の一碧楼に謁す。楼は滄海《そうかい》に俯し、雲濤万里、居然として登瀛《とうえい》の想い有り。公方《まさ》に浴より出で、散髪緩帯、景を撫して劇談す。洵に曠世《こうせい》の快事為《た》り。今にして之を思えば、魂は錦浦《にしきがうら》の上に飛ぶ。

今玆《こんじ》六月、公再び熱海に浴するや、便ち途《みち》に鎌倉を過ぐ。信、事を以て復た従う能わず。然れども公、曩《さき》の遊のいまだ尽くさざる所を尽くし、雄篇大作、益《ますます》山水の勝を発《ひら》き、夫れ天台雁蕩《がんとう》をして重きを海外に擅《ほしいまま》にするを得ざらしめば、則ち信従わずと雖も、亦た以て憾み無かるべし。

抑《そもそも》鎌倉は源二位の都《みやこ》する所、北条氏の柄《へい》を執る所にして、足利氏も亦た嘗て府を置きて以て関東を鎮む。意うに其の邸宅楼台の壮んなること、宇内に照耀せしも、而今《じこん》皆化して禾黍荊棘《かしょけいきょく》の丘墟と為れり。独り存する所の者は山水のみ。公徘徊躑躅《ちゅうちょ》して、今昔を俯仰すれば、其れ能く懐《こころ》に愴然《そうぜん》たる無からんや。

因って復た窃かに以《おも》為えらく、「山水と天壌《てんじょう》と倶に弊《やぶ》れて、今記さずと雖も、後人《こうじん》猶お得て之を発く、況んや山水を品藻《ひんそう》するをや。是れ特《た》だ幽人逸士にして志を得ざる者の事のみにして、宜しく公に言うべき所にあらざるなり。英雄豪傑忠臣烈士の迹《あと》の若きに至りては、則ち其の寄る所は、朽簡零編《きゅうかんれいへん》の間に過ぎずして真偽相い参《まじ》わる。先哲名儒、纂修《さんしゅう》の挙有りと雖も、或いは遺漏無き能わず。後世相い去ること愈《いよいよ》遠ければ、必ず薫《かおり》歇《つ》き塵《ちり》滅するを将て徴する所無し。豈に重ねて惜しむべからずや」と。

公、博学雄才を以て、金馬《きんば》玉堂の署に拠り、蘭台石室の秘を抽《ぬ》く。志無くんば則ち已む。志有れば、姦諛《かんゆ》を既に死するに誅し、潜徳の幽光を発きて、以て千古不刊《ふかん》の典を成す。公に於いてか何か有らん。いまだ識らず、茲の行、其れ亦た感ずる所有りやを。謹みて此れを書し、以て行李《こうり》に餞《はなむけ》し、并《なら》びに以て之を訊《と》う。

語釈 ○**勝概**―すぐれたおもむき。○**操觚**―文章を書く。○**剔抉**―ほじくり出す。○**筆を下す**―詩文をつくる。○**奥区**―奥深い所。○**蕪没**―雑草にうずもれる。○**薄遊**―気ままな旅行。○**烟霞の癖**―山水を極端に愛する性癖。○**平昔**―かつて。○**心癢し**―心がむずむずする。○**追躡**―足跡をたどって、追いかける。○**道に上る**―旅立つ。○**一碧楼**―本陣今井氏のはなれ。○**滄海**―あおうなばら。○**雲濤**―はるかに天際に見える波。○**居然**―留まり居るさま。○**瀛**―瀛州。中国の東方の海にあり、神仙が住むという三神山の一。○**散髪**―髪を振り乱す。○**劇談**―流暢に話す。○**曠世**―何代にもわたる。○**錦ヶ浦**―熱海湾の西南、魚見崎から海上十八町にわたる名勝である。海岸の絶壁は奇岩が兀として海中に連なり、青松は長蛇のように岩頭にわだかまり、海潮は雪花のように噴いて岩根に砕けて、壮観を呈す。荒波が刻んだ兜岩、碁盤岩、烏帽子岩、弁天岩など奇岩が並び、海上には初島や大島が浮かぶ。○**雄篇**―構想が雄大なすぐれた詩文や著作。○**天台雁蕩**―名山。浙江省の東に、会稽山、天台山、仙霞嶺、括蒼山、雁蕩山などが南西より北東に走り、福建省との境をなす。○**源二位**―源頼朝。○**柄を執る**―政治の実権を握る。○**禾黍**―稲と黍。○**荊棘**―いばら。○**丘墟**―土地・建物などが荒れ果てたあと。○**躕躇**―ためらって足が止まる。○**愴然**―つらさに打ちひしがれるさま。○**天壌**―天空と大地。○**品藻**―品評する。○**幽人**―俗世間を離れて静かに暮らしている人。○**纂修**―文書を集めて編集する。○**雄才**―すぐれた才能。○**金馬玉堂**―漢代の金馬門と玉堂殿。学者の出仕する役所。○**蘭台**―漢代、宮中の蔵書所。○**石室**―図書を蔵する室。○**誅姦諛於既死、発潜徳之幽光**―姦はよこしま、諛はへつらう。潜徳之幽光は、世に知られない有徳者のかくれた光彩。韓愈『崔立之《さいりつし》に答うるの書』の語。○**不刊**―すりへらない。○**行李**―旅行者の携える荷物。

餘説 林樫宇の紀行文（板本）に、『澡泉録』『澡泉再録』『攀晃山記』と艮斎の序を寄せた『扈従九日志』がある。『澡泉再録』に「明年乙未歳、余再有熱海之行、六月十三日発家」とあるので、熱海の再遊は天保六年である。

信嘗読名山勝概記、窃歎吾邦山水、於漢土不敢譲。但漢土多操觚之士、一丘一壑、必剔抉記之、故其勝莫不彰焉。吾邦自古乏操觚之士、幸而有之、亦能為山水下筆者鮮矣。是以霊壌奥区、蕪没于雲煙中而不著者、不可以一二計、豈不惜哉。

乃以講習餘暇、薄遊諸州、録其勝而帰、輒浼樫宇公之覧。公雅有煙霞癖。為批信文、又面叩悉其勝、不知膝之前席、毎以不能遊為深憾。

甲午八月、公以疾請仮、浴于熱海温泉。於是獲豁平昔之願、而信亦心癢意動、遂追躡上道、謁公于熱海一碧楼。楼俯滄海、雲濤万里、居然有登瀛想。公方出浴、散髪緩帯、撫景劇談。洵為曠世快事。今而思之、魂飛于錦浦之上矣。

今茲六月、公再浴于熱海、便途過鎌倉。信以事不能復従。然公尽曩遊之所未尽、雄篇大作、益発山水之勝、使夫天台雁蕩、不得擅重於海外、則信雖不従、亦可以無憾焉。

抑鎌倉源二位之所都、北条氏之所執柄、而足利氏亦嘗置府以鎮関東。意其邸宅楼台之壮、照耀于宇内、而今皆化為禾黍荊棘丘墟矣。独所存者山水耳。公徘徊躑躅、俯仰今昔、其能無愴然於懐乎。因復窃以為山水与天壌倶弊、今雖不記、後人猶得而発之、況品藻山水。是特幽人逸士不得志者之事、非所宜言于公也。至若英雄豪傑忠臣烈士之迹、則其所寄不過于朽簡零編之間、而真偽相参焉。先哲名儒、雖有纂修之挙、或不能無遺漏焉。後世相去愈遠、必将薫歇塵滅而無所徴焉。豈不重可惜也哉。公以博学雄才、拠金馬玉堂之署、抽蘭台石室之秘。無志則已。有志矣、誅姦諛於既死、発潜徳之幽光、以成千古不刊之典。於公乎何有。未識茲行其亦有所感焉歟。謹書此以餞行李、并以訊之。

踰碓氷嶺過浅間山記

（碓氷嶺《うすいれい》を踰《こ》え浅間山に過《よぎ》るの記）

獅子は子を産むと必ず深い谷に落とし、這い上がられた子は育てて、這い上がられなかった子は棄てて顧みない。これは実にけだもののことである。人はこれと異なって、子の能力を問わずに、必ず愛育する。けれども、子に遠い道を歩かせ、険しい道を経させ、風土、風俗、山水の変化のさまをわからせる。ことわざにいう、「かわいい子には旅をさせよ」というものも、「獅子は千尋の谷にわが子を落とす」の心である。

私には三人の息子がいて、長男を文九郎という。生まれて四歳の時に疥を患い、百方手を尽くして治療しても治らず、年はすでに十三歳である。発疹は群がり、皮膚は鮫肌で、痛さとかゆさが忍びがたい。私はこれを大きな心配事としている。そのうえ大きなみやこに生まれ、見る所はただ虚飾の地ばかり、一緒にたわむれる者はただうわべを飾った頼りない子弟ばかりで、いままでみやこから一歩も出たことがない。かくして、肉がゆるみ皮がたるんで、筋骨がしまらず、およそ慷慨激昂の気がない。私はまた非常にこれを憂えている。よって考えた、「上毛の草津温泉は、疥の治療に効能がある。子を洗い清めて疥を治し、あわせて旅の苦労をわからせれば、一挙両得というものだ」と。

そこで、天保九年（一八三八）五月端午（五日）に、文九郎を連れて旅立った。門人の梶塚士善は、ともに遊びたいと願い出て先に出立し、熊谷で待ちうけていた。六日、熊谷に着き、士善父子は歓迎して、急いで酒のしたくをさせて喜び合った。大変なご馳走であった。七日、士善とともに旅路についた。その父の玄節は送って深谷宿に到り、酒を酌み交わして別れた。高崎に泊まった。

八日、時々晴れ、時々雨、山々を望んでも、みな雲や靄の中にある。松井田宿に到り、妙義山の四、五峰が、突然湧き出た。そして、雲の気がただよい動き、集まったと思うとすぐに開け、現れたと思うとすぐに隠れ、不思議な龍を手さぐりできないようなさまである。私が昔ここに遊んだとき、空はこのうえなく晴れ、峰々がありありとこの目に見えた。今は峰々が出たり隠れたりと定まらず、さまざまに形を変え、その技を尽くして楽しんでいる者のようである。

碓氷関を過ぎて坂本に到った。雨がまた降ってきた。山かごに乗り、峰を越えて三里ほど上ったり下ったりし、道はきわめて険しい。左右は巨岩や危岩で、牙や角を磨いて迫ってくる。古木が茂りおおって、雲の気がかごの窓から綿や絮のように集まり入ってくる。綿を持って、袖の中におさめられそうだ。山の風は、すさまじい寒さで肌につき刺さる。けれども、かごかきは汗が体中に流れている。その労苦がよくわかる。

山頂は毛野国と信濃国の境である。雨は少しずつ晴れてきて、四つの山が群がり集まってあらわれた。東に見る筆架けや筍のような珍しい峰は、妙義、金洞の山々と思われる。休んでから峰を下り、道はさらに険しくなった。そして、まっすぐ下ると、瓶の水をくつがえしたような勢いがあり、山かごは飛ぶようにはやく、飯を炊くほどの短い時間で、ただちに軽井沢宿に到った。

九日、馬を雇って出立した。朝早く起きたので非常に寒く、皆、綿をはさんだ。宿場の外は、平らな林が千里も続き、多くの山々が輪のように取りまいて立ち、自然の姿はにわかに異なる。信濃国は天下のこの上なく高い土地なので、夏の半ばだというのに、深い秋の気候のようである。

沓掛に到り、中山道と別れて山に入った。浅間山は高くそびえ立って顔に当たり、頂上は、窯の中から出てくるように、さかんに噴煙を吐き、勢いは大変雄々しい。しかしながら、遠くに浅間山を望むと富士山と伯仲し、近くに見るとそうたいして高くはない。およそ地勢がすでに非常に高く、山はさらにその上にうずくまり、富士山の千仞削って成ったさまに似ていないからである。峰を越えると、その峰と浅間山とはつながっていた。二里餘り登ると、浅間山は近く頭上を覆った。

登りきると、少しずつ平坦になった（浅間山の溶岩台地・六里ヶ原に出た）。木の鳥居が地中に没していて、残った部分はわずか数尺である。馬方が言った、

「伝えるところでは、鳥居の二本の柱は高さが二丈八尺です。天明年間、浅間山頂が噴火し、大岩が千も百も飛び上がって空中でぶつかり合い、多くの雷が鳴るように響きました。諸国は大地が揺れ、火山灰は数十里の外に降りました。山の中は数丈の深さに積もり、この鳥居も火山灰に埋没したのです」と。

仰ぎ見ると、頂上はもはや近い。そのそばに、峰がひとり高くそびえ立っているのは、小浅間山である。ここから半里あまり山を下り、ようやく山の背を見た。昔、溶岩が車輪が回る勢いで噴出し、その焼けた跡は黒々として、一寸の木もまったく生えず、黒い噴煙が少しずつ上がっている。

馬方は言った、

「頂上で火を発するところは、数千仞陥没して一里あまりも周りをとりかこみ、その中に一つの大きな火の穴ができ、激しい火焔はとこしえに燃え、振動爆発する音は雷のようです。山にまみえた人が、もしその崖に到ってこれをのぞけば、恐れおののかずにはいられません」と。さらに続けた、

「昔の災いで巨岩が山頂から飛び落ち、その中には百餘丈の大きなものがありました。ここから数里もはなれていて、あなた方に見せられないのが残念です。山麓の原野はすべて焦土となり、焼けた

平らでない岩石が道に横たわりました」と。昔の災害のさまを思い浮かべると心が痛む。

狩宿に到ると関があった。関を過ぎて数里のところで、吾妻川を渡った。天明の変災で、溶岩が山頂から流れ下って川をふさぎ、川の流れはみなぎり溢れて泥水と溶岩とが激しくぶつかり合い、広大なかたまりとなって陸に上った。川沿いの村落は皆なくなり、人や家畜の死は数万を数えた。五十年が過ぎ去ったが、村落はまだもとに戻らないと言う。

艮斎の草津温泉来訪を示す石標。湯畑に立つ。

川を過ぎ、山道を三里ほど上ったり下ったりし、草津に到って中沢氏の旅館に泊まった。すでに灯火がともっていた。子の文九郎は、はじめて遠い道をめぐった。秀麗な峰や険しい道は、実に生まれてから、まだ見たことがないものである。心がはなやかに発揮されて、灯火のもとで士善と山や川を批評し、あれやこれやと談論してやまない。平素の驕り怠ったさまの比でないのは、山水のすぐれた気が、文九郎を激しく奮い立たせたということである。本当のことよ、かわいい子には旅をさせなければならないのだな。それから日々温泉に浴し、まだ半月もたたないうちに疥はだんだんと快方に向かい、精神もさらに勇ましくなった。温泉も不思議な力を持っているものよ。

※

獅子、子を生めば、必ず之を深谷《しんこく》に墜とし、能く出ずる者は之を育て、能くせざる者は棄てて顧みず。此れ誠に獣のみ。人は則ち是れに異なり、其の能不能を問わず、必ず之を愛養す。然れども其れをして遠途《えんと》に渉《わた》り難阻《なんそ》を歴《へ》、風土謡俗《ようぞく》山水の変態を知らしむ。鄙語《ひご》に云う所の「愛子羇旅《きりょ》」なる者も亦た「獅子墜谷《ついこく》」の意なり。

予に三子有り、長を文九《ぶんく》と曰う。生れて四歳、疥《かい》を患い、百方之を療やすも已まず、年巳に十有三なり。瘡珠攢簇《そうしゅさんそう》し、肌膚《きふ》は鮫魚《こうぎょ》の皮の如く、痛痒《つうよう》忍ぶべからず。予、以て大戚《たいせき》と為す。且つ大都《だいと》に生まれ、見る所は惟だ紛華《ふんか》の地のみ、与《とも》に嬉《たわむ》るる所は惟だ裙屐《くんげき》の子弟《してい》のみ、いまだ嘗て都門《ともん》より一歩も出でざるなり。是を以て肉緩《ゆる》み皮慢《たる》み、筋骸《きんがい》相い束《たば》ねず、略慷慨激昂《ほぼこうがいげきこう》の気無し。予又た甚だ之を憂う。因って謂《おも》えらく、「上毛の草津温泉は、疥を治すに於いて効有り。児をして澡浴《そうよく》して以て疾を療やし、兼ねて羈旅《きりょ》の艱を知らしめば、斯れ両得為り」と。

乃ち天保戊戌五月端午を以て、文九を挟《さしはさ》みて啓行《けいこう》す。塾子の梶塚士善、同遊を請いて先に発し、熊谷《くまがや》に候《ま》つ。六日、熊谷に抵《いた》り、士善父子歓迎して、亟《すみ》やかに酒を命じて相い歓《よろこ》ぶ。盤饌《ばんせん》甚だ殷《さか》んなり。七日、士善と偕《とも》に道に上る。父玄節、送りて深谷《ふかや》駅に至り、飲みて別る。高崎に宿す。

八日、間《まま》晴れ間雨ふり、諸山を望むも皆雲烟の中に在り。松井田に至り、妙義四五峰、突然として湧き出ず。而して雲気浮動し、一たび翕《あつ》まり一たび闢《ひら》け、乍《たちま》ち現れ乍ち隠るること、神龍《しんりょう》を之れ摸捉《もそく》すべからざるが如し。予、往年此に遊びしとき、天極めて晴れ、衆峰歴歴として目に在り。今は則ち出没して定まらず、種種《しゅじゅ》の変態を作《な》し、殆んど其の技を尽くして相い娯しむ者の如し。

碓氷《うすい》の関を過ぎて阪本に至る。雨又た至る。篼子《とうし》に乗り、嶺を踰えて陟降《ちょくこう》すること三里、道極めて険し。左右、巨石危磝《きごう》、牙角《げかく》を磨いて相い逼《せま》る。古木翳薈《えいわい》、雲気、轎窓《きょうそう》より坌《あつま》り入ること綿《めん》の如く絮《じょ》の如し。持ちて以て之を袖中に蔵《おさ》むべし。山風凄寒《さんぷうせいかん》として肌《はだえ》を透る。而れども舁夫《よふ》、流汗体に遍《あまね》し。其の労、知るべきなり。

絶頂を毛信《もうしん》の界《さかい》と為す。雨稍《ようや》く晴れ、四山簇簇《そうそう》として出ず。東に見る奇峰、筆架《ひっか》の如く笋籜《じゅんたく》の如きは、想うに亦た妙義、金洞《こんどう》諸山なり。休歇《きゅうけつ》して嶺を下り、路益《ますます》険し。而して直《ただ》に下れば、建瓴《けんれい》の勢い有り、輿轎《よきょう》飛ぶが如く、一炊《いっすい》の頃《けい》にして、即ち軽井沢に抵る。

九日、馬を倩《やと》いて発す。晨《あした》に起くれば甚だ冷《さむ》く、皆纊《こう》を挟《さしはさ》む。駅外《えきがい》は平楚《へいそ》千里、万山環立《ばんざんかんりつ》して、物《ぶっ》象《しょう》頓《とみ》に異なる。信州は天下絶高の地と為し、故に仲夏と雖も深秋の候の如し。

沓掛《くつかけ》に抵り、官道を辞して山に入る。浅間山は巍然《ぎぜん》として面《おもて》に当たり、絶頂の勃勃《ぼつぼつ》として煙を吐くこと、窰中《ようちゅう》より出ずるが如く、勢い頗る雄なり。然れども遠く之を望めば、岳蓮《がくれん》と相い伯仲し、近く視れば甚だしくは高からず。蓋し地勢既に絶《はなは》だ高く、山又た其の上に踞《うずくま》り、岳蓮の千仞削り成すに似ず、故に然り。一嶺を踰ゆれば、嶺と浅間と相い属《つ》く。登ること二里餘り、浅間は近くして頭上を覆う。

已に登れば稍《よう》く平夷《へいい》なり。木の華表《かひょう》の地に没する有り、餘す所僅《わず》かに数尺なり。馬夫《ばふ》曰う、「相い伝う、華表の両楔《りょうせつ》、高さ二丈八尺なり。天明中、浅間山頂、火を発し、大石千百飛騰《ひとう》して、空中に相い撃ち、響くこと万雷の如し。諸州、地震え、灰沙《かいしゃ》、数十里外に雨《ふ》る。山中は深さ数丈、此れ其の埋没する所なり」と。

仰ぎ観れば、絶巓《ぜってん》已に近し。其の側らに孤峰崛起《くっき》するは、是れ小浅間為り。此より山を下ること半里餘り、始めて山脊《さんせき》を見る。往年、火石輥出《こんしゅつ》し、焦迹《しょうせき》は深黝《しんゆう》、絶えて寸木も生ぜず、黒煙益《ますます》騰上《とうじょう》す。馬夫曰う、「山巓《さんてん》に火を発する処、突陥《とっかん》数千仞《じん》、周廻《しゅうかい》里餘り、其の中に一大火坑《かこう》を成し、烈燄《れつえん》常に燃え、震爆《しんばく》の声、雷を成す。山に朝《ちょう》する者、或いは其の崖に至りて之を窺えば、震慄《しんりつ》せざる莫し」と。又た云う、「往年の災、巨石、嶽頂《がくちょう》より飛墜《ひつい》し、其の大なるは百餘丈の者有り。此より距つること数里、惜しむらくは、公等をして観せしめざるのみ。山下の原野は皆焦土と為り、焼石磊磈《らいかい》として路に横たわる」と。当時、変災の状を想見すれば、人をして惨然たらしむ。

狩宿《かりやど》に至れば関有り。関を過ぎて数里、吾妻川《あがつま》を渉る。天明の変、火石、山頂より滾下《こんか》して川を塞ぎ、川流張溢《せんりゅうちょういつ》して、泥水と火石と相い激し、浩蕩《こうとう》として陸に上る。沿川の村落は皆烏有《うゆう》と為り、人畜の死する者、数万を以て計《かぞ》う。相い去ること五十年、村落、未だ旧に復《ふく》せずと云う。

川を過ぎ、山路、陟降すること三里、草津に至りて客館中沢氏に投ず。已に燭を秉《と》る。児文九、始めて遠途に渉る。峰巒《ほうらん》の奇秀なる、道路の険阨《けんやく》なる、実に墮地《だち》より以来《このかた》、いまだ観ざる所なり。精神英発《えいはつ》して、燈下に士善と山を評し水を批し、談ずること刺刺《せきせき》として已まず。復た平素、驕惰《きょうだ》の比にあらざるは、蓋し山水の秀気、以て之を激発すること有り。信《しん》なるかな、愛子は羇旅《きりょ》せざるべからざることや。此れより日《ひび》温泉に浴し、いまだ二臘《にろう》ならずして疥《かい》漸《ようや》く瘥《さ》に向かい、神気益《ますます》壮んなり。温泉も亦た霊なるかな。

語釈 ○**碓氷嶺**―碓氷峠（一二三六メートル）。中山道第一の天険、関東地方に入る要地。○**浅間山**―長野県、群馬県境にある火山、二五六八メートル。山腹に小浅間がある。○**難阻**―険しく行きにくい。○**謡俗**―風俗。○**鄙語**―里びた言葉。○**愛子羇旅**―かわいい子には旅をさせよ。○**獅子墜谷**―獅子は千尋の谷にわが子を落とす。大町桂月は「親子遠足の感」に、「獅子、子を生めば」から「断れ両得為り」までを引用している。○**文九**―長男安積文九郎。○**疥**―白い粉をふいたような発疹ができる皮膚病。○**瘡珠**―硬貨大の円形の白い粉をふいたような発疹。○**攢簇**―群がり集まる。○**痛痒**―痛さとかゆさ。○**大戚**―大きな心配事。○**紛華**―飾られていて華やかなこと。○**裙屐の子弟**―うわべを飾り重任に耐え得ない子弟。　○**筋骸**―筋肉と骨。　○**澡浴**―からだを洗い清める。　○**啓行**―旅立つ。　○**梶塚士善**―艮斎門人帳天保七年の条に、「十二月十一日　武州熊谷　梶塚崇本」とある。　○**盤饌**―盤に盛った食べ物。　○**浮動**―ただよい動く。　○**神龍**―不思議な龍。　○**摸捉**―手さぐりする。　○**歴歴**―ありありと見えるさま。　○**碓氷の関**―碓氷峠の東麓、中山道松井田宿と坂本宿の間に置かれた関所。　○**箯子**―山かご。　○**陟降**―上ったり下ったりする。　○**危磝**―危うい、固い石。　○**翳薈**―草木が茂って蔽っているさま。　○**轎窓**―かごの窓。　○**絮**―真綿の粗いもの。　○**舁夫**―かごかき。　○**毛信**―毛野（群馬・栃木）と信濃。　○**簇簇**―群がり集まるさま。　○**笋籜**―筍の皮。　○**休歇**―休む。　○**建瓴**―瓶の水を屋上からくつがえすように、勢いが強いこと。　○**輿轎**―かご。　○**一炊の頃**―飯を炊くほどの短い時間。　○**晨起**―早起き。　○**纊**―わた。　○**平楚**―高所から見下して平地のように見える林。　○**環立**―輪のように、まるく取り巻いて立つ。　○**物象**―自然の姿。　○**巍然**―高くそびえたっているさま。　○**勃勃**―勢いのさかんなさま。　○**窰**―窯。　○**岳蓮**―富士山。　○**平夷**―平らであること。　○**華表**―鳥居。　○**両楔**―鳥居の二本の支え柱。　○**丈**―一丈は十尺。　○**天明中**―天明三年。　○**絶巓**―いただき。　○**崛起**―山などが高くそびえ立っていること。　○**山脊**―山の背。　○**輥出**―車輪がはやく回るような勢いで噴出するさま。　○**焦迹**―焼けて黒くなった跡。　○**深黝**―濃厚な黒色。　○**突陥**―突然、土地が陥没する。　○**仞**―周代、八尺。　○**火坑**―火の穴。　○**烈燄**―激しい火焔。　○**震慄**―恐れおののく。　○**嶽頂**―高山のいただき。　○**磊磈**―平らでない岩石。　○**吾妻川**―鳥居峠に源を発し、吾妻郡内を東に流れ、渋川市で利根川に合流する。　○**滾**―水のさかんに流れるさま。　○**浩蕩**―広く大きなさま。　○**客館中沢氏**―草津温泉大阪屋（中沢杢右衛門）。今、湯畑を囲む百本の石柱に、同地を訪れた偉人の名が刻され、艮斎の名もある。　○**険阨**―険しい。　○**墮地**―出生。　○**英発**―才智がはなやかに外に発揮せられる。　○**刺刺**―言葉の多いさま。　○**二臘**―十四日。　○**瘥**―癒える。　○**神気**―精神。　○**霊**―不思議な力を持つ。

＊

獅子生子、必墜之深谷、能出者育之、不能者棄而不顧。此誠獣爾。人則異於是、不問其能不能、必愛養之。然使其渉遠途歴難阻、知風土謡俗山水之変態。鄙語所云、愛子羇旅者、亦獅子墜谷之意也。予有三子、長曰文九。生而四歳、患疥、百方療之不已、年已十有三矣。瘡珠攢簇、肌膚如鮫魚皮、痛痒不可忍。予以為大戚。且生于大都、所見惟紛華之地、所与嬉惟裘屐子弟、未嘗出都門一歩也。是以肉緩皮慢、筋骸不相束、略無慷慨激昂之気。予又甚憂之。因謂、上毛草津温泉、於治疥有効。使児澡浴以療疾、兼知羈旅之艱、斯為両得矣。

乃以天保戊戌五月端午、挟文九啓行。塾子梶塚士善請同遊先発、候于熊谷。六日、抵熊谷、士善父子歓迎、亟命酒相欵。盤饌甚殷。七日、偕士善上道。父玄節送至深谷駅、飲別。宿高崎。

八日、間晴間雨、望諸山皆在雲烟中。至松井田、妙義四五峰、突然湧出。而雲気浮動、一翕一闢、乍現乍隠、如神龍之不可摸捉。予往年遊此、天極晴、衆峰歴歴在目。今則出没不定、作種種変態、殆如尽其技而相娯者。

過碓氷関至阪本。雨又至。乗箯子、踰嶺陟降三里、道極険。左右巨石危礙、磨牙角相逼。古木翳薈、雲気自轎窓坌入、如綿如絮。可持以蔵之袖中。山風凄寒透肌。而舁夫流汗遍体。其労可知矣。

絶頂為毛信界。雨稍晴、四山簇簇而出。東見奇峰、如筆架如笋攢、想亦妙義金洞諸山也。休歇下嶺、路益険。而直下有建瓴之勢、輿轎如飛、一炊頃、即抵軽井沢矣。

九日、倩馬而発。晨起甚冷、皆挟纊。駅外平楚千里、万山環立、物象頓異。信州為天下絶高之地、故雖仲夏如深秋之候。

抵沓掛、辞官道入山。浅間山巍然当面、絶頂勃勃吐煙、如自窰中出、勢頗雄。然遠望之、与岳蓮相伯仲、近視不甚高。蓋地勢既絶高、山又踞其上、不似岳蓮之千仞削成、故然。踰一嶺、嶺与浅間相属。登二里餘、浅間近覆頭上。

已登稍平夷。有木華表没于地、所餘僅数尺。馬夫曰、相伝、華表両楔高二丈八尺。天明中、浅間山頂発火、大石千百飛騰、相撃于空中、響如万雷。諸州地震、灰沙雨数十里外。山中深数丈、此其所埋没也。

仰観絶巓已近。其側孤峰崛起、是為小浅間。従此下山半里餘、始見山脊。往年火石輥出、焦迹深黝、絶不生寸木、黒煙益騰上。

馬夫曰、山巓発火処、突陥数千仞、周廻里餘、其中成一大火坑、烈燄常燃、震爆之声成雷。朝山者或至其崖窺之、莫不震慄。又云、往年之災、巨石自嶽頂飛墜、其大有百餘丈者。距此数里、惜不使公等観耳。山下原野、皆為焦土、焼石磊磈横路。想見当時変災之状、使人惨然。

至狩宿有関。過関数里、渉吾妻川。天明之変、火石自山頂滾下塞川、川流漲溢、泥水与火石相激、浩蕩上陸。沿川村落、皆為烏有、人畜死者以数万計。相去五十年、村落未復于旧云。

過川、山路陟降三里、至草津投客館中沢氏。已秉燭矣。児文九、始渉遠途。峰巒之奇秀、道路之険阨、実墮地以来所未観。精神英発、燈下与士善評山批水、談刺刺不已。非復平素驕惰之比、蓋山水秀気、有以激発之。信乎愛子不可不羈旅也。従此日浴温泉、未二臘而疥漸向瘥、神気益壮。温泉亦霊矣。

登白根山記（白根山を登るの記）

私は協調性がないので、世間にうまくたちまわることができず、また、ひとり山水を大変好む。かつて、天保元年（一八三〇）三月に白雲、金洞の二山に遊び、榛名に行った。道すがら風戸《かざと》峠を経、遥かに、西北の峰々の、しろがねを溶かしたような白雪を見た。その中に、一つの峰が高く険しく秀でていた。それを土地の人にたずねると、白根山だと言う。その時は登ることができなかったけれども、心の中では、すでにこの山を知っていた。

天保九年（一八三八）五月、子の文九郎、門人梶塚士善とともに妙義山を見、碓氷峠を越え、浅間山にたちより、草津温泉に浴した。ひとたび洗うごとに、からだ中が快適になるのを覚えた。持病もやや癒えたが、山水を極端に愛する病がますます激しくなった。

ある日、雨が上がったばかりで、四方の山々は髪を洗ったような濃いみどりになり、遊び心と温泉とがともに沸いた。それで、士善に言った、

「白根山はここからそうたいして遠くはなく、三度食事をしたら帰られる。その上、私はこの山と一度顔を合わせたことがある。山の霊は、きっと私のことをはじめての客として扱うことはない。君、ともに登るか」と。士善は、はね上がるようにして命に応じ、子の文九郎もお供をしたいとせがむ。そこで案内者を雇い、食糧を包み酒をかついで出立した。

村の中ほどから東に折れ、青々とした野原を行って、にわかに谷川に到った。水は清く浅く、不揃いの石を橋にしていた。崖の道はひときわ高くそびえていて、魚を串にさしつらねたように列をなして登り、大きな道に出た。渋井道である。男がいて、案内者を見て立ち話をした。彼に問うと、白根

山で硫黄を採掘している者だと言う。道連れとなって行った。

左右に大きな谷があって、中間の険しく切り立った崖は数百丈も壁のように切り立って、馬のたてがみをかけわたしたようで、一つの小道がその上に通じている。足は辛く心は震え、ただ足を移すこともできない。案内者は振り返って笑って言った、

「おろかでのろまな牛でさえも、荷を載せて通ることができます。あなたがた士人が、どうして牛に及ばないのですか」と。私は大いに恥じ入り、気を奮い立たせて進んだ。にわかに、滝が岩の頂上から注ぐのを見た。岩がそびえ、谷あいが狭く、滝は二すじに分かれ、短い方は白絹の帯のようで、長い方は白い練り絹のようで、音は飾りの玉の輪が鳴るようで、下流は石を嚙み雪を噴いて走る。

そこで、草の上に車座になって、酒を飲んで興を添えた。士善が言った、

「このあたりは土地が偏っていて山深く、千古の昔から文人がまだ遊んでいないところです。文人がここに遊ぶのは、多分先生から始まります」と。私は言った、

「そうである。しかし、私には人間界に追われた仙人（大詩人）が人を驚かしたような句がなく、むだにその景勝を観て、いわゆる醜女の鍾離春《しょうりしゅん》を飾って、美人の西施につきあたろうとするだけである」と。皆酒に酔いつぶれ、促し合って去った。

鹿のすねの片方が道に横たわっていた。多分狼の食べ残しである。これのせいで愕然として、それ

で話は狼のことに及んだ。男が言った、

「昔、前橋宿で狼が穀物を荒らしました。民は困り果て、相談して落とし穴を仕掛け、狼はついにそこに落ちました。偶然に一人の農夫がたちよってこれを見ました。狼は力を尽くしたが出ることができず、泣く声は非常に悲しいものでした。農夫は憐れんで、狼に言いました、『おまえ、もし穀物を荒らさないならば、死ぬ運命から救ってやろう』と。狼は従順に耳を垂れ尾を振って、心から喜んで従う様子をしました。そこで、杭を下ろして梯子にしてやると、ただちに梯子にすがりついて逃れました。その後、ふたたび五穀を荒らさず、農夫が夜帰るごとに、いつも守り送って家に到りました」と。世間に、恩義を感じない者のことを称して必ず豺狼と言う。狼が逆にこのように徳に報いることもあるのだ。

さらに一里行き、皆空腹で疲れ、弁当を開いて食べた。立派な料理を食べたように美味しかった。さらに数里行ったところに、きわめて小さくむさ苦しい茅屋があって、ちょっと茶を飲んで去った。ここから大道と別れて山に入り、登れば登るほどいよいよ険しくなった。怪しい岩や珍しい鳥、変った草、美しい木が多く、この時五月中旬で、桜の花が咲き始めていた。唐の詩に「寒巌四月始めて春を知る」と言うのは、これに比べればまだ遅くはないのである。林間に残雪があって、深さは一尺餘りである。子の文九郎と士善が「あはは」と楽しみ笑い、争いすくって雪を噛み、歯と頬にソウソウと金属のような音がした。

すぐに頂上に到った。峰が鋭く切り立って、一本の円い大きな柱のように勢いよく抜きん出て、その他の峰々がまつわりめぐっている。池（弓池）があって、水が満ちていて深く、清冽で両手にすくい取ることができる。池に沿って北に行けば、不揃いの峰がそびえ立って、輪のようにぐるりと一周している。池（湯釜）があって、果てしなく広々としていて、非常に温かく、浴することができる。おおかた、峰々はみな硫黄の気に蒸されて、あるものは黒くあるものは赤く、骨張っていて膚がなく、草木はまったく生えず、怪異で珍らしいさまを極めている。また池の水は冷たかったり熱かったりで、非常に近い距離でもにわかに異なり、造物者が幻術を用い尽くすことは到底思いはかることができない。

案内者が言った、

「山中の池は大小が星のように連なって、およそ九十六泉です」と。私はこれを聞いて、心の中でひそかに喜んだ。漢土の仇池に九十九泉があり、多くの山が泉のまわりをめぐって世間を避けている。いわゆる仙人の居る境の一つで、蘇東坡が夢に遊んだ所である。ところで、この山はまさに仇地のたぐいなので、九十六泉も仙境の付属物であろうか。また私はどんなめぐりあわせでここに遊ぶことができたのか。おそらく私の名を仙人の戸籍に掛けたのではなかろうか。

草津白根山の湯釜

池のほとりに茅屋があって、硫黄を採る者がここに集まる。男が私を導いて巡視した。硫黄をつくる方法は、まず山を穿って硫黄をとり、硫黄と土砂とを混ぜ、手でもんで柔らかくして池の中に浸す。さらにあげてこれを釜の中で煮ると、土砂はおのずと沈み、硫黄はおのずと浮かぶ。その後に硫黄をとり出して乾かす。山吹の花のような深い黄色のものが絶品である。久しく見てまわり、そして山を下った。この日、空は晴れて澄みわたり、あたたかな日差しが人を照らしたが、頂上に到ると、北風がにわかに寒くなった。

帰り道、雲が林や谷から起こり、勢い盛んにただよい動き、人を載せて去ろうとした。私も久しく世間を避けていて、ただちに雲に乗って仙境に遊びたいのだが、かなわない。またたく間に冷たい雨がまばらに降って、振り返ると、ふぞろいの峰はもはや隠れた。草津から山頂に到るのは三里と言うけれども、実際は四里を下まわらず、道も険しくまた危ない。子の文九郎はわずか十三歳で、歩いて往復した。案内者は、その丈夫さを褒めてやまなかった。けれども、宿に帰ると、疲れがきわまり、すぐに布団をかぶって寝た。士善も大変に疲れた。

それで、みずから笑った。私は山水を極端に愛する病を持っていて、ただ自分のことを治すことができなかっただけでなく、一斉に、息子と門人とをその毒に染まらせた。危険なところをわたり歩くことは、全く無用のことである。けれども、荘子は、「世に無用の用有り」と言う。ああ、天下に誰が無用がついに効用を持つことを知るだろうか。天保九年夏五月十七日、原稿を草津の中沢氏の美石で飾られた部屋で書いた。

＊

予、性狷介《けんかい》にして世と俯仰《ふぎょう》する能わず、而して独り山水に於いて篤く好む。嘗て天保庚寅《こういん》三月を以て、白雲、金洞二山に遊び、榛名に詣《いた》る。道に剪風《せんぷう》嶺を経、遥かに西北の諸峰、白雪、銀を鎔《と》かすを見る。其の中に一峰巉巉《ざんざん》として秀出する者有り。之を土人に問えば、「白根山なり」と曰う。時に登ることを獲ずと雖も、則ち心已に之を識れり。

戊戌《ぼじゅつ》五月、児文、門人梶塚士善と偕《とも》に、妙義山を観、碓氷嶺を踰え、浅間嶽を過《よぎ》り、草津温泉に浴す。一たび澡《あら》う毎に輒ち渾身の快適なるを覚ゆ。宿疾稍《やや》痊《い》ゆるも、煙霞《えんか》の痼《こ》益《ますます》劇《はげ》し。

一日雨新たに霽《は》れ、四山濃翠《のうすい》、沐《もく》するが如く、遊意と湯泉《とうせん》と倶《とも》に沸く。因って士善に謂いて曰わく、「白根山は此より距つること甚だしくは遠からず、三飧《さんそん》にして返るべし。且つ、予、一面の旧有り。

山霊必ず我を以て生客《せいかく》と為さざるなり。子《し》、其れ偕に登るか」と。士善は躍然として命に応じ、児文も亦た伴わんことを請う。乃ち導者を傭《やと》い、糧を裹《つつ》み酒を担いて発す。

村の中より東に折れ、莽蒼《もうそう》の野を行き、忽ち一渓を得たり。水、清浅たり、乱石を以て橋に当つ。崖路頗る嶄絶《ざんぜつ》たり、魚貫《ぎょかん》して登り、孔道《こうどう》を得たり。是れ渋井道為《た》り。一客有り、導者を見て立語《りつご》す。之に問えば、「白根山に硫黄を採る者なり」と曰う。伴を結びて往く。

左右に大壑《たいがく》有りて、中間の峭崖《しょうがい》は壁立《へきりつ》すること数百丈、馬鬣《ばりょう》を之れ亘《わた》すが如く、一径《いっけい》其の上に通ず。脚《あし》酸《つら》く神掉《しんふる》え、殆ど趾《あし》を移す能わず。導者顧みて笑いて曰う、「牛の痴重《ちちょう》なるを以てして猶お能く駄《だ》載《さい》して過ぐ。公等《こうら》士人、曽《なん》ぞ牛に之れ若《し》かざる」と。予、大いに愧じ、気を鼓して進む。忽ち瀑布の巌頂より注ぐを見る。巌聳《がんしょう》峡束《きょうそく》として、分かれて二道と為り、短きは縞帯《こうたい》の如く、長きは素練《それん》の如く、声、鏘然《しょうぜん》として珮環《はいかん》の如く、委流《いりゅう》、石を嚙《か》み雪を噴きて走る。

乃ち草に藉《しゃ》して環坐《かんざ》し、酒を酌みて以て興を佐《たす》く。士善曰う、「此の間、地僻《かたよ》り山深く、千古、文人のいまだ遊ばざる所なり。其の之に遊ぶは、蓋し先生より始まる」と。予曰う、「然り。但だ、予、謫仙《たくせん》、人を驚かすの句無く、徒《いたず》らに其の勝を観て、いわゆる無塩《むえん》を刻画《こくかく》して西施《せいし》に唐突するのみ」と。衆皆沾酔《せんすい》し、相い促して去る。

鹿脛一隻《ろくけいいっせき》、道に横たわる有り。蓋し豺狼《さいろう》の餘腥《よせい》なり。之が為に愕然として、因って談は豺狼の事に及ぶ。客曰う、「往年厩橋駅《うまやばし》に狼、禾稼《かか》を害す。民之を苦しみ、胥《あ》い議りて穽《せい》を設け、狼果たして焉《ここ》に陥る。適《たまたま》一農夫過《よぎ》りて之を視る有り。狼、力を極むれども出ずる能わず、呼号《こごう》甚だ哀し。農夫惻然《そくぜん》として謂いて曰わく、『汝、若《も》し禾稼を害する無くんば、我当《まさ》に汝に死を脱すべし』と。狼、耳を帖《た》れ尾を掉《ふ》るいて、悦服《えっぷく》の状を作《な》す。乃ち杙《くい》を下して梯《はしご》と為せば、即ち之に縁《よ》りて逸《のが》る。後に復た五穀を害せず、農夫夜帰る毎に、輒ち護送して家に至る」と。世に薄心腸《はくしんちょう》の者を称して、必ず豺狼と曰う。豺狼、顧《かえ》って能く徳に報ずること此くの如し。

又た行くこと一里、皆飢疲《きひ》し、行厨《こうちゅう》を開きて之を食す。美なること大牢《たいろう》を享《う》くるが如し。又た数里にして、茆屋《ぼうおく》の極めて矮陋《わいろう》なる有り、一たび茶《さ》して去る。此《ここ》より孔道を辞して山に入り、愈《いよいよ》登れば愈険し。怪石多く、異禽《いきん》多く、奇草嘉木多く、時に五月中旬、桜花初めて放《ひら》く。唐詩に「寒巌四月始めて春を知る」と云うは、此れに較ぶればいまだ晩《おそ》しと為さざるなり。林間に残雪有り、深さ尺餘なり。児文及び士善、嘻嘻《きき》として歓笑し、争い掬《すく》いて之を嚼《か》み、歯頬錚錚《しきょうそうそう》として声有り。

既に絶頂に至る。一峰巉岏《さんがん》として、刻厲桀立《こくれいけつりつ》すること単楹《たんえい》の如く、其の他の諸峰、繚遶《りょうじょう》す。池有り、泓然《おうぜん》として以て深く、清冽にして掬《すく》うべし。池に循《よ》りて北すれば、乱峰復た起ちて周匝《しゅうそう》すること環《わ》の如し。池有り、渺然《びょうぜん》として以て広く、甚だ温にして浴すべし。大抵、諸峰は皆硫気《りゅうき》の薫蒸《くんじょう》する所と為り、或いは黒く或いは赭《あか》く、骨立《こつりつ》して膚《はだえ》無く、絶えて草木を生ぜず、怪奇卓異《たくい》の状を極む。而して池水、一《ある》いは冷たく一いは熱く、咫尺《しせき》にして頓《とみ》に異なり、造物者の詭幻《きげん》を致すこと、尤《もっと》も思議すべからず。

導者云う、「山中の池水、大小星羅《せいら》して、凡そ九十六泉なり」と。予、之を聞きて心窃かに喜ぶ。漢土の仇池《きゅうち》に九十九泉有り、万山之を環《めぐ》りて以て世を避くべし。いわゆる洞天福地《どうてんふくち》の一にして蘇東坡の夢に遊びし処なり。今此の山、正に彼れと相い類すれば、其れ亦た洞天の附庸《ふよう》なるか。而して予何の幸いか之に遊ぶを得たる。乃ち名を仙籍《せんせき》に掛くること無からんや。

池畔に茅屋《ぼうおく》有りて、硫《いおう》を採る者焉《ここ》に聚《あつ》まる。客、予を導いて巡視す。硫を製《つく》るの法は、先ず山を鑿《うが》ちて硫を採り、硫と沙土《さど》と相い混ぜ、挼《だ》して之を柔らげて、以て池中に浸す。又た挙げて之を鑊《かま》の中に煮れば、沙土自《おのずか》ら沈み、硫黄自ら浮かぶ。然る後に出だして之を乾《ほ》す。深黄《しんこう》なること常棣《じょうてい》の花の如きは絶品なり。周覧之を久しくして、遂に山を下る。是の日、天清霽《せいせい》、暖日《だんじつ》人を爍《て》らすも、絶巓に至れば北風俄《にわ》かに寒し。

帰途、雲、林谷より起こり、蓬勃《ほうぼつ》として浮動し、人を載せて去らんと欲す。予も亦た久しく人世を厭《いと》い、便ち雲に駕《の》りて帝郷《ていきょう》に遊ばんと欲するも能くせざるなり。須臾《しゅゆ》にして冷雨疎疎《そそ》として下り、頭《こうべ》を回《めぐ》らせば、則ち乱峰已に壑舟《がくしゅう》と為れり。草津より絶巓《ぜってん》に至るは、三里と曰うと雖も、其の実は四里に下らず、路又た険危たり。児文、年甫《はじ》めて十三、徒歩して往反す。導者、其の健なるを美《ほ》めて置かず。然れども寓に帰れば則ち疲れ極まり、径《ただ》ちに被を擁して臥す。士善も亦た大いに疲る。因って自ら笑う。予、煙霞の痼を抱きて、惟だに自ら医《なお》す能わざるのみならず、并《なら》びに児と門人とをして其の毒に染まらしむ。険を冒し危を渉るは、殊に無用に属す。然れども荘子云う、「世に無用の用有り」と。嗚呼、天下に誰か復た無用の果たして用を為すを知らんや。天保九年夏五月十七日、藁《こう》を草津中沢氏の瓊華《けいか》の室に属《つづ》る。

語釈 ○**白根山**―群馬県北西部にある火山。湯釜（火口湖）の西に白根山（二一六〇メートル）、その南に逢《あい》ノ峰（二一一〇メートル）、さらに南に本白根山（二一七一メートル）がそびえる。艮斎は逢ノ峰に登り、弓池に沿って北に行き、湯釜に到った。○**狷介**―自分を守ることにこだわり、他と協調しない。○**俯仰**―たちまわる。○**剪風嶺**―風戸峠（五一〇メートル）。安中市東上秋間と高崎市上里見町を分ける。○**巉巉**―高くけわしいさま。○**児文**―長男安積文九郎。○**宿疾**―持病。子の皮膚病。○**烟霞の痼**―山水を極端に愛する性癖。○**四山**―四方の山々。○**濃翠**―濃いみどり。○**三飧**―三度、食事をする。○**生客**―はじめての客。○**莽蒼**―青々とした野原。『荘子』「逍遥遊篇」に、「莽蒼に適《ゆ》く者は三飧にして反りて腹猶お果然たり」とある。○**乱石**―乱雑な状態の石。○**嶄絶**―ひときわ高くそびえること。○**魚貫**―魚を串にさしつらねたように、列をなして行く。○**孔道**―大きな道路。○**立語**―立ち話。○**大壑**―大きな谷。○**峭崖**―険しく切り立った崖。○**馬鬣**―馬のたてがみ。○**痴重**―おろかでのろまなこと。　○**駄載**―荷を載せる。　○**巌聳峡束**―巌がそびえ、谷あいがせまりちぢまって狭い。　○**縞帯**―白い絹の帯。　○**素練**―白い練絹。　○**鏘然**―玉や鈴などの鳴るさま。　○**珮環**―大帯にかけて飾りとした玉の環。　○**委流**―下流。　○**環坐**―車座。　○**謫仙**―仙界から人間界へ追放された仙人。大詩人。　○**無塩を刻画し西施に唐突す**―無塩出身の醜女・鍾離春《しょうりしゅん》を飾って美人西施を凌ごうとする。　○**沾酔**―酒に酔いつぶれる。　○**鹿脛**―鹿のすね。　○**一隻**―一対の物のうちの片方。　○**豺狼**―やまいぬとおおかみ。　○**余腥**―食べ余した生肉。　○**厩橋駅**―前橋宿。　○**禾稼**―穀物。　○**穽**―おとし穴。　○**呼号**―悲しみ泣きさけぶ。　○**惻然**―あわれんで心をいためるさま。　○**耳を帖る**―従順なさま。　○**悦服**―心から喜んで従うこと。　○**薄心腸**―恩義を感じない心。　○**行厨**―弁当。　○**大牢**―りっぱな料理。　○**茆屋**―茅葺きの家。　○**矮陋**―小さくてむさ苦しい。　○**異禽**―珍しい鳥。　○**寒巌四月始めて春を知る**―晩唐の方干《ほうかん》の七言律詩「龍泉寺の絶頂に題す」の句。　○**嘻嘻**―楽しみ笑う声。
○**歯頬**―歯とほお。　○**錚錚**―金属や楽器の音がさえて響くさま。　○**巑岏**―鋭く切り立っているさま。
○**刻厲**―精出して事をする。　○**桀立**―抜きん出立つ。　○**単楹**―一本の円い大きな柱。　○**繚遶**―まつわりめぐる。　○**泓然**―水が満ちる。　○**周匝**―ぐるりと一周する。　○**渺然**―果てしなく広々としているさま。　○**薫蒸**―蒸す。　○**骨立**―骨ばったさま。　○**卓異**―傑出していて、異彩をはなつこと。
○**咫尺**―距離が非常に近いこと。　○**詭幻**―あやしく惑わす。　○**星羅**―星が天空に羅列するように、物が数多く並びつらなる。　○**仇池**—甘粛省成県の西の山。山上に田百頃と泉九十九眼があるという。
○**洞天福地**—洞天も福地も仙人の居る所。　○**蘇東坡……**—蘇詩「和陶桃花源」の序に「吾嘗奉使過仇池、有九十九泉、万山環之、可以避世、如桃源也」とあり、蘇詩「次韻高要令劉湜峡山寺見寄」に「仇池九十九（仇池有九十九泉、予嘗夢至、有詩。嵩少三十六。子由近買田陽翟、北望嵩山、甚近）、天人同一夢、仙凡無両録」とある。　○**附庸**—付属していること。　○**仙籍**—仙人の戸籍。　○**硫を製るの法**—以下、硫黄採取の方法を記している。硫黄は火薬に使われるものなので、海防論の論客であった艮斎は殊に関心を持ったのであろう。　○**沙土**—砂をたくさん含んだ土壌。　○**常棣**—山吹。　○**清霽**—晴れて澄みわたっていること。　○**暖日**—あたたかな日。　○**蓬勃**—勢い盛んなさま。　○**帝郷**—仙人の住む所。
○**須臾**—ほんの少しの間。　○**疎疎**—まばらなさま。　○**壑舟**—舟を谷間に隠す。『荘子』「大宗師篇」に、「夫れ舟を壑《たに》に蔵《かく》し、山《あみ》（汕）を沢に蔵して、之を固しと謂《おも》う」とある。　○**年甫**—年のはじめ。　○**被**—布団。　○**無用の用**—役にたたない実用性の無いように見えるものに、実は真の有益な働きがある。　○**藁**—原稿。　○**瓊華の室**—瓊華《けいか》（瓊玉に似た光華ある美石）で飾った美しい室。

＊

予性狷介、不能与世俯仰、而独於山水篤好焉。嘗以天保庚寅三月、遊白雲金洞二山、詣榛名。道経剪風嶺、遥見西北諸峰、白雪鎔銀。其中有一峰巉巉秀出者。問之土人、曰、白根山也。時雖不獲登、則心已識之矣。

戊戌五月、偕児文門人梶塚士善、観妙義山、踰碓氷嶺、過浅間嶽、浴草津温泉。毎一澡輒覚渾身快適。宿疾稍痊、而煙霞之痼益劇矣。

一日雨新霽、四山濃翠如沐、遊意与湯泉倶沸。因謂士善曰、白根山距此不甚遠、可三飱而返。且予有一面之旧。山霊必不以我為生客也。子其偕登乎。士善躍然応命、児文亦請伴。乃倩導者、裹糧担酒而発。

自村中東折、行莽蒼之野、忽得一渓。水清浅、以乱石当橋。崖路頗嶄絶、魚貫而登、得孔道。是為渋井道。有一客見導者立語。問之、曰白根山採硫黄者也。結伴而往。

左右有大壑、中間峭崖、壁立数百丈、如馬鬣之亘、一径通其上。脚酸神掉、殆不能移趾。導者顧而笑曰、以牛之痴重而猶能駄載過焉。公等士人、曽牛之不若。予大愧、鼓気而進。忽見瀑布自巌頂注。巌聳峡束、分為二道、短者如縞帯、長者如素練、声鏘然如珮環、委流齧石噴雪而走。

乃藉草環坐、酌酒以佐興。士善曰、此間地僻山深、千古文人所未遊。其遊之蓋自先生始。予曰、然。但予無謫仙驚人句、徒観其勝、所謂刻画無塩唐突西施耳。衆皆沾酔、相促而去。

有鹿脛一隻横于道。蓋豺狼餘腥也。為之愕然、因談及豺狼之事。客曰、往年厩橋駅、狼害禾稼。民苦之、胥議設穽、狼果陥焉。適有一農夫過而視之。狼極力不能出、呼号甚哀。農夫惻然謂曰、汝若無害禾稼、我当脱汝死。狼帖耳掉尾、作悦服之状。乃下杙為梯、即縁之而逸。後不復害五穀、毎農夫夜帰、輒護送至家。世称薄心腸者、必曰豺狼。豺狼顧能報徳如此。

又行一里、皆飢疲、開行厨食之。美如享大牢。又数里、有茆屋極矮陋。一茶而去。従此辞孔道入山、愈登愈険。多怪石、多異禽、多奇草嘉木、時五月中旬、桜花初放。唐詩云、寒巌四月始知春、較此未為晩也。林間有残雪深尺餘。児文及士善、嘻嘻歓笑、争掬嚼之、歯頬錚錚有声。

既至絶頂。一峰巑岏、刻厲桀立如単楹、其他諸峰繚遶。有池焉、泓然以深、清洌可掬。循池而北、乱峰復起、周匝如環。有池焉、渺然以広、甚温可浴。大抵諸峰皆為硫気所薫蒸、或黒或赭、骨立無膚、絶不生草木、極怪奇卓異之状。而池水一冷一熱、咫尺頓異、造物者致詭幻、尤不可思議。導者云、山中池水、大小星羅、凡九十六泉。予聞之心窃喜。漢土仇池有九十九泉、万山環之、可以避世。所謂洞天福地之一、而蘇東坡夢遊処。今此山正与彼相類、其亦洞天之附庸歟。而予何幸得遊之。無乃掛名於仙籍歟。

池畔有茅屋、採硫者聚焉。客導予巡視。製硫之法、先鑿山採硫、硫与沙土相混、挼而柔之、以浸于池中。又挙而煮之鑊中、沙土自沈、硫黄自浮。然後出而乾之。深黄如常棣花、絶品也。周覧久之、遂下山。是日天清霽、暖日爍人、至絶巓北風俄寒。

帰途雲自林谷起、蓬勃浮動、欲載人去。予亦久厭人世、便欲駕雲遊帝郷而不能也。須臾冷雨疎疎下、回頭則乱峰已為壑舟矣。自草津至絶巓、雖曰三里、其実不下四里、路又険危。児文年甫十三、徒歩往反。導者美其健不置。然帰寓則疲極、径擁被而臥。士善亦大疲。
因自笑。予抱煙霞之痼、不惟不能自医、并使児与門人染其毒。冒険渉危、殊属無用。然荘子云、世有無用之用。嗚呼天下誰復知無用之果為用乎哉。天保九年夏五月十七日、属藁於草津中沢氏瓊華室。

【参考】 草津温泉の詩、『艮斎詩略』所収。

題上毛草津客舎壁（上毛草津の客舎《かくしゃ》の壁《へき》に題す）　安積艮斎

架谷依山連幾家　谷に架け山に依り　幾家《いくか》を連ぬ
夏寒裘褐換蕉紗　夏寒くして　裘褐《きゅうかつ》　蕉紗《しょうしゃ》に換う
窓昏屋外千峰雨　窓は昏《くら》し　屋外　千峰《せんぽう》の雨
瓶挿巌頭五月花　瓶《へい》には挿す　巌頭《がんとう》　五月の花
温液有霊真可澡　温液《おんえき》霊有り　真《まこと》に澡《あら》うべし
濁醪雖薄尚堪賒　濁醪《だくろう》薄しと雖も　尚お賒《おぎの》るに堪う

曽無一事侵胸府
酔裏題詩点墨鴉

曽《かつ》て一事も胸府《きょうふ》を侵すこと無し
酔裏《すいり》詩を題して　墨鴉《ぼくあ》を点ず

＊下平六麻

昨《きのう》白根山山中に遊ぶ。桜花初めて放《ひら》く。数枝《すうし》を折りて帰る。

語釈　○**客舎**―旅館。艮斎が逗留した草津温泉大阪屋には、この詩（現代書家の揮毫）が掲げられている。○**裘褐**―かわごろもとあらい毛織物。○**蕉紗**―芭蕉の一種の蕉麻の繊維で織った布。○**巌頭**―巌のほとり。○**温液**―湯。○**濁醪**―にごり酒。○**賒る**―掛けで買う。草津温泉の商習慣。○**胸府**―心。○**墨鴉**―下手な書（謙遜）。

❊

谷に架けわたし山に寄り添って、旅館がいくつも軒を連ねている。夏も寒く、冬の衣を麻衣ととりかえた。

旅館の外では雨が多くの峰に降って、窓辺は暗い。白根山の巌のほとりに咲いた五月の桜の花を瓶に挿した。

草津の湯は霊妙で、本当に洗い清められる。にごり酒は薄いけれども、しかしながら掛けで買うに値する。

ずっと、心をおかすことが一つもない。酔い心地で詩を書きつけ、下手な書を点じた。

答芳川波山別紙（芳川波山《よしかわはざん》の別紙に答う）

※手紙文は本来敬体にすべきだが、煩雑を避けるため常体で訳した。

近日、都下に火災が何度も起こり、上の者も下の者も騒然とした。推しはかるに、貴兄もすでに伝え聞いて、きっと思いめぐらし憂えているはずだ。それで左の通り細かく述べる。

本月七日の昼過ぎ、火災は神田佐久間町から起こった。そのとき北風がちょうどはげしく、火の粉がすぐに柳原の堤を越え、ほんの少しの間に燃え広がった。火勢は奔馬よりもはやく、みやこ中狂ったように非常にあわてた。道具を持ってきて火から救う人、家具を搬出する人、屋根に乗って飛び火を防ぐ人、人垣をつくって見る人、すきを狙ってとびこんで籠や箱を盗む人、ギャーッと叫ぶ人、泣き叫ぶ人、背に物を載せて走る人などが蟻や蜂のように群集し、まちは押し合いへし合いして、ひとあしも踏み入れられない。

火の勢いはさらに熾烈になって、神田の多くの街路を焼き尽くしていないうちに、火の道は遠く両国や浜町のあたりにある。数里にわたって赤く光り、夜も昼のように明るい。翌日の夜明けにようやく消えた。北は和泉橋から南は中之橋にいたり、東は浅草見附から西は本町《ほんちょう》にいたった。そのほか、小網町、霊巌島、八丁堀もみな消えた。これはすでに大災である。数人の町火消が土蔵に乗越えて九日、火はまた檜物町から起こり、延焼して西河岸町にいたった。数人の町火消が土蔵に乗って火を防いでいた。火がにわかに蔵の中から発したので、ただちに皆、身をひるがえして川へとびこみ、再び岸に上って、力を尽くして火を防いだ。彼らはこれほど無茶で勇ましい。

翌十日、西北の風が非常に激しい。砂や塵を巻き上げ、日がかげって暗く、誰しもおのずと危険を感じた。真昼に、火はついに宮津侯の屋敷から発した。屋敷は郭内にある。いわゆる大名小路のところ、となりはみな列侯の屋敷で、まちなかの小さな店の比ではない。火気はすでに荒々しく、風の神の威力が加わったので、はげしい火焰が競い起こり、けむりが空一面にあふれ広がった。

みやこ中、火消の将卒が争うようにしてこの火災を防いだが、火が原野を焼くように盛んに燃え広がる勢いに、向かい近づくこともできない。大声で呼び叫ぶ声が、カツカツ、バクバクとはじける音と交じって、風はさらに怒り、火はさらに激しくなった。松本、西尾、岩村、岡山、津山、高知侯の、高くそばだち天にもせまる屋敷が、まるで稿をたばねて燃やしたようなさまであった。すぐに徳島侯の屋敷に及んだ。大広間や楼閣がとりわけ広壮である。にわかに真っ赤な炎がとび上がるさまは、まるで崑崙《こんろん》の山の背に盛んに燃えるようで何もかも焼けてしまった。

さきに徳島侯は三縁山増上寺の防火の命を受けていた。だから、延焼がもはや屋敷に及んでいたけれども、奮ってかえりみず、徒士衆を編成し、けむりの中から飛び出した。隊伍は整い、閑雅な風情で、決して、かすかな憂いの気配もない。いわゆる公のためにのみ私を忘れ、国のためにのみ家を忘れることは、わが国の忠勇の風であって、漢人が夢にも見るものではない。貴兄にこのさまを見せられないのが残念である。

このとき、飛び火はすでに郭の外に星のように散らばって、炎が盛んに燃えあがり、分かれて二つの道になった。一つは鍛冶橋から築地にいたり、一つは数寄屋橋から芝口の仙台侯の屋敷にいたり、一様に海湾にきわまって止んだ。火の光が波を照らして赤黒い血の色に変わり、帆船が驚き走るさまは、アゲハチョウが桃花の林に舞い飛ぶようなさまであった。はなはだしいものは、帆柱が飛び火のために焼かれてしまい、ふなびとはおそれ驚き、海を泳いで逃げた。

およそ三日の大災に、諸侯の屋敷や商人の町の、天下に繁華富裕喧騒の区域と言われているところが、ひとときの間に焼け野原に変わり果てた。ただ焦げた瓦や燃えた木材がちらばってごろごろし、数里が連なったさまを見るばかりである。長く平らかな橋梁は、あるものは焼け落ち、あるものはその半分が残った。高い門や唐破風の門も、わずかに礎が残るだけである。そのほかの大寺、西本願寺や薬師堂なども烏有に帰した。人や家畜の死傷は、もとよりすべては数えられない。まことに未曽有の変であった。

近日、都下に舞馬《ぶば》の災屢《しばしば》起こり、上下騒然たり。※想うに亦た賢兄已に伝え聞き、定めて高慮《こうりょ》を軫《いた》む。故に曲《つまび》らかに陳ぶること左の如し。

本月七日午下《ごか》、火は神田佐久間巷より起こる。時に北風方《まさ》に厲《はげ》しく、飛燄《ひえん》直だちに柳原堤を踰え、須臾にして蔓延《まんえん》す。勢は犇馬《ほんば》よりも疾《はや》く、闔都蒼黄《こうとそうこう》として狂うが如し。械器《かいき》を持ちて火より救う者、家具を搬出する者、屋に乗りて飛熛《ひひょう》を防ぐ者、堵立《とりつ》して観る者、罅《すき》に投じて篋匱《きょうき》を偸《ぬす》む者、暑《ほう》と呼ぶ者、哀号《あいごう》する者、負い且つ走る者、蟻簇蜂屯《ぎそうほうとん》、街衢填咽《がいくてんえつ》して、跬歩《きほ》も容れず。炖勢《とんせい》益《ますます》熾《さか》んにして、神田の諸衕《しょとう》、いまだ燬《や》き尽くさざるに、火道《かどう》は遠く両国、浜街の間に在り。紅光《こうこう》数里、夜明るくして昼の如し。翌暁《よくぎょう》、始めて熄《き》ゆ。北は泉橋《いずみばし》より南は中橋《なかのはし》に至り、東は浅草門内より西は本街に至る。其の他、小網巷《こあみこう》、霊巌島《れいがんじま》、八町堀《はっちょうぼり》皆熸《き》ゆ。斯れ已に大災なり。

越えて九日、火又た檜物巷《ひものこう》より起こり、延焼して西河岸《にしがし》に至る。街卒《がいそつ》数人、土庫《どこ》に乗りて之を防ぐ有り。火忽ち庫中従《こちゅうよ》り発すれば、即ち皆身を翻《ひるが》えして河水《かすい》に投じ、復た岸に上り、力を極めて之を防ぐ。其の狂勇《きょうゆう》なること類《おおむ》ね此くの如し。

翌十日、西北の風、甚だ劇《はげ》し。沙《すな》を揚げ塵を捲《ま》き、天日翳《てんじつかげ》りて晦《くら》く、人人自《おのずか》ら危ぶむ。卓午《たくご》、火果たして宮津侯《みやづこう》の邸より発す。邸は郭内に在り。いわゆる大名小路なる者、隣並《りんへい》は皆列侯の第宅《ていたく》にして、復た区区たる市廛《してん》の比にあらず。鬱攸《うつゆう》既に暴《あら》く、加うるに飛廉《ひれん》の威を以てすれば、烈焰《れつえん》競い起こり、煙焥《えんえん》、天に漲《みなぎ》る。

闔都《こうと》の防火の将卒、争い来りて之を救えども、燎原《りょうげん》の勢、嚮邇《きょうじ》すべからず。呼号呐喊《ここうとっかん》の声、刮刮爆爆《かつかつばくばく》と相い雑《まじ》り、風益《ますます》怒り、火益激し。松本、西尾、岩村、岡山、津山、高知侯諸邸、飛甍巘巘《ひぼうげつげつ》として天に摩《ま》す者、猶お稿を束ねて之を爇《や》くがごとし。直だちに徳島侯邸に及ぶ。堂廡《どうぶ》楼閣、尤も宏壮と為す。俄頃《がけい》にして紅焰騰上《こうえんとうじょう》すること崑岡《こんこう》に炎《も》ゆるが如し。

是より先、徳島侯は、三縁山《さんえんざん》の防火の命を承く。故に延焼已に邸に及ぶと雖も、奮いて顧みず、士衆を部勒《ぶろく》し、煙焥《えんえん》の中従《よ》り突出す。隊伍斉整《せいせい》、意思閑雅、曽て幾微憂恤《きびゆうじゅつ》の色無し。いわゆる公のみにして私を忘れ、国のみにして家を忘るるは、吾邦忠勇の風にして、漢人の夢に見る所にあらざるなり。恨むらくは、賢兄をして之を観せしめざるのみ。

是の時、飛熛《ひひょう》既に郭外に星散《せいさん》し、炎炎《えんえん》として上り、分かれて二道と為る。一《いつ》は鍛冶橋《かじばし》より築地に至り、一は数奇屋橋《すきやばし》より芝口《しばくち》の仙台邸に至り、並びに海湾に極まりて止む。火光《かこう》波を照らして殷血《いんけつ》の色と作り、布帆驚走《ふはんきょうそう》すること、蛺蝶《きょうちょう》の桃花《とうか》の林に翩飛《けんぴ》するが如し。甚だしきは、帆檣《はんしょう》、飛焔《ひえん》の為に焮《きん》せらるるに至り、舟人恇駭《しゅうじんきょうがい》し、海に泅《およ》ぎて遁《のが》る。

凡そ三日の大災《たいさい》に、諸侯の邸第《ていだい》、商賈《しょうこ》の闤闠《かんかい》、天下に称して繁華殷賑熱鬧《いんしんねつどう》の区と為す所の者、一時に化して赤土《せきど》と為る。但だ焦瓦《しょうが》燼材《じんざい》、縦横に礧磈《らいかい》し、数里相い接するを見るのみ。長橋平梁《ちょうきょうへいりょう》、或いは焼断《しょうだん》し、或いは其の半ばを存す。高門穹闕《こうもんきゅうけつ》、僅かに遺礎《いそ》有るのみ。其の餘の大刹《たいせつ》、西本願寺、薬師堂の若きも亦た烏有《うゆう》と為る。人畜の死傷、固《もと》より以て悉《ことごと》くは計《かぞ》うべからず。洵《まこと》に未曽有の変と為す。

語釈 ○**芳川波山**―119頁に既述。 ○**別紙**―書翰。 ○**舞馬之災**―火災。晋の黄平が、馬が脚を踏み鳴らして躍る夢を見て、はたして火事が起こった故事に因る。 ○**神田佐久間巷**―筋違御門の外、神田川沿い。 ○**柳原堤**―筋違橋から浅草橋へおよそ十町つづく。堤の外は神田川。 ○**須臾**―ほんの短い間。
○**犇馬**―走る馬。 ○**闔都**―都内全部。 ○**蒼黄**―非常にあわてるさま。 ○**械器**―さまざまな道具。
○**飛熛**―とび火。 ○**筐匱**―かごやはこ。 ○**謈**―痛いあまり叫ぶ声。擬声語。 ○**哀号**―悲しみ、泣き叫ぶ。 ○**蟻簇蜂屯**―蟻や蜂のように群がり集まる。 ○**街衢**―まち。 ○**填咽**―押し合いへし合いする。 ○**跬歩**―ひとあし。 ○**炖**―火の勢いが盛んなさま。 ○**衕**―街路。 ○**火道**―火事で焼け広がる筋道。 ○**浜街**―両国橋から永久橋の間を俗に浜町と称した。 ○**泉橋**―和泉橋。神田川にかかる。
○**中橋**―江戸川（神田上水）の石切橋と隆慶橋の間にある橋。 ○**浅草門**―浅草橋の浅草見附。江戸城の警護のため三十六ヶ所に設けられた見附（見張り番所）の一つで、枡形の門は「浅草御門」と呼ばれた。
○**本街**―常磐橋の北詰から浅草御門へ、西から東に通ずる道を「本町通り」と言い、西の御城に近い所に本町一丁目から四丁目があった。 ○**小網巷**―思案橋を中にして西北に小網町一丁目、南に二、三丁目とつづく。○**霊巌島**—永久島（箱崎）と鉄砲洲に挟まった地帯。○**八町堀**—京橋川の下流、白魚橋の東の川筋をいう。○**檜物巷**—檜物町。日本橋の南、通三、四丁目の西に隣接す。○**西河岸**—西河岸町。日本橋の南、一石橋と日本橋に至る河岸寄りの町名。○**卓午**—正午。○**宮津侯**—丹後国宮津藩主松平（本庄）宗発《むねあきら》。○**郭内**—城郭の内側。江戸の武家の住む地域。○**大名小路**—北は道三橋の西から南は数寄屋橋の西に通じる大通りの両側に諸大名の上屋敷が並んでいた。○**市廛**—町なかの店。○**鬱攸**—火気。○**飛廉**—風の神。風をまきおこすという不思議な鳥。○**烈焔**—はげしい火焔。○**煙焮**—けむり。○**天に漲る**—天空一面にあふれ広がる。○**燎原**—火が原野を焼くように盛んに燃え広がる。○**嚮邇**—向かい近づく。○**呼号**—大声で呼び叫ぶ。○**吶喊**—叫び声。○**刮刮爆爆**—はじける音。擬音語。○**飛甍**—高いいらか。高大な家屋のたとえ。○**巘巘**—高くそばだつさま。○**堂廡**—大広間とそのまわりの廊。○**俄頃**—にわかにして。○**紅燄**—真っ赤な炎。○**崑岡**—崑崙《こんろん》山。西王母が住み美玉を産す。岡は山の背。『書経』「胤征」に、「火崑岡に炎ゆれば、玉石倶に焚く」とある。○**三縁山**—三縁山増上寺。徳川家の菩提寺。境内二十五万坪、寺領一万五百四十石、学僧三千余人。○**部勒**—部隊を編成する。○**斉整**—整っている。○**意思**—風情。○**幾微**—かすかな気配。○**憂恤**—うれえる。○**国耳**……—『漢書』「賈誼伝」の語。○**星散**—星が分在するように四方に散らばる。○**炎炎**—炎の盛んに燃えるさま。○**鍛冶橋**—鍛冶橋御門。呉服橋門と数寄屋橋門の間、鍛冶町へ出る門。○**築地**―三十間堀の東南の地を埋め立て築地と総称した。現中央区築地。○**数寄屋橋**―数寄屋橋御門から外濠に架る橋。今、濠は無い。○**芝口**―芝口橋（新橋）の南詰に芝口一から三丁目があった。○**殷**―黒みがかった赤色。○**布帆**―帆船。○**翾飛**―小さく飛び軽く揚がる。○**帆檣**―ほばしら。○**恇駭**―おそれおどろく。○**商賈**―商売人。○**闤闠**―町人が住むところ。○**殷賑**―富裕。○**熱鬧**―都会の往来のはげしく騒がしいこと。○**礧磈**―大きな石がごろごろしているさま。○**穹闕**―弓形に広く張った門。○**西本願寺**―西本願寺の別院。今の築地本願寺。○**薬師堂**―茅場町薬師堂。永田馬場山王御旅所《おたびしょ》の地にあり、別当は医王山智泉院と号した。御旅所には江戸城の守護神日枝神社を遥拝する社が二宇並び建っていた。ここに、天下祭と称された同神社の祭礼にて神輿の神幸があった。

※

近日都下舞馬之災屢起、上下騒然。想亦賢兄已伝聞、定軫高慮。故曲陳如左。

本月七日午下、火起於神田佐久間巷。時北風方厲、飛燄直踰柳原堤、須臾蔓延。勢疾犇馬、闔都蒼黄如狂。持械器救火者、搬出家具者、乗屋防飛標者、堵立而観者、投罅而偸筐匱者、呼暑者、哀号者、負且走者、蟻簇蜂屯、街衢塡咽、不容跬歩。

炖勢益熾、神田諸衕未燬尽、而火道遠在両国浜街之間矣。紅光数里、夜明如昼。翌暁始熄。北自泉橋、南至中橋、東自浅草門内、西至本街。其他小網巷、霊巌島、八町堀皆燼。斯已大災矣。
越九日、火又起於檜物巷、延焼至西河岸。有街卒数人、乗土庫防之。火忽従庫中発、即皆翻身投河水、復上岸、極力防之。其狂勇類如此。
翌十日、西北風甚劇。揚沙捲塵、天日翳晦、人人自危。卓午火果発宮津侯之邸。邸在郭内。所謂大名小路者、隣並皆列侯第宅、非復区区市廛之比。鬱攸既暴、加以飛廉之威、烈焰競起、煙焼漲天。闔都防火将卒、争来救之、而燎原之勢、不可嚮邇。呼号吶喊之声、与刮刮爆爆相雑、風益怒、火益激。松本、西尾、岩村、岡山、津山、高知侯諸邸、飛甍钀钀摩天者、猶束稿而爇之。直及徳島侯邸。堂廡楼閣、尤為宏壮。俄頃紅燄騰上、如炎崑岡。
先是徳島侯承三縁山防火之命。故雖延焼已及邸、奮而不顧、部勒士衆、従煙焼中突出。隊伍斉整、意思閑雅、曽無幾微憂恤之色。所謂公耳忘私、国耳忘家、吾邦忠勇之風、非漢人所夢見也。恨不使賢兄観之耳。
是時飛熛既星散郭外、炎炎而上、分為二道。一自鍛冶橋至築地、一自数奇屋橋至芝口仙台邸、並極海湾而止。火光照波、作殷血色、布帆驚走、如蛺蝶翾飛於桃花林。甚至帆檣為飛焔所燬、舟人恇駭、泅海而遁。
凡三日大災、諸侯邸第、商賈闤闠、天下所称為繁華殷賑熱閙之区者、一時化為赤土。但見焦瓦燼材、縦横礧磈、数里相接。長橋平梁、或焼断、或存其半。高門穹闕、僅有遺礎耳。其餘大刹若西本願寺、薬師堂、亦為烏有。人畜死傷、固不可以悉計。洵為未曾有之変矣。

十一日、火はまた水戸の屋敷内から起こって、その近くが騒がしくなった。首を長く延ばして見るうちに、小川町でまた火を発した。町と私の家とは近い。赤黒いけむりがわきあがって、にわかに盛んに燃え、一家の者みな震え驚いて、顔色が定まらない。争って文箱をかつぎ衣装箱を背負って走ったが、虎の牙から逃げられそうもない。一時の非常に慌てたさまは、あわれでもあり滑稽でもあった。そのまま火はしだいに消え、家屋は無事であった。それぞれ自分の手をひたいに当てて祝いあった。けれども、ひどい疲れも極限にいたった。

およそ先月から雨が降らず、晴れて風があって、屋根や塀が乾燥していたので、火の神が跋扈しても制することができなかった。七日運よく火災を免れて、酒を飲んで祝い合った人が、九日には屋敷がにわかに赤々と燃えている。九日火災をすり抜けて、いかにもうれしそうにしていた人が、十日にはひとかけの瓦も頭上をおおわない。ほんの少しの間に、喜びと憂いが急に変わる。

風や火もまた、たくみに奇計を出す人のようである。今日南風が人々を虐げると、明日は北風が思いのままに威力をふるう。明日は東南、その翌日は西北に転じ、順と逆がめぐりまわり、行ったり来たりかけまわって、その焼いたところは、とうとう一つの区域に合わさる。

くわえて、伝馬町の牢獄が火災にあい、獄吏は恐れ慌てて囚人を解き放った。佃島の流人も、すべて逃げ去った。けれども、その後帰らない人が少なくなかった。白楽天が言う「四百の死囚来りて獄に入る」は、それきり虚言となった。むしろ蘇東坡が言う「百万の虎狼を山林に縦つ」の語にほぼ近い。このやからは、日夜、火を放ち箱を開き、ある者は人を枡形門の外におさえてとめ、ちょろちょろとほしいままにはねまわって遠慮がなかった。たとえ趙張三王が姦賊を投げつけ、しばりつけて、ひもで通し連ねた宝玉のように、ごろごろと捕まえるにしても、しかしながら、身をかわしてたくみに避け、ねらって四方にかくれ、すきに乗じてまたぱっとあらわれ出る。家の板や門の金具の音が聞こえると、人の心は逆巻く波音のようになって、荷物をかついで立つ。実に私がみやこに身を寄せて三十年、まだ見たことがないものである。

こういうわけで、連日の講義はみなやめた。ただ箱をしばって金具でとめたり、運搬したりするだけである。ひと晩中、まんじりともせず、あるいは火災の死者を弔い、悲嘆にくれる者を訪れて痛み慰め、燃えた木材や焦げた瓦の中をかけまわった。両目は灰やほこりのために見えなくなり、疲れて倒れそうになって帰ると、敷物がまだあたたまらないうちに、非常を知らせる太鼓の音がまたドンドンと鳴る。

そこで、門生に冗談を言った、「私と君とは平和の世に生まれ、まだ戦争を知らない。今、大災が何度も起こり、朝晩のあわただしさは戦国の世に異ならない。さて、火は奇兵と同じである。これを東に防いでも西から飛び出し、これを北に備えても南から起こる。不思議なまぼろしのように、いつも人が思いめぐらさないところから出るのは、呉が楚の大軍を思いのままにし、隋が大攻勢をかけて陳を討ったのと同じである。わが将卒（門人）に奔走するよう命じて疲れさせた。けれども、私と君とは国家のために奇策を出して火の神を撲滅することができなかった。ただ日夜文箱や衣装箱を守り、火が至れば走るだけである。昔の猛将や強兵にこれを見させたならば、あきれて大笑いして、かぶとの紐が絶ちきれてはしまわぬか」と。それで、ともに笑い転げた。

※

十一日、火又た水府《すいふ》の邸中より起こりて、四隣喧擾《しりんけんじょう》す。鶴望《かくぼう》の間、小川街又た火を発す。街と弊居《へいきょ》と相い近し。玄煙蓬勃《げんえんほうぼつ》、突如たり焚如《ふんじょ》たり、挙家震駭《きょかしんがい》して五色主無し。争いて書笈《しょきゅう》を担い衣筐《いきょう》を負いて走るも、殆ど虎口《ここう》より脱せず。一時蒼黄《そうこう》の状、憫むべく又た笑うべし。既にして火漸《ようや》く熄《き》え、闔廬《こうりょ》恙《つつが》無し。各《おのおの》手もて額《がく》にして相い慶ぶ。而れども疲憊《ひはい》も亦た極まれり。

蓋し前月より来《このかた》雨ふらず、晴れて風あり、屋乾き牆燥《しょうかわ》き、故に回禄跋扈《かいろくばっこ》するも制すべからず。七日倖《さいわ》いに免れて、酒を酌みて相い賀する者、九日垣廬《えんろ》忽ち赭《あか》し。九日漏脱《ろうだつ》して、喜色、掬《きく》すべき者、十日片瓦《へんが》も頭《こうべ》を蓋《おお》わず。俛仰《ふぎょう》の間、欣戚《きんせき》頓《とみ》に異なる。風火も亦た巧みに奇を出だす者の若し。今日南風、虐を作せば、則ち明日北風、威を逞《たくまし》うす。明日は東南、則ち次日転じて西北と為り、順逆廻環《かいかん》、往復馳騁《ちてい》して、其の焚《や》く所は遂に合して一区と為る。之に加うるに伝馬巷《てんまこう》の牢獄、災いに罹り、獄吏、惶遽《こうきょ》して囚を縦《はな》つ。佃島《つくだじま》の流人も亦た悉く逸《はし》り去る。而れども災後帰らざる者少なからず。楽天《らくてん》謂う所の「四百の死囚来りて獄に入る」は、竟に虚語と為る。而れども坡翁《はおう》謂う所の「百万の虎狼《ころう》を山林に縦《はな》つ」、殆ど之に近し。此の輩は、日夜、火を放ち筐《きょう》を胠《ひら》き、或いは人を国門《こくもん》の外に禦《ふせ》ぎ、跳踉《ちょうりょう》恣睢《しき》して顧忌《こき》する所無し。趙張三王、姦《かん》を擿《なげう》ち賊を縛《ばく》して、累累たること貫珠《かんしゅ》の如しと雖も、而れども閃躲《せんた》して巧みに避け、狙いて四方に伏し、隙《すき》に投じて復た発す。邸販閭金《ていばんりょきん》の声相い聞こゆれば、人心洶洶《きょうきょう》として、荷担して立つ。実に僕寓都《ぐうと》三十年にして、いまだ観ざる所なり。

是を以て連日の講会《こうかい》皆廃す。唯だ篋笥《きょうし》を縢鐍《とうけつ》し、函笈《かんきゅう》を搬運《はんうん》するのみ。竟夕《きょうせき》、睫《しょう》を交えず、或いは火を弔《とむら》い災を唁《とむら》い、燼材焦甎《じんざいしょうせん》の間に犇鶩《ほんぶ》す。両目《りょうもく》は灰埃《かいあい》の為に眯《くら》まされ、困頓《こんとん》して帰れば、則ち席いまだ煖《あたた》まらざるに、警鼓《けいこ》の声又た鼕鼕《とうとう》たり。

乃ち門生に戯れて曰わく、「予と子《し》と昇平に生まれ、いまだ干戈《かんか》を知らず。今や大災屢《しばしば》起こり、朝夕の倥偬《こうそう》、戦国に異ならず。夫れ火は猶お奇兵のごときなり。之を東に防げども西より発し、之を北に備うれども南より起こる。神幻《しんげん》鬼詭《きき》、毎《つね》に人の慮《おもんばか》らざる所より出ずるは、猶お之れ呉の楚を肆《ほしいまま》にし、隋の陳《ちん》を伐つがごとし。吾が将卒をして犇命《ほんめい》に疲らしむ。而れども予と子と国家の為に奇策を出だして祝融《しゅくゆう》を撲滅する能わず。惟だ日夜、書笈《しょきゅう》衣筐《いきょう》を是れ護り、火至れば則ち走ること有るのみ。古の猛将勁卒《けいそつ》をして之を視せしむれば、啞然大笑して冑纓《ちゅうえい》を絶つこと有らざるか」と。因りて相い共に絶倒す。

語釈 ○**四隣**―となり近所。 ○**喧擾**―騒がしい。 ○**鶴望**―首を長く延ばし、のびあがって見る。 ○**蓬勃**―盛んにわきあがるさま。 ○**焚如**―火の盛んに燃えるさま。 ○**震駭**―ふるえおどろく。 ○**五色主無し**―顔色が定まらない。 ○**書笈**―文箱。 ○**衣筐**―衣服を入れる箱。 ○**虎口**―極めて危険な場所。 ○**闔廬**―家屋。 ○**疲憊**―ひどく疲れる。 ○**回禄**―火の神、火事。 ○**漏脱**―漏れぬける。 ○**俛仰の間**―非常に短い時間。 ○**欣戚**―喜びと憂い。 ○**廻環**―めぐりまわる。 ○**馳騁**―かけまわる。 ○**伝馬巷**―日本橋大伝馬町および小伝馬町。 ○**牢獄**―伝馬町の牢屋敷。 四囲の濠を設け、西側は土手、表門は南にあった。 ○**惶遽**―おそれ慌てる。 ○**四百の死囚来りて獄に入る**―白居易『七徳舞』（七言の長詩、七徳の舞）に、「怨女三千放ちて宮より出だし、死囚四百来りて獄に帰る」とある。唐の太宗はあるとき牢獄を視察し、死刑囚を見て哀れに思い、国中の死刑囚をみな一時釈放して家に帰らせ、翌年の秋まで執行を猶予しそれまでに帰るように命じた。釈放された死刑囚四百人が一人も欠けず帰獄し、太宗は感心して全員を赦免したという。○**虚語**―真実でないことば。○**百万の虎狼を山林に縦つ**―蘇東坡の「六国論」に、「秦国への反乱は、二世皇帝の世に起こるが、もしも始皇帝が四つのもの（智恵と勇気と弁舌と腕力）をそなえた人間を畏れて、処遇のてだてを怠らなければ、秦国の滅亡は、はやまらなかったであろう。百万の虎や狼を山林にはなち、飢渇させておいて、それがやがて人にかみつくのを知らなかったのである。世間が始皇帝を智恵ある人と評価しても、私は信じない」とある。○**跳踉**―ちょろちょろとはねまわる。○**恣睢**―他人をみすえてほしいままにふるまう。○**顧忌**―遠慮してさける。○**趙張三王**―漢代、趙広漢、張敞《しょう》、王尊、王章、王駿。この五人は、京兆尹《けいちょういん》（長安近辺の県を統治）としての業績から「趙張三王」と称せられた。○**累累**―ごろごろとたくさんの物があるさま。○**貫珠**―ひもで通し連ねた宝玉。○**閃躲**―身を避ける。○**邸版閭金**―家屋敷の板材や門の金具。○**洶洶**―波がさかまく音。○**荷担**―荷物を肩や背に担う。○**篋笥**―文書・衣服等を入れる箱。○**縢鐍**―しばって金具でとめる。○**函笈**―箱とおいづる。共に書籍を入れるもの。○**竟夕睫を交えず**―一晩中、まんじりともしない。○**犇騖**―疾く走る。○**困頓**―疲れて倒れる。○**警鼓**―非常を知らせるつづみ。○**鼕鼕**―太鼓の音。○**空偬**―忙しくてあわただしいさま。○**鬼詭**―奇怪なさま。○**呉の楚を…**―柏挙の戦い。春秋時代、呉は、孫武の軍略のもと、三万の兵で、楚の二十万の大軍を破った。○**隋の陳を…**―隋の文帝は、南朝の陳に大攻勢をかけ、五八九年に滅ぼし、中国を再び統一した。　○**祝融**―火を司る神。転じて火災のことをいう。　○**勁卒**―強い兵隊。　○**冑纓**―かぶとの結びひも。　○**絶倒**―転がるほど、ひどく笑う。

※

十一日、火又自水府邸中起、四隣喧擾。鶴望之間、小川街又発火。街与弊居相近。玄煙蓬勃、突如焚如、挙家震駭、五色無主。争担書笈負衣筐而走、殆不脱虎口。一時蒼黄之状、可憫、又可笑。既而火漸熄、闔廬無恙。各手額相慶。而疲憊亦極矣。

蓋前月来不雨、晴而風、屋乾牆燥、故回禄跋扈不可制。七日倖免焉而酌酒相賀者、九日垣廬忽赭。九日漏脱焉而喜色可掬者、十日片瓦不蓋頭。俛仰之間、欣戚頓異。風火亦若巧出奇者。今日南風作虐、則明日北風逞威。明日東南、則次日転為西北、順逆廻環、往復馳騁、其所焚遂合為一区。

加之伝馬巷牢獄罹災、獄吏惶遽縦囚。佃島流人亦悉逸去。而災後不帰者不少。楽天所謂四百死囚来入獄、竟為虚語。而坡翁所謂縦百万虎狼於山林、殆近之。此輩日夜放火胠筐、或禦人於国門之外、跳踉恣睢、無所顧忌。趙張三王、雖擿姦縛賊、累累如貫珠、而閃躲巧避、狙伏於四方、投隙復発。邸版閭金之声相聞、人心洶洶、荷担而立。実僕寓都三十年所未観也。

是以連日講会皆廃。唯縢鐍篋笥、搬運函笈。竟夕不交睫、或吊火唁災、犇騖於燼材焦甎之間。両目為灰埃所眯、困頓而帰、則席未煖、而警鼓之声又鼕鼕矣。
乃戯門生曰、「予与子生於昇平、未知干戈。今也大災屢起、朝夕倥偬、不異戦国。夫火猶奇兵也。防之東而発於西、備之北而起於南。神幻鬼詭、毎出於人之所不慮、猶之呉之肄楚、隋之伐陳。使吾将卒疲於犇命矣。而予与子不能為国家出奇策撲滅祝融。惟日夜書笈衣篋是護、火至則有走耳。使古之猛将勁卒視之、不有啞然大笑而絶冑纓乎。因相共絶倒。

今しがた客が来て、私に語った、「七日、火は桑名侯の屋敷にせまりました。侯はみずから侍衆をひきいて屋根に乗り、左右に指揮しました。号令は非常に厳格でした。侍が皆決死で火災を防いだので、屋敷は火にあぶられた中にはさまれていたけれども、むっくりと突き出して一つだけ残りました。ですから、たとえ火の勢いがはげしくとも、防御が適切であったならば、必ず絶やすことができないとは限らないのです」と。

また語った、「十日、火がまさに盛んに燃えていました。幕府が急いで諸侯に救援させたのは、およそ特命です。だから、すみやかに認識できなかった者が多いのです。わずかに上田侯だけが、命令を受けて、即座に屋敷の拍子木をひとたび打つや、騎兵歩兵が隊列を組み、旗を掲げてすぐに出動しました。その非常なすばやさは、驚くに値します」と。

ある人が言った、「大災の後の寄る辺のない民は、仮住まいするにも場所がなく、生き別れてさまよっている人が何千人何百人いるかわかりません。幕府は、しばらく草屋を数ヶ所に作って、民をかばい守り、また大きな米蔵を開いて救済しています。一人の商人が数万のぜにさしを運んできて、人ごとに四本のぜにさしを与え、一挙に皆なくなりました。町の役人がその名と居所を問いましたが、告げずにたち去りました。めずらしい男です」と。どれも美談で、どうしても知らせないわけにはいかない。

ある人が言った、「今月四日の夜半、ひとむらの黒雲が神田橋のあたりから起こりました。何者かがその雲に乗っていて、坊主頭で背が高く緋色の袍を着て、郭内に向かってたち去りました。見た人は、恐怖のあまり、髪の毛がさか立ちました。六日夜、ひとかたまりの赤い火が空中を走り、光が地をあかあかと照らし、昼のように明るくなりました。数日の後、大災がありました。およそ火のきざしであったと言います」と。その言は疑わしく信ずるに足りないが、まあよいかと手のひらを打った。

昨日、雨がはげしく降って、家や塀がくまなく湿った。おそらく、火気はこれから衰えてゆくだろう。とりたてて、あれこれ思いめぐらしくださるな。私は高ぶった心がようやく落ち着いた。家具は散乱したままで、まだ整頓していない。飛脚が来るのが明日に迫る。文章はぞんざいで、まったくまとまりがない。貴兄、見終わったら、カメでも覆ってもらって結構。からから（笑）。天保五年（一八三四）

二月十四日。

適客《たまたま》有り、予が為に語りて曰わく、「七日、火は桑名侯邸に逼《せま》る。侯自《みず》ら士衆を督《とく》して屋に乗り、左右、指揮す。号令甚だ厳《げん》なり。士皆殊死して之を禦ぎ、故に邸は焚煬《ふんよう》の中に介するも巋然《きぜん》として独り存す。然らば則ち祝融猛なりと雖も、苟しくも防禦其の宜しきに合えば、いまだ必ずしも殄滅《てんめつ》せずんばあらざるなり」と。

※

又た曰わく、「十日、火方《まさ》に熾《さか》んなり。県官急ぎ諸侯をして赴救《ふきゅう》せしむること、蓋し特命なり。故に亟《すみ》やかに弁ずる能わざる者多し。惟だ上田侯のみ、命を稟《う》けて、登時《とうじ》、邸阪一声、騎歩、隊を成し、徽旆《きはい》を掲げて直だちに出ず。其の神速なること驚くべし」と。

或いは謂う、「災後の窮民《きゅうみん》、足を托《よ》するに所無く、仳離《ひり》流亡、幾千百なるやを知らず。県官、権《かり》に草屋を数処に作りて以て之を庇《かば》い、又た廒《ごう》を開きて之を賑《にぎ》わす。一商賈《しょうこ》、数万鏹《きょう》を輦《はこ》びて来り、人ごとに四緡《しみん》を与え、一挙にして皆尽く。街吏《がいり》、其の名と居とを問うも、告げずして去る。亦た奇なる男子なり」と。此れ皆美談、敢えて告げずんばあらず。

或いは謂う、「本月初四《しょよ》の夜半、烏雲一簇《ううんいっそう》、神田橋の辺より起こる。物の焉《これ》に駕《が》する有り、円顱《えんろ》長身、緋袍《ひほう》を被《き》て、郭内に向かいて去る。観る者、毛髪森竪《しんじゅ》す。六日夜、一団の紅火、空を走り、光爍爍《しゃくしゃく》として地を照らし、明らかなること昼の如し。後数日、大災あり。蓋し火の兆《きざ》しなりと云う」と。其の言、怪誕《かいたん》にして信ずべからざるも、聊《いささ》か以て、撫掌《ぶしょう》を博す。

昨《きのう》、暴《にわ》かに雨ふりて牆屋《しょうおく》尽《ことごと》く湿る。計るに亦た火気此れより衰えん。幸いに以て慮《りょ》を紓《めぐ》らすこと勿れ。僕、驚魂《きょうこん》初めて定まる。家具狼藉《ろうぜき》していまだ整頓せず。的便《てきびん》又た明日に逼る。執筆草草、絶えて倫次《りんじ》無し。賢兄看訖《みお》わらば、醤瓿《しょうほう》を覆いて可なり。呵呵《かか》。甲午《こうご》歳二月十四日。

語釈 ○**桑名侯**—桑名藩主松平定永。定信の長男。当時、藩は借財が多く苦しんでいた。○**殊死**—決死で。○**焚煬**—火にあぶられるさま。○**矗然**—一つだけむっくりと突き出したさま。○**殄滅**—滅び絶える。○**県官**—幕府。○**赴救**—赴き救う。○**特命**—幕府からの特別の命令。○**上田侯**—上田藩主松平忠固。後、老中。積極的な交易論を唱え、徳川斉昭と対立した。日米修好通商条約締結の任にあたる。○**登時**—即座に。○**徽旆**—しるしとなる旗。○**神速**—非常にすばやいさま。○**窮民**—寄る辺のない孤独な人。○**足を托す**—仮住居する。○**仳離**—別離。○**廒**—糧食を貯蔵する大きい蔵。○**鏹**—銭差しでさし貫いてまとめた銭。○**緡**—銭に通す紐。○**烏雲**—黒い雲。○**一簇**—一群。○**神田橋**—神田橋御門外、平川堀に架かる。平川堀は隅田川に通じ、小舟の往来に便利だった。現千代田区大手町一丁目北部。○**円顱**—坊主頭。○**緋**—深紅色。○**袍**—すそがくるぶしまで届く上着。朝服。○**森竪**—恐怖のあまり髪の毛がまっすぐ立ったさま。○**爍爍**—あかあかと燃える火。

○**怪誕**―本当かどうかうたがわしい話。　○**撫掌**―手のひらを打つ。よさそうなことだという意味をこめたもの。　○**牆屋**―かきと家。　○**狼藉**―物が散乱したさま。　○**的便**―飛脚。　○**草草**―ぞんざいに簡略にすませるさま。　○**倫次**―秩序のある順序。　○**醤瓿**―醤はつけもののカメ、瓿は腹がまるくふくれた小さな土器。　○**呵呵**―からからと大声を立てて笑うさま。　○**甲午歳**―天保五年（一八三四）二月七日、神田佐久間町から出火し、北西風により延焼。以後二月十三日まで火事が連続して発生した。死者四千人。甲午火事と云う。

※

適有客為予語曰、七日火逼桑名侯邸。侯自親督士衆乗屋、左右指揮。号令甚厳。士皆殊死禦之、故邸介於焚煬中而巋然独存。然則祝融雖猛、苟防禦合其宜、未必不殄滅也。又曰、十日火方熾。県官急令諸侯赴救、蓋特命也。故多不能亟弁者。惟上田侯稟命、登時邸版一声、騎歩成隊、掲徽旆直出。其神速可驚。

或謂災後窮民、托足無所、仳離流亡、不知幾千百。県官権作草屋於数処以庇之、又開廒賑之。一商賈輦数万鏹而来、人与四緡、一挙皆尽。街吏問其名与居、不告而去。亦奇男子矣。此皆美談、不敢不告。

或謂本月初四夜半、烏雲一簇、自神田橋辺起。有物駕焉、円顱長身、被緋袍向郭内而去。観者毛髪森竪。六日夜、一団紅火走空、光爍爍照地、明如昼。後数日大災。蓋火兆云。其言怪誕不可信、聊以博撫掌。

昨暴雨、牆屋尽湿。計亦火気従此衰矣。幸勿以紆慮。僕驚魂初定。家具狼藉未整頓。的便又逼明日。執筆草草、絶無倫次。賢兄看訖、覆醤瓿可也。呵呵。甲午歳二月十四日。

文　論

およそ作文の法は、儒学の経書を墨守せず、秦漢の文章を墨守せず、唐と宋と元明の文章を墨守しない。ことばは意が通じさえすればよいのだ。かの経書をはぎとり、諸子の書や史書を踏襲し、集めて合わせたり補ったりして、錦のちりめんを裂いて縫い合わせるようなことは、これを意が通じたと言われようか。韓愈や柳宗元の文章にのっとり、欧陽脩や蘇東坡を手本としてまね、すぐれた所をひろいとり善い所を味わって、その規準を守ることは、これを意が通じたと言われようか。私が言うところの、意が通じるというのは、自分の心にいだく思いを表現し枢要な所を出して、見識のある言論を生み出すということである。

道をこそ主とし、気をこそ流通させれば、順序が定まって条理が生じ、鮮やかになって一貫性が生じ、胸中にわだかまりがなくなって大体が生じかつ綱要が生じる。材を集めて文を書くとなれば、広く取って周到に述べ、整理してとりまぜることは、ちょうど、たくさんの花が蜜をかもし出し、蜜ができてその香りの源をたどることができないようなもので、黒黄金碧の粉がみなかめやうつぼに入って神仙の霊薬に変わるようなものである。たとえ取るところが広くとも、しかしながらこれを守ると簡明になる。たとえ述べるところが細かくとも、しかしながらこれを適切に塩梅すると純粋になる。

だから、その法を取るときは、儒学の経書を墨守しなくとも、必ず儒学の経書にもとづかなければならない。秦漢の文章を墨守しなくとも、必ず秦漢の文章から出なければならない。唐と宋と元明の文章を墨守しなくとも、必ず唐と宋と元明の文章から取らなければならない。

ところで良医が病を治すことは、その症状の軽重深浅にしたがって薬がそれぞれ同じでなく、時には参耆、時には芩連、たとえ牛の尿やマグソダケ、やぶれ太鼓の皮のような賤薬であっても、良医が包丁やさじを入れて死人を生きかえらせ骨に筋肉を生じさせる用途を極めないものはないのである。結局は、その病を治すことにあるのだ。

儒学の経書や孔子・曽子・子思・孟子の言、歴代のすぐれた偉人や正史の文から、老子・荘子・申不害・韓非子・ブッダのことばにいたるまで、かりに自分の用途に充てるべきものを取って自分の構想に入れると、一篇の中で融合変化して、純粋になって、公平仁義の道に会わないことはないのである。結局は、わがことばの意が通じることにあるのだ。

もし、外面を整えようとして秦漢の文章をはぎとり、韓愈や柳宗元にのっとり従い、古人がすでに棄てたわらの犬を並べて、これを祭祀崇拝し、一方で自分から枢要な所を出して見識のある言論を生み出すことを知らなければ、その文章が秦漢や韓愈、柳宗元に似ていたとしても、また優孟の衣冠のように似て非なるもので、尊ぶに値しないのである。ああ、このことは、どうしてただ文章だけにとどまろうか。

※

凡そ文を作るの法は、六経を必《ひっ》せざるなり、秦漢を必せざるなり、唐と宋と元明とを必せざるなり。辞は達するのみ。彼の経典を剽剝《ひょうはく》し、子史《しし》を襲踏し、湊合補緝《そうごうほしゅう》して、錦縠《きんこく》を裂きて之を紉《ぬ》うが如きは、之を辞達すと謂うべけんや。韓柳の文を規撫《きぶ》し、欧蘇の法を摸倣《もこう》し、精を掇《ひろ》い華《か》を咀《か》みて、其の縄尺《じょうせき》を守る、之を辞達すと謂うべけんや。吾の謂う所の辞達すと云うは、能く自《みずか》ら胸臆《きょうおく》を攄《の》べ機軸を出だして一家言《いっかげん》を成す者なり。

道以て之を主とし、気以て之を行えば、秩乎《ちっこ》として其れ序有り、粲乎《さんこ》として其れ章有り、洋洋乎として其れ体有り且つ要有り。其の材を徴《ちょう》して辞を属《つづ》るに至りては、則ち博く取りて曲《つまび》らかに之を陳《の》べ、経緯して之を錯綜すること、衆花、蜜を醸し、蜜成りて香色《こうしょく》の尋ぬべきこと無きが如く、玄黄《げんこう》金碧、皆轤鞴《ろふく》に入りて神丹《しんたん》と成るが如し。其の取る所、博しと雖も、而れども之を守るや約《つづま》やかなり。其の陳ぶる所、曲らかなりと雖も、而れども之を裁《き》るや純なり。

故に其の法を取るや、六経を必せざるも、いまだ嘗て六経に原《もと》ずかずんばあらざるなり。秦漢を必せざるも、いまだ嘗て秦漢より出でずんばあらざるなり。唐と宋と元明とを必せざるも、いまだ嘗て唐と宋と元明より取らずんばあらざるなり。

今夫れ良医の疾《やまい》を治すこと、其の症の軽重浅深に随いて物剤各《おのおの》同じからず、時有りて参耆《じんぎ》、時有りて苓連《ごんれん》、牛溲馬勃敗鼓《ぎゅうしゅうばぼつはいこ》の皮と雖も、亦た其の刀匕《とうひ》を入れて死を起こし骨に肉づけるの用を致さざるは莫きなり。要は其の疾を治むるに在るのみ。

六経四子の言、歴世名賢太史の文より、以て老荘申韓仏氏の語に至るまで、苟しくも以て吾用に充つべき者、焉《これ》を取りて以て其の機杼《きちょ》に入るれば、一篇の中に融化渾成《こんせい》して、粋然として中正仁義の道に会わざる莫きなり。要は吾辞を達するに在るのみ。

若し夫れ沾沾焉《せんせんえん》として秦漢を剽剝し、韓柳を規撫し、古人已に棄つるの芻狗《すうく》を陳《つら》ねて、之を俎豆《そとう》し之を尸祝《ししゅく》し、而るに自ら機軸を出だして一家言を成すことを知らずんば、其の文能く秦漢に類し韓柳に似たりと雖も、亦た優孟《ゆうもう》の衣冠にして、尚ぶに足らざるなり。嗚呼、此れ豈に独り文のみならんや。

語釈 ○**六経**―儒学の基本の経書、『易』『書』『詩』『礼』『春秋』『楽』。 ○**辞達而已矣**―『論語』「衛

霊公篇」の語。　○**子史**―諸子の書と歴史の書。　○**湊合**―あつめ合わす。　○**補緝**―足りない所をおぎない集める。　○**錦穀**―錦のぬいとりのあるちりめんの織物。　○**摸倣**―他のものにまねならう。　○**華を咀む**―文章の善い所を味わう。　○**縄尺**―物事の規準。　○**機軸**―弩牙《どが》（いしゅみの弦をひっかけるところ）と車軸。共に物の枢要な所。　○**一家言**―一見識のある言論。　○**粲乎**―鮮やかではっきりしているさま。　○**洋洋乎**―胸中にわだかまりがないさま。　○**体有り且つ要有り**―大体（物事の本質）と綱要。　○**香色**―香気。　○**玄黄**―黒と黄。　○**罏鞴**―かめとうつぼ。　○**神丹**―神仙の霊薬。　○**参耆**―人参と黄耆《おうぎ》が配合されている薬。　○**芩連**―黄芩《おうごん》と黄連《おうれん》が配合されている薬。　○**牛溲馬勃敗鼓の皮**―牛の尿、まぐそだけ（茸の一種）、やぶれ太鼓の皮。みな賤薬。韓愈「進学解」の語。　○**刀匕**―包丁とさじ。　○**死を起こす**―死人を生きかえらす。　○**四子**―孔子（論語）・曽子（大学）・子思（中庸）・孟子（孟子）。　○**名賢**―すぐれた賢人。　○**太史**―官名。国家の文書・歴史書の記述編纂、天文暦算を担当した。　○**機杼**―はたの杼《ひ》。詩文を作るときの構想。　○**融化**―溶けあって別のものに変化する。　○**渾成**―ひとつにまとめあげる。　○**中正**―公平。　○**仁義**―仁愛と正義。　○**沾沾焉**―外面を整える。　○**芻狗**―わらを結んで作った犬。祭に用い、祭が終わると棄てる。
○**俎豆**―祭祀に供物を盛る器。祭り上げる。　○**尸祝**―かたしろとかんなぎ。崇拝する。　○**優孟の衣冠**―優孟（楚の名優）が孫叔敖《そんしゅくごう》（楚の荘王を支えた名宰相）の衣冠を著けた意で、外形だけは似てその実の異なるたとえ。

＊

凡作文之法、不必六経也、不必秦漢也、不必唐与宋与元明也。辞達而已矣。彼剽剝経典、襲踏子史、湊合補緝、如裂錦縠而紉之、可謂之辞達乎。規撫韓柳之文、摸倣欧蘇之法、掇精咀華、守其縄尺、可謂之辞達乎。吾所謂辞達云者、能自攄胸臆、出機軸、而成一家言者也。

道以主之、気以行之、秩乎其有序也、粲乎其有章也、洋洋乎其有体且有要也。至其徴材属辞、則博取而曲陳之、経緯而錯綜之、如衆花醸蜜、蜜成而無香色可尋、如玄黄金碧、皆入鑪鞴而成神丹。其所取雖博、而守之也約。其所陳雖曲、而裁之也純。

故其取法、不必六経、而未嘗不原乎六経也。不必秦漢、而未嘗不出乎秦漢也。不必唐与宋与元明、而未嘗不取乎唐与宋与元明也。

今夫良医之治疾、随其症之軽重浅深、而物剤各不同、有時而参耆、有時而苓連、雖牛溲馬勃敗鼓之皮、亦莫不入其刀匕、而致起死肉骨之用也。要在乎治其疾而已矣。

六経四子之言、歴世名賢太史之文、以至於老荘申韓仏氏之語、苟可以充吾用者、取焉以入其機杼、融化渾成乎一篇之中、而粋然莫不会於中正仁義之道也。要在乎達吾辞而已矣。

若夫沾沾焉剽剝秦漢、規撫韓柳、陳古人已棄之芻狗、而俎豆之、尸祝之、而不知自出機軸成一家言、雖其文能類秦漢似韓柳、亦優孟衣冠、不足尚也。嗚呼此豈独文乎哉。

安積疏水八景の詩（岡鹿門《ろくもん》・大須賀筠軒《いんけん》『苗湖分溝八図横巻』）

安積艮斎が生まれた安積郡（郡山市域にあった郡）は、文禄三年（一五九四）の蒲生検地で三万石の石高があった。その後、各所に溜池を築いて、川から堰上げして溜池へ導水し、新田開発し、正徳元年（一七一一）には四万五千餘石の石高を有した。明治期、国の事業として安積疏水（日本遺産）が開鑿され、農地はさらに広げられた。

明治十五年十月、疏水の通水式が行われ、翌十一月に鹿門と筠軒がその勝景に遊んで『苗湖分溝八図横巻』（詩画・安積国造神社所蔵）を作った。両者は艮斎の門人で、漢学者・漢詩人である。

かつて疏水八景の詩の訳注書を出版したが、昨年、葛飾吟社のご協力により翻字を訂正し、また誤読が散見したので改めた。ここに掲げる。

第一図

翁沢十六橋《おきなざわじゅうろっきょう》　岡　鹿門

船笛響収雲水遥

船笛《せんてき》響き収まりて雲水遥かなり

第一図

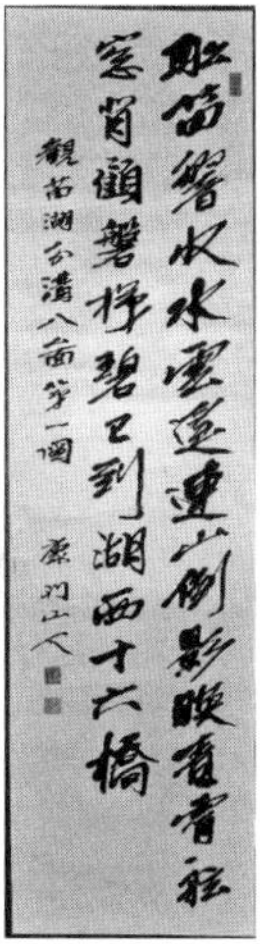

連山倒影映青霄　　連山影を倒《さかし》まにして青霄《せいしょう》に映《は》ゆ
舷窓背指磐梯碧　　舷窓《げんそう》より背指《はいし》す　磐梯の碧《みどり》
已到湖西十六橋　　已に到る　湖西《こせい》の十六橋

＊下平二蕭

語釈　○**十六橋**—十六橋水門。会津と安積への取水のため、猪苗代湖の水位を調整する水門。当時は眼鏡橋であった。　○**舷窓**—船の側面の小窓。　○**背指**—後をふり返って見る。

※

船の汽笛のひびきがおさまって、雲と湖は遥かに広がっている。連山は湖水に影をさかさまに写して、青空に映えている。船の小窓から後をふり返って磐梯山の碧を見る。いつしか、船は湖西の十六橋水門に到った。

翁沢十六橋　　大須賀筠軒

面面青山倒影揺　　面面の青山　影を倒まにして揺らぎ
玻璃鏡裏放軽橈　　玻璃《はり》鏡裏《きょうり》　軽橈《けいじょう》を放つ
横披一幅天然画　　横ざまに披《ひら》く　一幅の天然の画

疎柳寒烟十六橋　　疎《そ》柳《りゅう》寒烟《かんえん》　十六橋

＊下平二蕭

※

どの方面の青山も、湖面に影をさかさまに写して揺らぎ、私はガラスの鏡のような湖に小舟を漕ぎ出した。

舟からの眺めは、横に開いた一幅の天然の絵。柳がまばらに生え、寒々とした靄がかかった十六橋。

第二図

山潟《やまがた》漁村　　岡　鹿門

嶺上別開雲水郷　　嶺上《れいじょう》別に開く　雲水の郷《きょう》

明媚山色与波光　　明媚なり　山色と波光《はこう》と

一望只道画図似　　一望《いちぼう》　只だ道《い》う　画図《がと》に似たりと

無復人知旧戦場　　復《ま》た　人の旧戦場たるを知る無し

＊下平七陽

語釈　○**一望**―見わたすかぎり。　○**旧戦場**―摺上原の戦い。伊達政宗は芦名軍を破り、湖水が西流する日橋川に架かる橋（今の十六橋）を落として退路を断ったので、多くの敗兵が討死、溺死した。

※

峰の上で別に開けた、雲と湖の里。山の景色と波のきらめきがあざやかだ。

見わたすかぎり、ただ絵のようだとばかり思う。もはや人は古戦場であることを知らない。

第二図

山潟溝口《こうこう》　　大須賀筠軒

嶺頭別闢水雲区　　嶺頭別に闢《ひら》く　水雲の区
帆影映山山影無　　帆影は山に映じ　山影は無し
一碧千秋包万力　　一碧千秋　万力《まんりき》を包み
新疏溝道拓荒蕪　　新たに疏《とお》る溝道　荒蕪を拓く

＊上平七虞

※

峰の上で別に開けた、湖と雲の域。帆影は山に映じ、湖水に写った山の影は引き波にかき消された。

この青い湖は永遠に大きな力を包み持って、新たに通った疏水が荒野を開く。

第三図

田子沼葑田《たごぬまほうでん》

岡　鹿門

纔過洞口豁心胸　　纔《わず》かに洞口《どうこう》を過ぎて　心胸《しんきょう》を豁《ひろ》くす
万頃平田湖日春　　万頃《ばんけい》の平田《へいでん》　湖日《こじつ》春《うすづ》く
想昨蘆葦埋大沢　　想う昨《むかし》　蘆葦《ろい》　大沢《だいたく》を埋め
莽蒼此地窟蜮龍　　莽蒼《もうそう》たる此の地　蜮龍《よくりゅう》の窟《くつ》なりしを

＊上平二冬

語釈　○**葑田**―水上の菰があつまって、長い間に泥土となってできた田。○**心胸を豁くす**―心中をひろやかにする。○**莽蒼**―近郊の野原の景色で、広々と果てしないさま。○**蜮**―水中の虫。

※

（安積郡側から沼上山を越えて下り、田子沼の跡に到った。ふもとの）暗渠の入り口をやっと通り過ぎて、心中をひろやかにした。広大な泥田（田子沼）を見やれば、湖の夕日が沈む。昔のことを思い起こせば、葦が茂って大きな沼を埋め、この広々と果てしないところは、蜮や龍のすみかだったが。

田子沼　　大須賀筠軒

憶昨蒼茫水蘸天
白茅黄葦渺無辺
蛟龍一夜肇山去
附与人間漑稲田

憶《おも》う昨　蒼茫《そうぼう》　水《みず》天を蘸《ひた》し
白茅黄葦《はくぼうこうい》　渺《びょう》として辺無きを
蛟龍《こうりょう》一夜　肇《はじ》めて山に去り
人間《じんかん》に附与して稲田《とうでん》に漑《そそ》がしむ

＊下平一先

語釈　○**蒼茫**―見渡すかぎり青々として広いさま。　○**蛟龍**―水中にすみ、雲や雨に乗じて天に昇り龍になる。

※

昔のことを思い起こせば、見わたすかぎり青々として、沼が空をひたし、白い茅や黄色の葦が茂って、果てしなく広がっていた。

ある夜、蛟《みずち》ははじめて山へ去り、人の世にこの沼を授け与えて、水田に注がせた。

第四図

沼上《ぬまがみ》瀑布　　岡　鹿門

飛泉噴雪掛層巓
路在泉頭攀九天
不朽此功垂万古
好磨崖壁姓名鐫

飛泉《ひせん》雪を噴じて層巓《そうてん》に掛かり
路は泉頭《せんとう》に在りて九天に攀《よ》ず
不朽なる此の功　万古に垂る
好《よ》し崖壁を磨して姓名を鐫《き》らん

＊下平一先

語釈　○**沼上瀑布**―疏水は沼上山の隧道を通って山腹に放水し、五百川に滝となって注いだ。落差は約四十《メー》《トル》。　○**層巓**―重なった山のいただき。　○**九天**―天の最も高いところ。

❊

勢いよく落ちる滝は雪のしぶきを吹き飛ばして、重なる山のいただきにひっかかり、道は滝のほとりにあって、大空へとよじ登ってゆく。

疏水の不朽の功績は、永遠に伝えられる。わかった、岸壁を磨いて、功労者の名を刻すのだな。

沼上瀑布

大須賀筠軒

奔流一道地中来
十丈泉烈素壁隈
恍訝劉郎帰路絶
人間又見小天台

奔流一道　地中より来たり
十丈の泉は烈し　素壁《そへき》の隈《くま》
恍《こう》として訝《いぶか》る　劉郎《りゅうろう》帰路絶えたるかと
人間《じんかん》に又た見る　小天台《しょうてんだい》

＊上平十灰

語釈　○素―色を染めていない絹。　○天台―浙江省天台県の北にある霊山。

※

一筋の奔流が地中からながれてくる。十丈（約三十メートル）の泉は、絹が懸かった岩壁の隅々にまで激しく流れ落ちる。

この仙界のような光景に、うっとりとし、後漢の劉晨《りゅうしん》のように帰り道がなくなったかと怪しんだ。（劉晨は天台山に入って仙女に遇い、半年留まって帰ったら、すでに十世を経ていたと言うけれども。）私も、この世に小さな天台山の風景を見ているのだから。

第五図

玉川閘門《たまがわこうもん》

岡　鹿門

万斛泉分五百川
閘門屹立夕陽前
皇天不用雨珠玉
犖确変為千頃田

＊下平一先

万斛《ばんこく》の泉分かる　五百川《ごひゃくがわ》
閘門屹立《こうもんきつりつ》す　夕陽《せきよう》の前
皇天《こうてん》用いず　珠玉を雨《ふ》らすに
犖确《らくかく》変じて千頃《せんけい》の田《でん》と為る

語釈　○**閘門**—玉川堰。五百川（疏水の一部として利用）から取水する。（五百川は「いおがわ」と読むが、誤読が定着した）　○**斛**—一斛は十斗。　○**屹立**—そびえ立って動かぬさま。　○**皇天**—天帝。　○**不用**—～するに及ばぬ。　○**犖确**—山に大石の多いさま。　○**頃**—一頃は百畝《ひゃっぽ》。一八二アール。

＊

五百川で大量の泉水が分かれ、夕日の前で玉川堰がそばだつ。天が珠玉の雨を降らすには及ばない。この疏水のおかげで、大石だらけの土地までも、千頃の水田に変わる。

玉川閘門　　大須賀筠軒

閘門分水碧粼粼　　閘門水を分けて　碧《へき》　粼粼《りんりん》
十里長渠浄絶塵　　十里の長渠《ちょうきょ》　浄くして塵《ちり》を絶つ
有此源泉来滾滾　　此の源泉有り　来りて滾滾《こんこん》たれば
不教走魃虐烝民　　走魃《そうばつ》をして烝民《じょうみん》を虐げしめず

＊上平十一真

語釈　**○粼粼**―水の清くすきとおって、石の見えるさま。　**○塵を絶つ**―世俗を離脱する。　**○魃**―ひでりの神。　**○烝民**―もろもろの民。

※

玉川堰で分水し、その青い流れは清く透きとおっていて石が見える。十里の長い溝渠は、清らかで俗世からかけ離れている。

この泉水があって滾々と流れてくれれば、天がひでりの神を走らせて、人民を虐げることはない。

第六図

熱海石橋《しゃっきょう》　　岡　鹿門

度嶺石橋架碧流　嶺を度《わた》る石橋　碧流《へきりゅう》に架かり
飛空瀑布掛巌頭　空に飛ぶ瀑布　巌頭《がんとう》に掛かる
名山自此増声価　名山此れより声価を増す
文士車随貴客舟　文士の車は随う　貴客の舟

＊下平十一尤

語釈　○**貴客**―鹿門『東旋詩紀』に「熱海石橋」詩が収められ、「先是岩倉右大臣以下臨観工事」と記す。

⁂

峰を渡る石橋（疏水橋）が、五百川の青い流れの上に架かり、（石橋の上を流れる疏水は）空に飛ぶ滝となって岩のほとりに掛かる。
名山はこれから声価を増してゆく。文人の車は、高貴な客（岩倉具視右大臣以下高官）の舟につき従う。

熱海疏水橋　　大須賀筠軒

畳石作橋橋作溝
潺湲一道架清流
奇観剰博名山価
勾引詩人紀勝遊

石を畳《かさ》ねて橋を作り　橋に溝を作り
潺湲《せんかん》たる一道　清流に架かる
奇観剰《あまつさ》え博《ひろ》む　名山の価
詩人を勾引《こういん》して勝遊を紀《しる》さしむ

＊下平十一尤

語釈　○**潺湲**—水の流れるさま。　○**勝遊**—心にかなった遊覧。

※

石を重ねて疏水橋（眼鏡橋）を造り、その橋に溝を造り、そこを滾々と流れるひとすじの水路が、五百川の清流の上に架かっている。

この奇観は、名山の声価を盛んに広めてゆく。詩人を引き連れて遊覧を記させるのだ。

第七図

舟行暗溝（舟もて暗溝を行く）　　岡　鹿門

重重絶壁鑿渠過　重重《ちょうちょう》たる絶壁　渠《きょ》を鑿《うが》ちて過ぐ
只見青山蘸碧波　只だ見る　青山の碧波《へきは》に蘸《ひた》すを
天上銀河無此理　天上の銀河に此の理無し
誰知地底有星槎　誰か知らん　地底に星槎《せいさ》の有るを

＊過・波＝下平五歌　槎＝下平六麻

語釈　○**碧波**―青々とした波。　○**星槎**―天の川まで行けるいかだ。前漢の張騫《ちょうけん》の故事から。

※

幾重にもかさなった絶壁は、溝渠をうがって通り過ぎる。ひたすら青い山が青い波にひたっているのを見る。天の川にもこんな道理はない。地底に星の筏があることは誰も知らない。

分溝泛舟（分溝に舟を泛《うか》ぶ）　大須賀筠軒

或穿地底或山臍　或いは地底を穿ち　或いは山臍《さんせい》
四十洞達百里堤　四十洞達《どうたつ》す　百里の堤
曲曲随流移艇去　曲曲《きょくきょく》流れに随い　艇を移して去れば

泉源已在万峰西　　泉源已に在り　万峰《ばんぽう》の西

＊上平八斉

語釈 ○**洞達**―うがち通ずる。　○**百里**―周代、一里は三百歩。　○**万峰**―多くのみねみね。

＊

ある所は地底、ある所は山腹をうがち、百里の堤は四十ヶ所もうがって通じている。くねくねと曲がって、流れに従って小舟を移してゆけば、水源（猪苗代湖）は、もはやたくさんの峰の西側だ。

第八図

郡山公園飛瀑　　岡　鹿門

回顧泉源山一尖　　泉源を回顧すれば　山一尖《いっせん》
猶看嵐翠映危檐　　猶お嵐翠《らんすい》の危檐《きえん》を映《かく》すを看るがごとし
巧思不復餘涓滴　　巧思《こうし》復た涓滴《けんてき》を餘《あま》さず
濺向公園作瀑簾　　公園に向いて濺《そそ》ぎ　瀑簾《ばくれん》と作《な》る

＊下平十四塩

語釈 ○**尖**―峰。磐梯山。明治二十一年の大噴火で山体が崩壊した。 ○**嵐翠**―緑色の山気。 ○**涓滴**―水のしずく。

❊

水源（猪苗代湖）をふり返ると、尖った峰（磐梯山）が見えた。まるで緑色の山気（西に見える山々）が、危なげな庇《ひさし》（磐梯山）をおおいかくしているのを見るようだ。

人間の巧みな考えは水のしずく（疏水の分流）も残さない。麓山《はやま》公園に注いで滝になるのだ。

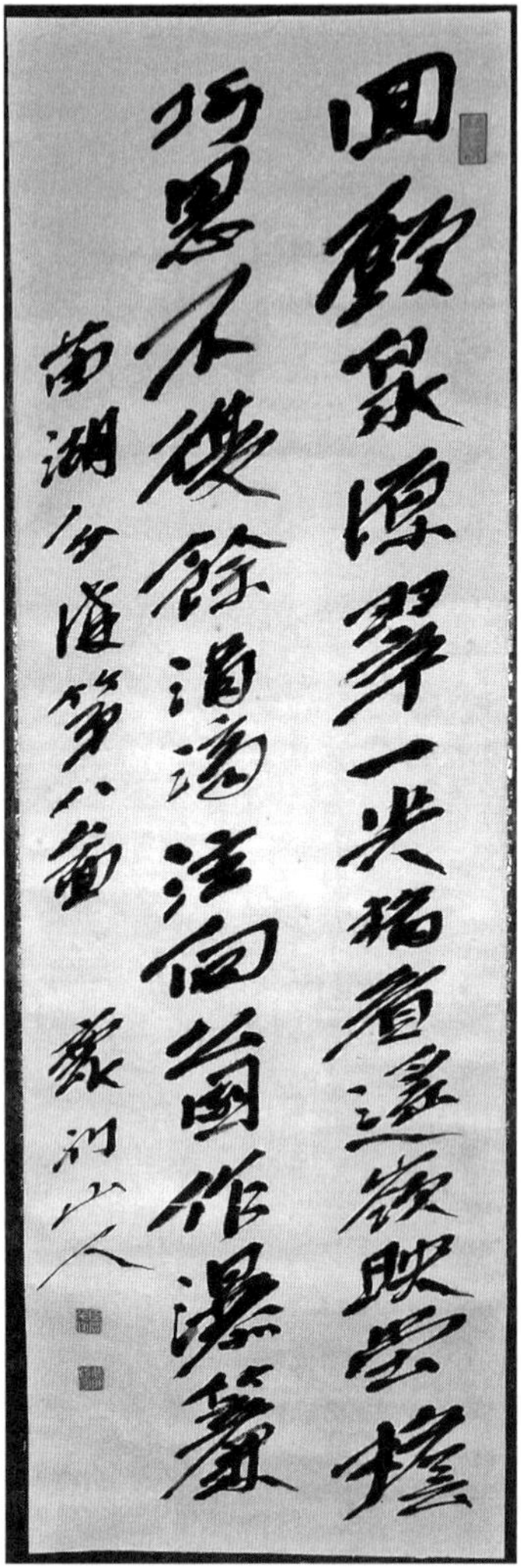

第八図

郡山公園飛瀑

松濤吹罷瀑声多
日夕游人載酒過
此水飽資田万頃
粧成奇勝是餘波

＊下平五歌

大須賀筠軒

松濤《しょうとう》吹き罷《や》みて　瀑声《ばくせい》多し
日夕游人《にっせきゆうじん》　酒を載せて過《よぎ》る
此の水飽資《ほうし》す　田万頃《でんばんけい》
粧いて奇勝を成すは是れ餘波

語釈　○**松濤**―松の梢を渡る風の音を波にたとえる。

❊

麓山公園の松の梢を渡る風が吹きやんで、滝（疏水の分流）の音が大きく聞こえてきた。夕暮れ時、遊びに出た人が酒を持って立ち寄る。

この水は、広大な水田を十分にうるおす。粧って奇勝（滝）に仕上げたのは、その餘波だ。

解題

安積国造神社宮司　安藤智重

本書には『遊豆紀勝　東省続録』以外の紀行の詩文も載せたが、当解題は『遊豆紀勝　東省続録』のみを対象とする。

まず作者の安積艮斎について記す。艮斎は紀行文作家たる前に、本領が天下を経理する儒学者である。江戸時代儒学は政教の中心にあり、士人の子弟は儒学を学ぶことによって支配層としての能力を身につけた。とりわけ朱子学は藩校の必修科目で、主に幕藩体制を支える実践思想として活用されていた。

しかし、儒学はただ体制を支えるばかりの思想ではなく、たとえば亜聖と称される孟子は民主主義や革命思想のようなものを持っていた。陽明学は心を重んじ自由平等思想を有した。水戸学（朱子学を主として、国学、国史、神道を摂取した思想）は尊王攘夷論の支柱となった。孟子や陽明学、水戸学等の思想は、幕藩体制を破壊して明治維新を推進する原動力となった。

艮斎の師佐藤一斎は「陽朱陰王」で、表向きは朱子学を標榜したが実際には王陽明の影響を深く受けていた。艮斎は一斎の学風を継承しており、朱子学を重んじたが相対化もした。そして、相反するはずの陽明学やあらゆる思想から善を取ると表明した。

艮斎や後輩の山田方谷、横井小楠、佐久間象山、大橋訥庵など、一斎門の儒学者たちは皆大なり小なり「陽朱陰王」の傾向があった。幕末の日本に、じわじわと陽明学を浸透させたのは、まさにこの学派である。とくに一斎と艮斎の師弟は、権力の中枢に近いところで大勢の若者を養成したのだから、その影響は大きい。

『遊豆紀勝　東省続録』板本（上）、見返・序（下）

艮斎は王陽明の言を借りて、「道は天下の公道なり。学は天下の公学なり」（『艮斎間話』上　天保十二年刊）と高らかに主張した。この自由平等思想の鼓吹は、封建制の中においてはかなり大胆であった。また、「変通」（物事に応じて変化しよく通じる）の理を説き、「孔子にはおのずと孔子の時があり、孟子にはおのずと孟子の時があり、また朱子にはおのずと朱子の時がある。時が異なれば、当然教えも異なる。けれども、その道は一つだけである」（『艮斎文略』中「聖賢因時立教論」）とした。

天保期には渡辺崋山・高野長英らの尚歯会に加わって、海防問題を議論した。弘化元年頃『禦戎策』を著して、新たに諸侯を浦賀等の要害の地に配し、機動力や偵察能力を高めることを提言した。漢訳洋書を読んで知識を得、嘉永元年（一八四八）に『洋外紀略』をまとめ、世界の強国の情況を概観し、国防論を説いて大艦の建造を急務とし、貿易による建造費の調達を示唆した。当時は言論統制が厳しかったので、本は刊行されず写本によって広まり、島津久光や那珂梧楼も筆写した。

嘉永三年（一八五〇）昌平坂学問所教授に就任し、同六年にペリーが持参した国書（漢文）を和訳し、また幕府の諮問に応えて、「戦争を回避し返答を引き延ばして、早急に防備を整えよ」と意見した（※意見書は『東の艮斎 西の拙堂』所収）。次いで古賀茶渓とともにロシアの国書（漢文）を和訳し返書を起草して、草創期の日米日露外交を支えた。

大儒艮斎のもとには学を志す若者が全国各地から雲集した。当時、身分制度の枠をこえて活躍するための手段は学問以外になかった。安積国造神社に伝わった『安積艮斎門人帳』（福島県重要文化財）

には、その私塾見山楼に入門した二二八〇餘名の入門月日・出自・氏名が艮斎の自筆で記されている。昌平黌や藩校など学校教育の教え子も含めれば、約三千人の若者が艮斎の教えを受けたことになる。

著名な門人を挙げれば、文教関係には斎藤竹堂、松岡毅軒、間崎滄浪、岩崎秋溟、那珂梧楼、菅野白華、岡鹿門、松林飯山、松本奎堂、三島中洲、重野成斎、菊池三渓、阪谷朗廬、鷲津毅堂、大須賀筠軒、倉石侗窩、大槻西磐、小川心斎、江田霞邨、庄原篁墩、南摩羽峯、菱田海鴎、佐藤誠実、島田篁村、大原観山、東方芝山、井上果斎、和田百拙、伊藤東溟。

官僚・軍人には小栗上野介、栗本鋤雲、林壮軒、木村摂津守、吉田東洋、岡本黄石、大沼茂寛、三田称平、戸川安鎮、秋月悌次郎、吉田大八、長井雅楽、高杉晋作、木戸孝允、楫取素彦、宍戸璣、谷干城、前島密、安場保和。

洋学では、中村敬宇、箕作麟祥、福地源一郎、神田孝平、宇田川興斎、佐藤尚中、木村鉄太。

革命家清河八郎、吉田松陰、本間精一郎。実業家岩崎弥太郎、近藤長次郎等。

門人たちは、幕末維新という大転換期に活躍して近代日本を開き、二百餘名ほどが歴史にその名を残した。艮斎はまさに近代日本の礎となった大学者である。

艮斎の郷里郡山について、清河八郎『西遊草』に、「陸奥道中第一の宿にて、游女多くあり。旅人の気を用るところ也」とある。郡山は二本松藩下の安積郡（実高四万五千餘石）の中心地として栄えた、大きな宿場町である。艮斎の父安藤親重は城下二本松と郡山宿の宮司職を兼務し、藩全体の神職を統括し、国学者で、郷土史や俳諧に親しむ文化人でもある。宮司職を継いだ兄重満は伊勢松坂の本居大平の門に学んだ国学者である。艮斎は好学の上流家庭に育ち、二本松藩儒の指導を受けて儒学を修めた。そして学問で身を立てることを願い、婿養子に入った隣村の名主今泉家から突如出奔して江戸へ出た。

艮斎は地方の小都会に生まれ、幼少の頃から漢文学でもって鍛錬したので、地方にいながらも風流才子のような感覚が備わっていた。それは、かぞえ十六歳の婿養子の頃の、憂悶がにじみ出た漢詩文（安積国造神社所蔵）からも伝わってくる。後年の近代的な清新さのある詩風の素地は、江戸に出る前からあったように思う。

陶淵明「感士不遇賦并序」に、艮斎の名の「信」と字の「思順」の典拠がある。「夫れ信を履み順を思うは、生人の善行なり（そもそも信義を重んじ忠孝にはげむのは、この世に在る人の美徳である）」とある。

戦後まもない頃、西村南岳は、天保元年椿椿山筆、佐藤尚武氏所蔵の画を艮斎肖像画と鑑定し、長くそう信じられてきた。その画をもとに日展の佐藤義重氏が銅像を制作し、徳富蘇峰が題字を揮毫し文を撰した。ところが、平成二十八年六月某日、私は、その画に題した大沼枕山の詩（明治二年）が、荻生徂徠を詠じたものであったことに気づいた。枕山閲・石川省斎編『皇朝分類名家絶句』（明治三年）を繰っていたら、画賛と同一の詩が「徂徠先生像」と題して収められていたのである。もとより羽織と着物の家紋は徂徠・艮斎のものではなく、この肖像は人違いである。

次に『遊豆紀勝 東省続録』の体裁や出版等を記す。

板本は紀行文二種の合刻本（一冊）、四つ目袋綴じの和装本で、題簽に「遊豆記《ママ》勝 東省續録（二行書き）合刻」と記す。見返は、「艮齋安積先生著／遊豆記《ママ》勝 東省續録（二行書き）合刻／耕雲齋藏板」とある。「遊豆紀勝」が二十葉、「東省続録」が十一葉である。版面は匡郭が左右双辺で、版心の上黒魚尾の下に、書名「遊豆紀勝」「東省續録」と丁付とを記す。毎半葉、十行二十字。

本文に訓点を付す。表紙の色は青、黄、焦茶、薄茶の四種を確認、版が重ねられたということであろう。板本の縦は二六cm、横は一八cmである。

天保十一年（一八四〇）門人和田百拙序。奥付は板本によって有るものと無いものとがある。奥付を有する板本に拠れば、「天保六乙未年初冬　書物問屋　京都寺町通松原下ル 勝村治右衛門・大坂心齋橋通安堂寺町 秋田屋太右衛門・江戸神田通新石町 須原屋源助」とある。しかし、天保十一年の序文が収められているので矛盾している。刊行は十一年と推定する。

次に『遊豆紀勝 東省続録』の成立事情について記す。

艮斎は書を読み文を作り経を講ずという学者人生のほかに煙霞愛好の趣味があって、文人未踏の山水に遊んで詩文を作ることを楽しみとした。それは師林述斎の感化を多く受けている。艮斎の「艮」は『易経』「周易下経」に「艮為山《ごんいさん》」とあって山を表す。またその楼名を「見山楼」と称した。これらも山水愛好の結果であろう。『論語』に「仁者は山を楽しむ」とあるので、儒道にも適う。

艮斎は、文政十三年（一八三〇）閏三月出立の「東省日録」を皮切りに、天保二年（一八三一）正月の「南遊雑記」、同五年九月の「遊豆紀勝」、同七年十月の「東省続録」、同九年五月の「登白根山記」と、山水に遊んで紀行文を書いた。その筆力が最も溌剌とした四十代、私塾の多忙な日常の合間に遠路を旅し、文人が訪れることのない奥山にも入り、時には難所も通って紀行文を著した。

『艮斎間話』下に、「予山水を好む。近国の勝景を探らんとする時、先ず古人の遊記地志を読み、彼山の形はかくあらん、此水の流はかくあらん、土地風俗はかくあらんと思い、其処に至り観れば悉く相違するなり。是にて知る、百聞、一見に如かざるを」とある。紀行文創作の現場がうかがわれる。

艮斎は、先行の『漫遊文草』や『東西遊記』は山水の風光を十分に描ききっていないと感じた。そして、自分の筆力を大いに発揮して新境地を開こうとしたのだろう。もとより漢文は情報量の豊富な言語なので、山水の変化に富むさまを描写する手段として有利である。天賦の才能に恵まれた文章家にとって、到底座視できず、心の底から創作意欲が湧き起こったのだと思う。
本書所収「遊白根山記」に、「私は協調性がなく世間にうまくたちまわられず、ただ山水が好きなだけだ」とある。猪口篤志氏は『日本漢詩』上「墨水秋夕」に、「官儒となって束縛せられることは本志でなく、早くから故山に帰臥したい気持ちを抱いていたらしい」と言う。(同氏は昭和五十八年七月、艮斎門人帳を見に来社され、当時高校生の私が応接した)
しかし、『当世名家評判記』(天保六年刊)前編上「上々吉安積祐助」の「ワル口」には、「如才なき人」「とりはやしがよくて出入場《ば》も多くなり流行《はやり》医者とおなじように東西南北へかけあるき今に大立物といわれやす」とある。こちらの方が実情に近いと思われ、紀行文には作り事が織り込まれていると解すべきである。『艮斎文略』「答安井某書」に「又進仕を願わず」とあるが、昌平坂学問所教授就任時の喜びにあふれた書翰が存在するので、これも作り事である。そもそも儒学者の理想は聖賢政治の実現にあるのだから、権力に近いほど本意を得たことになる。
「答安井某書」には、艮斎が山水を好む理由が縷々綴られている。まず司馬遷・謝霊運・白居易・蘇東坡・朱熹・陸象山の例を示して、山水愛好をひもとく。次いで孟子の「我善く吾が浩然の気を養う」の言を引く。そして自身は、「吾の気と天地と流貫す」「山水は乃ち天地神淑の気の融結する所なり」と主張する。艮斎の山水の遊びは、「故山に帰臥」するようなたぐいのものではなく、気力を充実させ心をのびやかにするための工夫であったようだ。

また「答安井某書」において、「わが国の山水は漢土の山水にひけをとるものではないが、それを書く文人が少ないのだ」と嘆く。本書に収めた「送樫宇林公再遊豆州熱海序」にも同様の箇所がある。艮斎の紀行文執筆は、愛国心の発露でもあったのである。

艮斎は、奇怪な景色が存在することを、「造物者」の所業とする。「豈に造物、奇を好み、人をして測度《そくたく》する能わざらしむるか」「他州の洞穴は、皆造物者の為す所なり」「神宰何ぞ狡獪《こうかい》なるや此に渾沌《こんとん》の竅《あな》を鑿《うが》てり」「造物者、神《しん》を鞭うち鬼《き》を役《えき》し、山水の絶技を極め、以て仙霊の区と為す」「何れの年ぞ真宰鬼を役して斧《き》り山骨《さんこつ》に刻画《こっかく》して風雨を駆らしむるや」等とある。

これら造物者がつくったとする奇勝は、今のジオサイトの景観とほぼ一致する。ジオサイトは地球活動の痕跡が特徴的に表れている景観を言う。地学が未発達の時代、艮斎は地球活動を直観的に捉えて、造物者の所業と考えたのであろう。

次に『遊豆紀勝 東省続録』の内容について述べる。

「遊豆紀勝」は、天保五年九月一日に江戸を立って伊豆に遊んだ紀行文である。同行者は門人小玉伯謹。

一日品川、川崎を過ぎて神奈川に宿す。二日保土ヶ谷を過ぎ戸塚から駕籠に乗って鎌倉の社寺を参詣、七里ヶ浜を経て岩本院に宿す。三日江ノ島に遊び、藤沢、大磯を過ぎ、酒匂川を渡って小田原に宿す。四日小田原から左折し、石橋山、根府川、画浦、葦浜を経て熱海に到る。本陣に逗留していた林檉宇を訪れて歓待を受ける。五日、日金山に登り温泉寺に立ち寄る。

このあたりは歴史風俗や檉宇との交友等が織りこまれている。日金山の眺望を書く。大町桂月は「親子遠足の感」(『桂月全集』第二巻・紀行一)に、艮斎「登白根山記」の「獅子子を生めば」から「羈旅の艱を知らしむればこれ両得なり」を引き、「これ安積艮斎の紀行の一節也。げに、親の心は、さもあるべし」とコメントを加えている。およそ艮斎の紀行文には親族や朋友との親愛の情が織り込まれ、文学性を高めている。

六日湯池を観、網代を越え、宇佐美に到り、春日明神祠に詣でてすぐれた詠史詩を作る。伊東、先原を経て八幡野に到り、山田四有と会って村家に宿す。七日赤沢山に到り河津三郎の血塚や椎の木三本を観る。片瀬、白田、大川を過ぎ、稲取に宿す。四有同宿す。八日見高から舟に乗り、海上で河津、縄地山を観、舟を降りて白浜村に到る。下田港に着く。添川廉斎と会い、その家に宿す。九日重陽、敷根山に登高し、泰平寺に宿す。

このあたりは、山田四有、添川廉斎等との朋友の情を織り込みながら名勝を探る。

十日四有・廉斎等と別れ、飛野長左衛門墓を観、小舟で弥陀窟に遊び、下流・大瀬・長津呂村を経て、石廊山に到り宿す。十一日舟で石廊崎の景勝を遊覧、竪岩を過ぎて妻良に宿す。十二日舟に乗り、海上から千貫門や堂ヶ島を遊覧し、松崎港に到る。官舟に便乗、土肥に宿す。

ところで幸田露伴は「安積艮斎の海を観るの記」（明治四十四年十一月／『露伴全集』第二十九巻）に、艮斎の「南遊雑記」の「九十九里は古の里程なり」から「覚えず来路を失するを」までを引いて解説を加えている。そして「実に巧みに大洋を望見する者の感懐と、大洋の茫渺曠遠の状とを写す」「画もまた及ばず、天遠く水長く、所謂潮烟りなるもの人の神魂の及ぶ能わざるところ、眼睛の瞰《み》る能わざるところを罩籠《とうろう》するを叙す、文情変幻、ここに至りて又大洋と雄を争わんとす」と称賛している。

南伊豆の奇勝の描写も、露伴が称える九十九里の文章と比べて甲乙付けがたい。豪健清雄、気勢縦横、豊かな文藻と自在な表現に圧倒される。軽快なリズムに、思わず口ずさんでしまうところもある。「遊豆紀勝」のクライマックスと言っていい。

十三日同じ舟で口野に着く。狩野川を渡り、韮山を経て三島に宿す。十四日箱根を越え、小田原に宿す。十五日酒匂川を渡り、大磯、藤沢を経て戸塚に宿す。十六日駕籠に乗って神奈川を過ぎ江戸に入る。

このあたりは西伊豆を舟行し、東海道、箱根を越えて江戸へと帰る旅路である。

「遊豆紀勝」の方は紀行文に詩を配する。詩風は宋詩に近く、真情流露、清新な詩風である。詠史詩は儒家的アプローチから歴史の真髄に迫る。また、怪奇の景勝に身をゆだねて、造物者或いは大自然と交歓するような詩は、真骨頂たるものであろう。

「東省続録」は、天保七年十月に二本松に帰省し、滞在の後江戸に上った時の紀行文である。十七日二本松の安藤家を出立して、岳温泉に宿す。同行者は兄安藤重満・甥業重。十八日安達太良山に登って連峰を間近に見る。岳温泉に宿す。十九日深堀村経て平近平を訪問し、二本松に帰る。二十三日郡山の安藤家を発《た》って守山の大元帥祠に詣で、それから乙字ヶ滝を観、成田村に宿す。二十四日黒羽八幡丘の小泉斐画伯を訪問、同所に宿す。二十五日那須原、喜連川を過ぎて氏家に宿す。二十六日鬼怒川を舟で下り、下館に宿す。二十七日筑波山に登り、麓の旅籠に宿す。二十八日の晩、関宿から舟に乗って利根川を下り、二十九日両国橋に到る。

「東省続録」の「西嶽」「筑波山」は、奇峰奇岩のさまや下界の眺望、少しの間に変化する表情等を筆力豊かに表現している。「西嶽」は故郷の山なので愛着が特に深く、また親族とのふれあいが交錯して情感を醸し出している。まさに日本の山岳文学の嚆矢とすべき作品である。

乙字ヶ滝を描いた「龍崎」は、まず遠くの滝の光や音を描き、次いで間近に見たさまざまな滝筋を描く。それから一旦上流へ行き、水が静かにたまっているところを描く。今度はそこから落ちるさまを描く。滝を四つの視点から描写することによって立体感を出す。さらに歴史風俗を織り込んでもいる。

「黒羽八幡邸」は、八幡丘の風光と小泉斐画伯との風流な交わりとを描き、画技の言葉が彩りを添え、超俗の風情を漂わせている。

ところで『艮斎文略続』「題赤壁図後」に、「赤壁が特に風光の美しさで知れわたったのは、蘇東坡の文章があるためではなかろうか」「蘇東坡の三寸の筆の功績は、かえって周瑜《しゅうゆ》の精兵三万の功績よりもすぐれている」と言う。つまり、周瑜の機略も蘇東坡の文章の力にははるか及ばないと喝破した。まさに人類の文明礼賛の言葉である。そして艮斎の筆の功績も、伊豆や西嶽の奇勝とともに永遠に伝えられてゆくことであろう。

昭和二十八年夏、亡祖父安藤貞重は艮斎銅像の題字撰文を徳富蘇峰に依頼すべく伊豆山の別邸を訪れた。その折、御年九十一、白髪白髯の翁は、「伊豆のどんな景色よりも、先生の遊豆紀勝の方がすばらしいねえ」と仰せられたのである。

最後に『遊豆紀勝 東省続録』の文学史的な位置付けについて述べる。

その内容や形態から紀行文学に分類される。江戸時代になると街道が整備されて文人の旅が盛んになり、紀行文が多く書かれるようになった。江戸の前期から中期にかけては、貝原益軒、松尾芭蕉、荻生徂徠、賀茂真淵、古川古松軒、本居宣長、中井竹山、菅江真澄等がすぐれた紀行文を書いた。江戸後期はさらに交通が発達し、出版事情もよくなって、紀行文が盛んに書かれまた刊行されるようになった。儒学者平沢旭山『漫遊文草』（寛政元年〈一七八九〉刊）の紀行は、明和五年（一七六八）から天明七年（一七八七）までの二十年間、西は長崎、東は松前、五千餘里の旅である。その挿絵の中の「華厳瀑布」、「龍崎」（乙字ヶ滝）、「金洞山麓」、「石門」、「熱海」はまさに艮斎が遊んだ所である。艮斎は紀行文の中でしばしば『漫遊文草』を引用するので、この本にもとづいて旅が計画されていったようである。

医師橘南谿は、天明二年（一七八二）に京都を出立して同三年にかけて大坂、姫路、中国、九州、四国を旅し、同四年信濃に遊び、同五年から同六年にかけて北陸、東北、関東を旅し、寛政七年（一七九五）に『西遊記』五巻五冊、『東遊記』五巻五冊を刊行した。艮斎は同書を読んで、「山川物産の奇、粲《さん》として列眉《れつび》の如し」と各地の山水を思い浮かべている。艮斎は『西遊記』中、日本神話に関わる「天の逆鉾」の段を特に好み、もとの和文を漢訳して「霧島山記」を作って『艮斎文略』に収めた。（田山花袋『古人の遊跡』に、「『天の逆鉾』の一文は人口に膾炙したらしく、当時の大家安積艮斎がそれを漢文に翻訳して、『遊霧島山記』としてそれをその『艮斎文略』の中に収めている」とある）

およそ紀行文は、旅行をそのまま書いたもの、旅行案内のようなもの、地誌のようなもの、文学を志向したものの四種に大別される。この二つの紀行文は平易で歴史地理風俗に詳しく、「地誌のようなもの」である。

その後、紀行文は雅俗の二方向に新たな展開を見せる。俗文学として成功をおさめたのは十返舎一九の『東海道中膝栗毛』で、弥次さん喜多さんの珍道中は今でも知らぬ人はいない。享和二年(一八〇二)から文化十一年(一八一四)にかけて刊行された大ベストセラーで、模倣作も相次いだ。しかしこういった俗文学の類は、当時士人が読むものではなかった。

士人が読んだのは雅文学の紀行文である。雅文学の主な担い手は儒学者で、江戸後期では中井蕉園、広瀬蒙斎、松崎慊堂《こうどう》、頼山陽や多くの文人たちが漢文の紀行文を書いた。耶馬渓《やば》は山陽の文章によって有名になった。

雅文学の紀行文を深化させたのは、幕末、東の艮斎、西の齋藤拙堂と称えられた二人の大儒である。『遊豆紀勝 東省続録』と拙堂『月瀬記勝《つきがせ》』(嘉永四年刊)は、山水の奇勝や変態を詞藻豊かに活写し、格調も高い。両作品は雅文学の精華を極めた感があり、江戸の紀行文学の双璧と言うべきである。けだし儒学の堅苦しさを離れて、才能を存分に発揮できた分野こそ紀行文創作であった。

『月瀬記勝』は梁川星巌、福田半香とともに梅の名所月ヶ瀬に遊んだ時の紀行文で、渓谷をはさんだ梅林の景勝を表情豊かに描写したものである。拙堂は津藩の督学で、艮斎同様、海鴎社（古賀穀堂を盟長とした文社）と尚歯会に参加しており、交友があった。拙堂が山荘を新築した時艮斎は漢詩を贈り、詩の中で拙堂のことを王維になぞらえて称揚している。その詩額は、拙堂玄孫齋藤正和氏ご幼少の頃、朝目覚めるとちょうど視界に入る所に掲げられていたが、惜しくも戦災で焼失したと言う。

艮斎が範としたのは唐宋の韓愈・蘇洵・蘇東坡等で、「遊豆紀勝」二日の条に蘇詩を織り込んだのも、そのあらわれである。また、明末清初の侯朝宗《こうちょうしゅう》、魏叔子《ぎしゅくし》、汪尭峰《おうぎょうほう》を評価し、『魏叔子文鈔』を編んで自ら序して「頃《このごろ》、余、三家の文を読みて、叔子に於いて尤も之を愛す。因りて其の粋を掇《ひろ》いて三巻と為し、以て同志に視《しめ》すと云う」とした。叔子は唐宋古文を範とし、議論を主とした雄健な文をつくった人で、艮斎の目指すところと一致していた。『魏叔子文鈔』は版を重ね、明治に入っては文学経世の理想から人気が一段と高まって、二葉亭四迷は自分の愛読書だと公言した。

石井研堂は艮斎の文章を評して、「一幅の山水画巻を展観する如く、奇正錯出応接新たにして、愈《いよいよ》読みて滋味愈多し」と言う。まさしく、艮斎の紀行文には絵画の妙味が備わっている。また「文藻富《ふ》贍《せん》にして落想非凡、得易からざる作家なるに推服せり」と言う。艮斎の天賦の才能をよく言い表している。（研堂は郡山の生まれで岡鹿門の門人。艮斎の孫弟子にあたる）

艮斎の友人の林檉宇は淡雅な紀行文を書いており、既に本書にも紹介した。尚歯会で交友があった羽倉用九も紀行文を書いたが、こちらは「地誌のようなもの」である。その『南汎録』（弘化四年刊）は天保九年伊豆諸島巡視の紀行で、『西上録』は天保十四年京阪姫路の紀行である。

雅文体の紀行が高い評判を得たのは、読者層の教養の高さに支えられていた面もあった。鎖国下の近世日本の士人たちは、漢籍に親しんで広く東洋文化を血肉としていた。「鎖国が島国根性を生んだ」などというのはまったく当たらない。

そして、艮斎の門人からは、師につづいて山水に遊び紀行文を書く者が多くあらわれた。

門人大槻西磐の『講暇遊録』（嘉永六年刊）は、日光（天保十年の旅）、秩父、伊豆、松島等の遊記である。艮斎の序、艮斎・拙堂・大槻磐渓の評を載せる。（西磐の墓碑は湯島の麟祥院にあり、師の艮斎が碑文を撰している）

門人斎藤竹堂の『竹堂游記』（岡鹿門序・重野成斎跋・明治十七年刊）は、「鍼肓録」「上毛紀勝」「観梅紀行」「循海日牋」を収める。「鍼肓録」は天保十年の旅。我孫子を経て筑波山の麓まで行き、土浦から霞ヶ浦を南下して潮来、銚子、九十九里浜、一宮、小湊、洲崎、鋸山の麓に至り、舟で江戸に帰る。「上毛紀勝」は金洞山、榛名山等を記す。「観梅紀行」は鎌倉、江ノ島を経て杉田の梅林に至り、神奈川を通って江戸に帰る。「循海日牋」は仙台を立って気仙沼を過ぎ唐丹《とうに》に至る紀行である。

竹堂の旅程は艮斎の遊とほぼ重なる。「上毛紀勝」「金洞山」に「凡そ山に貴ぶ所の者は、肉に在らずして骨に在り。肉豊かなれば則ち山大いなりと雖も、凡山為《た》るを免れず。唯だ骨多ければ、故に石壁峭抜《しょうばつ》、奇態横生《おうせい》するのみ。是れ金洞の観、天下に甲たる所以なり」とある。山骨（山の岩石）を重んずるなど師弟の見解も一致している。

同じく竹堂の『報桑録』（慶応四年刊）は、天保十一年、江戸を立って碓氷峠を越え長野から京都、四国、中国、九州に至り、帰途大坂、東海道、鎌倉を経て帰った時の紀行文である。

門人吉田松陰の『東北遊日記』（慶応四年刊）は、嘉永四年十二月から翌年四月まで東北地方に旅した時の日記で、水戸、奥羽越、足利をめぐって江戸に帰る。松陰が艮斎の塾に入ったのは嘉永四年四月二十五日である。同年十一月二十八日の兄杉梅太郎宛・松陰書翰に、「春暖二月頃より奥羽之積りに御座候。且安芸五蔵（那珂梧楼）も同道之筈に御座候。是は南部盛岡人なり。山鹿素水津軽人也。艮斎も奥人なり。就ては奥地之形勢追々承知仕候」とある。

門人清河八郎『西遊草』は安政二年の半年間の旅の紀行文で、おそらく母も読まれるように和文で書いた。郷里の出羽国庄内田川郡清川村が起点である。母を連れて村上、新発田、新潟、直江津を経て信州に入り、善光寺を詣でて飯田、名古屋と行く。伊勢参りをし、関西、四国、中国を巡る。帰路は東海道を通って江戸に到り、名所旧跡や芝居を見物、艮斎塾を訪れる。奥州街道を通って郷里に帰る。各地の風俗を細かに記している。（清河は嘉永三年九月二十九日安積五郎に再会して、彼から『遊豆

紀勝 東省続録』板本を借りている）

門人では他に鷲津毅堂『薄游唫草』（房州紀行）、三島中洲『霞浦游藻』、南摩綱紀『追遠日録』（下野紀行）、岡鹿門『熱海游記』、『北游詩草』（北海道紀行）等がある。

明治時代は旅の行く先が中国や欧米に及び、漢文の紀行文学の盛行は続く。

成島柳北は明治五年（一八七二）九月から六年七月まで欧米を巡り『航西日乗』（明治十七年刊）を書いた。漢詩八十首を収める。（柳北の別号「確堂」は艮斎が与えたものだが、松平斉民〈徳川家斉の十四男〉が安政二年に隠居して「確堂」と称したために廃した）

竹添井井は明治九年五月から八月まで河北・四川に遊び『桟雲峡雨日記』（明治十二年刊）を著した。百十一日間、九千餘里の行程である。

岡鹿門は明治十七年五月から十八年四月まで上海・蘇州・杭州・天津・北京・広東・香港を巡って『観光紀游』（明治十九年刊）を著した。兪樾《ゆえつ》、王韜《おうとう》ら文人を訪問したり、李鴻章、張之洞《ちょうしどう》と会見したり、アヘン中毒の様子を書いたりと、興味深い内容である。なお、井井・鹿門の二著は、張明傑氏が中文訳を中華書局から出版している。

ところで柳田泉氏は『心影・書影』の中で、明治の文学が漢文学の影響をうけていることを次のように言う。

明治の文学家は、大体漢学書生の出身である。始め漢文学をやり、それの知識をもとにして西洋の文学をやった。今日、明治の文学を論ずる人達は、誰でも西洋文学の影響が強かったことばかりのべて、漢文学の方のことをすっかり忘れたようになっているが、正直をいうと、そんなバカなことはない。東洋といい、西洋というが、同じ文学であって、西洋だけが影響を与えて、東洋のものは何の影響も与えなかったように考えるのは、落ちついて考えると、甚だ変なことではないか。だから西洋文学の影響のあったことはもちろん十分認めてよいが、その前に一応漢文学の影響もうけていたのだということも、この際はっきりと認めてかかる必要があろう。

明治時代には、文学家が漢文学の影響をうけるということは（多少はともかく）、そのまま文学の常識であって、格別事々しくいわなくても、お互にわかっていることであった。それであの人は漢文学の影響をうけたとか何とかいうことは、取り立てていわなくても、皆が皆若干の影響はうけてはいたのであるから、一般にそうと諒解して物をいっていたわけである。ところが、時の勢で漢文学が文壇から締め出されるにつれて、漢文学の影響そのものがはっきりと云々されないままに、次第にもとから無かったものででもあるように扱かわれて、とうとう今日では、それが無かったように語られるのが当然とうけとられることになった。

明治の文学家、紅葉、露伴は勿論であるが、鴎外も、漱石もさては花袋、藤村などという連中も、一時は多少漢学書生的経験をもった人々である。

この柳田氏の言は正鵠を射たものだと思う。

森鴎外は漢学者依田学海に学んでおり、柳北『航西日乗』を座右に置いて漢文の『航西日記』（明治二十二年、ベルリン到着まで）を書いた。ドイツ滞在中の漢文の『在徳記』（未発見）は和文に直して『独逸日記』とした。鴎外の『隊務日記』（プロイセン軍医官勤務）、『還東日乗』も漢文である。（鴎外は『渋江抽斎』の中で、抽斎に洋学の重要性を悟らせた人物として艮斎のことを書いている）

夏目漱石は三島中洲の二松学舎に学んだので陽明学や『論語』の影響を強く受け、漢詩人としての評価も高い。明治二十二年二十三歳にして漢文の房総紀行『木屑録《ぼくせつ》』を書いた。鋸山の描写もあり、全体的に江戸後期の紀行文を踏襲している。

幸田露伴、尾崎紅葉、大町桂月、田山花袋らは和文の秀逸な紀行文を書いているが、皆若い頃に漢文学で基礎を固めている。露伴は幼少時、漢学者相田正準（朝川善庵の長男）に素読を学び、次いで漢学者菊地松軒の門に入る。紅葉は岡鹿門の門人なので、艮斎の孫弟子にあたる。桂月は土佐藩士の子息、その和漢混淆の独得な美文は、漢文学の鍛錬によるものであろう。

花袋は少年期に艮斎門人の館林藩校造士書院教授吉田陋軒の休々草堂で漢学を学んでいる。花袋の出世作『ふる郷』に、「郷先生（注、陋軒のこと）といえるは、年齢大凡七十以上とも覚しき、白髯美き老儒にして、少時江戸に出でて、安積艮斎の塾に遊び、学成りて後は、藩主の侍講になりたるほどの博学能文の一耆宿なりといえり」とある。花袋も艮斎の孫弟子である。花袋『満鮮の行楽』に、「支那は同文の国である。その歴史や文学も深く頭に浸み込んでいる」とあるように、当時、漢文学の影響は自明のことであった。

柳田泉氏は『田山花袋の文学』の中で、花袋と艮斎のつながりを次のように指摘している。

第一に、花袋が少年時代、艮斎の詩文を愛読した。これは伝統的か、それとも偶然か、恐らく先生達の言葉によったものと思うが、それは何れでもよいとして、ともかく艮斎詩文の愛読者であった。第二は、艮斎と同じく山水の遊びを好む。第三は、都人士生活よりも自然の間に放浪するほうが望ましいとする。第四は、紀行の書が好きでもあり、自分も紀行の文を大に書いている。第五は、艮斎にも花袋にも、宋の范石湖の詩（殊にその田園雑興詩）への好みがあり、花袋はそれに擬して詩を作っている。第六には、艮斎も花袋も、自然児池大雅（画家）の伝を書いている。第七、花袋の父親の郷里は羽前山形であり、艮斎の郷里と人情風土が近い。第八、花袋の姉壻石井攸氏は、会津人であり、艮斎の郷里の近くの郡長（東白川郡）であった。そうしてその人の父も詩文が達者で、この地方の詳しい地誌を書いている。

花袋は西の拙堂も愛読していた。花袋『月瀬紀遊』は拙堂『月瀬記勝』を意識したもので、文中、「拙堂の文を読み、山陽の詩を誦して、幾度その勝景をわが想像の中に画《えが》きたりけん」と書く。

花袋『古人の遊跡』には、「今ここに、その昔をしのぶために、文政年間に、時の大儒安積艮斎の書いた『自阿久津下絹川記』を引いて見ることにした。艮斎はこの時に限らず、貧しい学生として江戸に出る時などにも、矢張、この河舟に頼ったのであらうと思うと、一層なつかしい気がする」とある。そして、同紀行（訓読文）を引き、次のコメントを付している。

これではよくわからぬだらうが、原文を読むと、単に文章として見ても、非常に面白いのである。『舟行已五六里、東岸赭壁如屏、怪松生其上、枝皆倒懸』というところからかけて『到窪田村則暝色不弁人矣』というあたり、流石は当時の文壇に牛耳を取つた人のものではないか。それに鬼怒川の昔の舟路も、この一文があるがために、いつまでも人に忘れられずにいるということも面白い。文人の事業もまた捨て難いものがあると言わなければならない。

また、『古人の遊跡』に安積郡のことを書いている。艮斎を育んだ風土に関わることなので、ここに記す。

安積国造神社が郡山駅の近くにあったり、安積沼、山の井などがそのあたりにあったりするところを見ると、陸奥の国司の府のあったところは、矢張郡山であったということが点頭《うなづ》かれる。それを思うと、このあたりも言うに言われずなつかしさを私に感じさせずには置かなかった。何でもその安積沼は、日和田の宿の西にあったとのことであるが、今は全くその跡をとどめていない。

付言するに、古代は奈良から奥州へは、今の中山道を通って上野下野を経て入った。東海道は河川や湿地帯がはばんだ。陸奥国府の多賀城に到るには、必ず安積を通らねばならず、安積は軍事・交通の要衝であった。『万葉集』に安積山の歌などが収められ、安積は歌枕の地として都人にも知られた。おそらく「あさか」の「あ」は接頭語で、「さか」は「坂」である。この世とあの世との境界にある坂を黄泉比良坂と言うが、「あさか」は大和朝廷下の豪族と蝦夷との境界を示した言葉かもしれない。

さて、およそ明治二十年から同四十年まで、ナショナリズムの昂揚もあって、日本各地をめぐる紀行文学が隆盛した。同三十年、まさにその全盛期に、民友社は『名家紀行文選』を出版した。江戸後期から明治にかけての漢文の紀行文学を訓読文にしたものである。ここに艮斎の紀行文が十四篇、拙堂が十三篇、大村桐陽が十一篇、竹堂が八篇、他四十一名の作品が収められている。幕末の艮斎、拙堂の紀行文がここに再び並び立ったのである。

露伴『掌中山水』（明治四十四年 大鎧閣 全三冊）は、古人の山水の文を旅の助けにしようと編集したもので、手のひらサイズで旅にも持ち歩かれる。上巻が東海道・南海道・北海道、中巻が北陸道・山陰道・山陽道・西海道、下巻が畿内・東山道である。『平家物語』、『伊勢物語』、貝原益軒、荻生徂徠、橘南谿、鈴木牧之、安積艮斎、林檉宇（煙霞痼者）、齋藤拙堂、松浦武四郎、三島中洲、依田学海他さまざまな人の文章が選ばれている。艮斎の文は、熱海、日金山、下田、石廊崎、千貫門、江ノ島、鎌倉、箱根、小湊、鋸山、九十九里、勝浦、筑波等の文章が訓読文となって収められている。このように艮斎の紀行文は明治になっても依然として愛読されていた。

ともかく、艮斎や拙堂の紀行文学は嶄然とそびえたつばかりか、明治の文学にも大きな影響を与えまた愛読された。ことに深山に分け入って山水の表情を描いたのは艮斎が最初である。しかしながら今の文学史では、遅塚麗水（露伴とともに菊地松軒に学ぶ）の『不二の高根』が山岳文学の先駆とされている。本書に収めた「西嶽」「筑波山」、また『艮斎文略』「東省日録」の妙義山、金洞山、榛名山、同「南遊雑記」の鋸山など、素晴らしい山岳文学を忘れてもらっては困る。艮斎のみならず、雅文体の紀行文の豊かな世界が文学史の中で盲点になっているとすれば、由々しき問題である。

『万国公法』（国際法解説書）を校訂した清国の学者・政府高官の方濬師《ほうしゅんし》（一八三〇～八九）は、その著作の『蕉軒随録』に「安積信、梅村詩を叙す」の章を設けて『艮斎文略』「呉梅村詩鈔序」全文を掲載し、「その議論の精厳なること此くの如し」と高く評価している。また、清国の大儒兪樾が選んだ日本漢詩選集『東瀛詩選』（明治十六年）では、艮斎の詩は『艮斎詩略』一巻・百三十九首から二十三首も選ばれ、兪樾は「伝うべき者頗る多し」と称揚する。

艮斎・拙堂とも、漢文の母国中国でも評価が高い。日本の漢詩文は東アジアに開かれたものでもあるので、本来は世界的な視野で見てゆくべきなのであろう。

本訳注書を作成するにあたり、早稲田大学名誉教授村山吉廣先生にご監修を賜りましたこと、大変有り難く厚く御礼申し上げます。また、伊豆の斎藤光男氏（遊豆紀勝・安積艮斎 顕彰する会）、二本松の大内賢治氏、水戸の鈴木健夫氏、守山の佐藤新一氏等に歴史地理の貴重なご教示を頂戴し、深く感謝致し御礼申し上げます。

【参考文献】

石井研堂氏『安積艮斎詳伝』（大正五年　東京堂書店）
柳田泉氏『田山花袋の文学』（昭和三十二年　春秋社）
柳田泉氏『心影・書影』（昭和三十九年　桃源社）
富士川英郎氏・佐野正巳氏編『紀行日本漢詩』（平成四年　汲古書院）
齋藤正和氏『齋藤拙堂伝』（平成五年　三重県良書出版会）
小林一郎氏・紅野敏郎氏編『定本花袋全集』第二十八巻（平成七年　臨川書店）
大沼美雄氏『安積艮斎と黒羽藩の人々』（平成十三年　福島県立博物館「安積艮斎と門人たち」図録）
木部誠二氏『添川廉斎―有所不為斎雑録の研究―』（平成十七年　無窮會）
中村安宏氏・村山吉廣氏『佐藤一斎・安積艮斎』（平成二十年　明徳出版社）
島津俊之氏『田山花袋の紀行文論再考』（平成二十五年『空間・社会・地理思想』一六号）
徳田武氏『清河八郎伝―漢詩にみる幕末維新史』（平成二十八年　勉誠出版）

〔監修者〕 村山吉廣（むらやま・よしひろ）

昭和四年（一九二九）、埼玉県春日部市生まれ。早稲田大学文学部卒業。同大学文学部教授。現在、名誉教授。日本詩経学会会長、日本中国学会顧問、公益財団法人斯文会参与。

【著書】『名言の内側』（日本経済新聞社）、『中国の知嚢』（読売新聞社）、『中国の名詩鑑賞・清詩』（明治書院）、『論語名言集』（中公文庫）、『楊貴妃』（中公新書）、『評伝・中島敦』（中央公論新社）、『論語のことば』（斯文会）、『安積艮斎』（明徳出版社）、『忍藩儒 芳川波山の生涯と詩業』（同上）、『書を学ぶ人のための漢詩漢文入門』（二玄社）、『書を学ぶ人のための唐詩入門』（同上）、『詩経の鑑賞』（同上）、『亀田鵬斎碑文並びに序跋訳注集成』（筑波大学日本美術史研究室）、『漢学者はいかに生きたか 近代日本と漢学』（大修館書店）、『藩校 人を育てる伝統と風土』（明治書院）、『玉振道人詩存』（共著、明徳出版社）、『艮斎文略訳注』（監修、明徳出版社）。『湖村詩存』（同上）。

〔訳注者〕 安藤智重（あんどう・ともしげ）

昭和四十二年（一九六七）、福島県郡山市生まれ。早稲田大学教育学部国語国文学科卒業。安積国造神社第六十四代宮司、（学）安積幼稚園理事長、全国神社保育団体連合会副会長、郡山信用金庫監事、安積歴史塾専務理事。平成十三年、神社の会館内に安積艮斎記念館が開館。同十五年より村山吉廣氏に師事。同十八年、（社）郡山青年会議所副理事長。同二十三年、（財）神道文化会表彰を受く。同二十九年、『東北を置き去りにした明治維新』（文芸社）の座談会に加わる。

【著書】『安積艮斎 艮斎文略 訳注』（第三十七回福島民報出版文化賞正賞、村山吉廣氏監修、明徳出版社）、『安積艮斎 艮斎詩略 訳注』（共著、明徳出版社）、『洋外紀略 安積艮斎』（明徳出版社）、『安積艮斎―近代日本の源流』（歴史春秋社）、『東の艮斎 西の拙堂』（共著、歴史春秋社）、『安積歴史入門』（歴史春秋社）、『苗湖分溝八図横巻・安藤脩重翁碑』（共著、訳注書）。

事務所移転の御案内

いつも小社の図書を御愛読頂き有り難うございます。
今般左の通り事務所を移転しました。

移転先

〒167－0052 東京都杉並区南荻窪一－二五－三

電話 〇三－三三三三－六二四七
FAX 〇三－三二四七－四一三四
振替 〇〇一九〇－七－五八六三四

最寄駅 JR中央線 荻窪駅
荻窪駅南口より関東バス 荻51 53 58

メールアドレス：info@meitokushuppan.co.jp

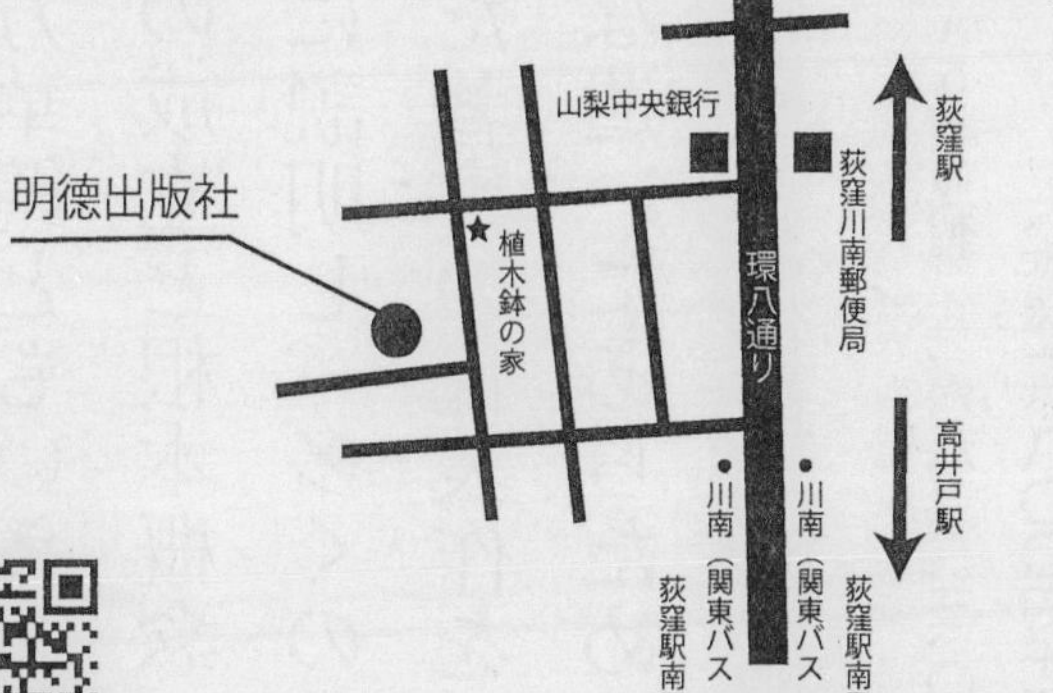

ISBN978-4-89619-855-3

遊豆紀勝　東省続録　安積艮斎

平成三十年一月十日　初版印刷
平成三十年一月二十日　初版発行

監修者　村山吉廣
訳注者　安藤智重
発行者　小林眞智子
発行所　㈱明德出版社
〒162-0801 東京都新宿区山吹町三五三
（本社・東京都杉並区南荻窪一－二五－三）
電話　〇三－三二六六－〇四〇一
振替　〇〇一九〇－七－五八六三四

印刷・製本　㈱明德

村山吉廣 監修・安藤智重 著

安積艮斎 艮斎文略 訳注

「辞は達するのみ」と艮斎はいうが、その文は格調高く明快で堂々としている。彼の文集「艮斎文略」所収の文四十二篇、及び「東省日録」「南遊雑記」の二紀行文の全てに詳細な訳注を施した完訳。

◆A5判上製 407頁 定価（本体五、〇〇〇円＋税）

菊田紀郎・安藤智重 著

安積艮斎 艮斎詩略 訳注

昌平坂学問所教授として師の佐藤一斎と双璧をなし、また斎藤拙堂と詩文の才を称され、その門に多くの逸材を輩出した安積艮斎の詞藻の真骨頂を示す「艮斎詩略」所収の全百一首を詳細に訳注。

◆B6判並製 384頁 定価（本体三、〇〇〇円＋税）

村山吉廣 監修・安藤智重 訳注

洋外紀略 安積艮斎

西洋列強の世界侵略が今にも日本に及ぼうとしていた幕末期、大儒艮斎がその広遠な学識に基づいて書いた国防論の白眉。現在の世界情勢を見極め、わが国のあり方を考える上での貴重な資料を全訳。

◆B6判並製 352頁 定価（本体二、七〇〇円＋税）